Scott Kelby

Porträt-Rezepte mit natürlichem Licht

Über 150 Anleitungen, Tipps und Tricks
für das Fotografieren mit Tageslicht

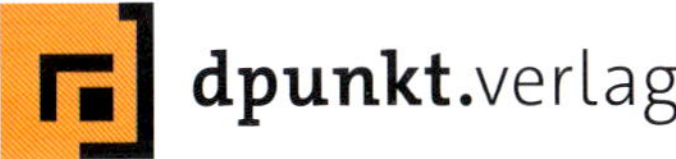

Scott Kelby
www.scottkelby.com

Lektorat: Boris Karnikowski
Übersetzung: Eva Ruhland, Bad Tölz
Copy-Editing: Friederike Daenecke, Zülpich
Satz: Ruhland Text & Design, Bad Tölz
Herstellung: Stefanie Weidner
Umschlaggestaltung: Helmut Kraus, *www.exclam.de*, unter Verwendung eines Fotos des Autors
Druck und Bindung: mediaprint solutions GmbH, 33100 Paderborn

Bibliografische Information der Deutschen Nationalbibliothek
Die Deutsche Nationalbibliothek verzeichnet diese Publikation in der Deutschen Nationalbibliografie; detaillierte bibliografische Daten sind im Internet über *http://dnb.d-nb.de* abrufbar.

ISBN:
Print 978-3-86490-762-3
PDF 978-3-96088-953-3
ePub 978-3-96088-954-0
mobi 978-3-96088-955-7

1. Auflage 2020

Wieblinger Weg 17
69123 Heidelberg

Hinweis: Der Umwelt zuliebe verzichten wir auf die Einschweißfolie.

Schreiben Sie uns: Falls Sie Anregungen, Wünsche und Kommentare haben, lassen Sie es uns wissen: hallo@dpunkt.de.

5 4 3 2 1

Dieses Buch möchte ich meiner lieben Freundin
und Kollegin Kathy Porupski widmen.

Ich liebe die gemeinsame Arbeit mit dir an
meinen verrückten Projekten.
Mit dir macht alles mehr Spaß und ist weniger stressig,
und wir haben immer etwas zum Lachen.
Du bist immer da, wenn etwas aus dem Ruder läuft,
und stehst mir im Nullkommanix zur Seite.

Seit langem bist du ein wahrer Segen für mich
und meine Familie, weshalb es mir eine wahre Ehre ist,
dir dieses Buch zu widmen.

Über den Autor

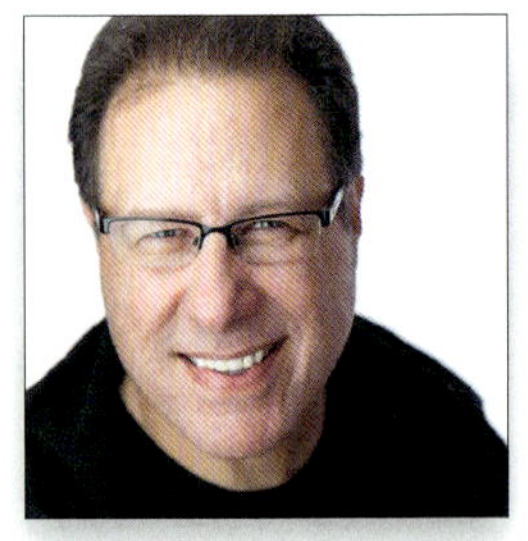

Scott Kelby ist Präsident und CEO von KelbyOne, einer Online-Learning-Community für Lightroom, Photoshop und Fotografie.

Er ist Redakteur, Herausgeber und Gründungsmitglied des Magazins *Photoshop User*, Redakteur beim *Lightroom Magazine*, Gastgeber von *The Grid*, der einflussreichen wöchentlichen Talkshow für Fotografen, und Gründer des jährlichen *Scott Kelby's Worldwide Photo Walk*.®

Scott Kelby arbeitet als Fotograf und Designer. Er ist der preisgekrönte Autor von mehr als 90 Büchern, darunter *Scott Kelbys Foto-Rezepte Teil 1* und *2*, *Scott Kelbys Photoshop CC-Praxisbuch*, *Scott Kelbys Blitz-Rezepte* und *Landschaftsfotografie für Einsteiger*. Teil 1 der *Foto-Rezepte* ist das meistverkaufte Buch aller Zeiten zum Thema »digitale Fotografie«.

Seine Bücher wurden in Dutzende Sprachen übersetzt, darunter Chinesisch, Russisch, Spanisch, Koreanisch, Polnisch, Taiwanesisch, Französisch, Deutsch, Italienisch, Japanisch, Hebräisch, Holländisch, Schwedisch, Türkisch, Portugiesisch und viele mehr. Er ist Träger des prestigeträchtigen ASP International Award, den die American Society of Photographers jährlich verleiht für »... spezielle oder signifikante Beiträge zu den Idealen der professionellen Fotografie als Kunstform und Wissenschaft.« Darüber hinaus erhielt er den HIPA-Award für seine Verdienste um die weltweite Vermittlung der Fotografie.

Scott ist für die Technik bei der jährlichen Photoshop World Conference verantwortlich und hält Vorträge auf Konferenzen und Messen rund um die Welt. Er ist zu sehen in einer Serie von Online-Kursen auf seiner Web-Plattform KelbyOne.com und bildet seit 1993 Photoshop-Anwender und Fotografen aus.

Weitere Informationen zu Scott finden Sie hier:

Täglicher Lightroom-Blog: **lightroomkillertips.com**

Persönlicher Blog: **scottkelby.com**

Twitter: **@scottkelby**

Facebook: **facebook.com/skelby**

Instagram: **@scottkelby**

Danksagung

Obwohl lediglich mein Name auf und in diesem Buch erwähnt wird, ist ein solches Projekt nicht ohne ein Team an engagierten und talentierten Menschen zu bewältigen. Ich freue mich nicht nur darüber, mit diesen Menschen zusammenarbeiten zu dürfen, sondern es ist mir ein Privileg und eine wahre Ehre.

An meine einmalige Frau Kalebra: Im vergangenen Jahr feierten wir unseren 30. Jahrestag, und du beweist mir weiterhin, was mir alle sagen – ich bin der glücklichste Mensch auf Erden.

An meinen Sohn Jordan: Ich kann nicht glauben, dass mein »kleiner Junge« gerade seinen College-Abschluss absolviert hat. Es ging alles so schnell, und ich bin voller Erwartung an all die Abenteuer, Freude, Liebe und Glückseligkeit, die die Zukunft für dich bereithält. Ich habe bislang keinen glücklicheren Vater als mich getroffen. #rolltide!

An meine wunderschöne Tochter Kira: Du bist ein kleiner Klon deiner Mutter, und ein besseres Kompliment kann ich dir nicht machen. Ich liebe deinen Sinn für Humor, deine Tänze, deine Grimassen und dein großes Herz. Ich liebe die junge Frau, zu der du geworden bist, und genieße ganz besonders die Mittag- und Abendessen mit dir. Ich liebe dich, Sweetie!

An meinen großen Bruder Jeff: Deine grenzenlose Großzügigkeit, Freundlichkeit, positive Ausstrahlung und Demut sind eine Inspirationsquelle für mein ganzes Leben. Es ist mir eine wahre Ehre, dein Bruder zu sein.

An meine Lektorin Kim Doty: Gäbe es eine Ruhmeshalle für Lektoren, würde dir ein Platz zustehen. Du bist so talentiert, organisiert und einzigartig, und deine wunderbare Lebenseinstellung, deine Unterstützung und deine Ideen helfen mir in den schwersten Stunden. Ich bin auf ewig dankbar, dich in meinem Team haben zu dürfen. Du rockst!

An meine Gestalterin Jessica Maldonado: Ich liebe deine Designs und die vielen kleinen Dinge, die du in deine Gestaltung einfließen lässt. Wie gut, dass wir dich gefunden haben!

An meine liebe Freundin und Geschäftspartnerin Jean A. Kendra: Danke für deine Unterstützung meiner verrückten Ideen über all die Jahre hinweg. Es bedeutet mir wirklich viel.

An Erik Kuna: Deine Vorschläge und Ideen haben dieses Buch und die davor viel besser gemacht. Ich schätze deine Freundschaft und freue mich, dich in meinem Leben zu haben.

An Jeanne Jilleba: Danke für das Jonglieren mit meinen Terminen, damit ich die Zeit habe, diese Bücher zu schreiben. Ich bin dankbar für deine Unterstützung, dein Talent und deine unermessliche Geduld, die du an jedem Tag unter Beweis stellst.

An Cindy Snyder: Danke für deine Arbeit an meinen Büchern und das Herausfinden der vielen kleinen Dinge, die ich ohne deine Hilfe nicht bemerkt hätte.

An Ted Waitt, meinen fantastischen »Lektor des Lebens« bei Rocky Nook: Bumm! macht das Dynamit! Danke für deine Freundschaft und all deine Gedanken zu meiner Arbeit, die mir helfen, meine Ideen umzusetzen.

An meinen Herausgeber Scott Cowlin: Ich bin so froh darüber, noch immer mit dir zusammenarbeiten zu dürfen, und schätze dich für deine offenen Gedanken und Visionen.

An meine Mentoren John Graden, Jack Lee, Dave Gales, Judy Farmer und Douglas Poole: Danke für eure Weisheit und eure Peitschenhiebe – ihr seid unverzichtbar.

Besonderer Dank geht an Gott und Jesus Christus, die mich zur Frau meiner Träume führten, uns mit einzigartigen Kindern segneten, mir erlaubten, meinen Lebensunterhalt mit etwas zu verdienen, das ich liebe. Ich bin dankbar für das Geschenk eines wundervollen, erfüllenden und glücklichen Lebens und einer liebenswerten Familie, mit der ich es teilen darf.

Inhalt

Kapitel 1

Porträt-Objektive 1

Wo alles beginnt

Ein 70–200-mm-f/2.8 oder f/4-Zoom-Objektiv 2
Ein 85-mm-f/1.8-Objektiv 3
Ein schnelles 135-mm-Porträt-Zoom 4
Weitwinkel-Objektive für Porträts vermeiden 5
Sollten Sie jemals ein Porträt mit einem Weitwinkel-Objektiv fotografieren? 6
Warum ich Nahaufnahmen mit 50-mm-Objektiven vermeide 7
Nutzen Sie die Gegenlichtblende 8
Drei Faktoren für ansprechende, verschwommene Hintergründe 9
Naheinstellgrenze 10
Wie die Wahl des Objektivs die Wirkung des Hintergrunds beeinflusst 11
Nutzen Sie den Blendenbereich voll aus 12
Sollten Sie zu einem Objektiv mit Bildstabilisator greifen? Kommt darauf an 13

Kapitel 2

Einstellungssache 15

Blende, Verschlusszeit & ISO

Fotografieren Sie im RAW-Format 16
Aufnahmemodus wählen 17
Der richtige Blendenwert 18
Auf die Verschlusszeit kommt es an 19
So vermeiden Sie langsame Verschlusszeiten bereits im Vorfeld 20
Wann Sie mit dem niedrigsten ISO-Wert fotografieren sollten 21
Was tun, wenn die Kamera falsch belichtet? 22
So schützen Sie die Lichter in Ihren Fotos 23
Wählen Sie den passenden Weißabgleich 24
Das Motiv richtig fokussieren 25
Richtig fokussieren mit schnellen Objektiven ab f/1.8 26
Auf welches Auge sollten Sie fokussieren? 27
Warum Augen-Erkennung so gut ist 28
Gruppen mit weit offener Blende fotografieren 29
Gruppenaufnahmen mit mehreren Reihen richtig fokussieren 30
Bildstabilisator ein- oder ausschalten? 31

Inhalt

Kapitel 3

Im Fensterlicht fotografieren 33

Arbeiten wie die holländischen Meister

Warum direktes Licht oft schlechtes Licht ist 34
Schalten Sie alle Lichtquellen im Raum aus 35
Abstand zum Fenster halten 36
Das Modell neben dem Fenster oder Türrahmen positionieren 37
Das geliebte Nordfenster 38
Weiches Licht dank Duschvorhang 39
Gardinen zuziehen für besseres Licht 40
So positionieren Sie Ihr Modell für Aufnahmen im Fensterlicht 41
Ausleuchtung im Rembrandt-Stil 42
Das Profil mit Licht in Szene setzen 43
Eine Alternative zum klassischen Fensterlicht-Porträt gefällig? 44
Das Modell in Richtung Fenster blicken lassen 45
Nach welchen Fenstern sollten Sie Ausschau halten? 46
Achten Sie auf Veränderungen des Fensterlichts 47
Mit der offenen Haustür arbeiten 48
Schattenstrukturen einbeziehen 49
Gemalte Hintergründe verwenden 50
Mit einem Reflektor arbeiten 51
Den richtigen Weißabgleich auswählen 52
Den Einsatz eines Stativs erwägen 53

Kapitel 4

Außenaufnahmen 55

Atemberaubende Porträts im Sonnenlicht

Meine Geheimwaffe für Außenaufnahmen 56
Kompakter Tri-Grip-Diffusor mit Ständer 57
Wann Sie zum Gold-Reflektor greifen sollten 58
Wann sich ein weißer Reflektor empfiehlt 59
Schwarzer Reflektor bei bedecktem Himmel 60
Die ideale Position für den Reflektor 61
Reflektoren als Schattenspender 62
Diffusoren für Gruppenaufnahmen 63

Inhalt

Gesprenkeltes Licht vermeiden 64
Suchen Sie nach Übergängen zwischen Licht und Schatten 65
Eine weitere gute Alternative: in vollem Schatten fotografieren 66
Bei bewölktem Himmel fotografieren 67
Mehr Tiefe erzeugen mit gerichtetem Licht 68
Den idealen Weißabgleich für Außenaufnahmen vornehmen 69

Kapitel 5

Fotografieren in direktem Licht **71**

Das Biest zähmen

Schönere Bilder mit der Sonne im Rücken Ihres Modells 72
Lichtstreuung vermeiden 73
Die Sonne als Kanten- und Haarlicht 74
Blendenflecke mit Sonnenlicht erzeugen 75
Der Trick mit der Überbelichtung 76
Die beste Zeit für Aufnahmen bei Tageslicht 77
Kontrastreiche Hintergründe suchen 78
Wie sollte sich Ihr Modell kleiden? 79

Kapitel 6

Komposition **81**

Der perfekte Rahmen für Ihr Motiv

Bildkomposition für intime Porträts 82
Augen im oberen Drittel des Bilds 83
Nie das Motiv in die Bildmitte setzen 84
Den Kopfbereich anschneiden 85
Das Motiv an den oberen Bildrand rücken 86
Schaffen Sie Raum für die Blicklinie 87
Glanzlichter in den Augen für eine lebendige Bildwirkung 88
Ablenkende Hintergrundelemente vermeiden 89
Halten Sie die Szene so einfach wie möglich 90
Helle Stellen im Hintergrund vermeiden 91
Ganzkörperaufnahmen aus Unterperspektive 92
Aus etwas erhöhter Perspektive fotografieren 93
Schneiden Sie niemals Gelenke ab 94
Trennen Sie nie die Füße des Modells ab 95
Umgebungsporträts 96
Kinder fotografieren 97

Inhalt

Kapitel 7

Posieren 99

Wie man zum Poser wird

Was macht ein unvergessliches Porträt aus? 100
Mit fotogenen (und weniger fotogenen) Menschen arbeiten 101
Einen Posen-Katalog aufbauen 102
Eine Beziehung zum Modell aufbauen 103
Das passende Outfit für die ersten Bilder 104
Begutachten Sie Ihre Fotos fünf Minuten nach der ersten Aufnahme 105
Zwischen den Posen fotografieren 106
Eindeutige Posinganweisungen geben 107
Direkt in die Kamera blicken 108
Von der Kamera wegsehen 109
Die Augen machen den Unterschied 110
Vermeiden Sie zu viel Weiß in den Augen 111
Runde Gesichtsform abmildern 112
Längliche Gesichtsform kaschieren 113
Peter Hurleys berühmter Kieferpartie-Trick 114
Kinn senken für schönere Augen (und mehr) 115
Die Nase schlanker machen 116
Den Blick nach oben ins Licht wenden 117
Ausdruckslose Miene verhindern 118
Fülle und Bewegung für das Haar 119
Schulter zeigen für ein schlankeres Erscheinungsbild 120
Nie flache Füße und gestreckte Beine kombinieren 121
Mit einem Trick zur schlanken Taille 122
Beine schlanker machen 123
Arme vom Körper weg bewegen 124
Sitzende Modelle an den Stuhlrand rücken 125
Arme, Beine, Finger und alles andere anwinkeln 126
Offene Handflächen vermeiden 127
Finger schließen, nicht öffnen 128
Fotos mit kleinen Requisiten anreichern 129

Inhalt

Kapitel 8

Nachbearbeitung **131**

Porträts in Lightroom & Photoshop bearbeiten

Blendenflecke hinzufügen (1) 132
Sanfter Leuchteffekt 133
Blendenflecke hinzufügen (2) 134
Hauttöne entsättigen 135
Hautunreinheiten entfernen 136
Falten und Muttermale abmildern 137
Glänzende Haut abmildern 138
Die Iris intensivieren 139
Porträts nachschärfen 140
Augen aufhellen 141
Das Retusche-Plug-In »Perfectly Clear« 142
Color Grading wie im Film für Ihre Porträts 143
Den Verflüssigen-Filter mit Gesichtserkennung nutzen 144
Abstehende Härchen entfernen 145
Das Gesicht aufhellen, damit es die Blicke anzieht 146
Eine dezente Vignette hinzufügen 147
Virtuellen Spot aufstellen 148
Einfarbige Hintergründe mit einer Struktur versehen 149
Haut aufhellen 150
Hautpartien verschönern 151

Kapitel 9

Porträt-Rezepte **153**

Zutaten für großartige Porträtaufnahmen

Fotografieren im Sonnenlicht mit Diffusor
Hinter den Kulissen 154
Finales Bild 155

Raumgreifendes Porträt mit Diffusor
Hinter den Kulissen 156
Finales Bild 157

Porträt mit Rückenlicht und überstrahlender Sonne
Hinter den Kulissen 158
Finales Bild 159

Innenaufnahme mit Fensterlicht aus dem Hintergrund
Hinter den Kulissen 160
Finales Bild 161

Porträt im direkten Sonnenlicht mit Diffusor
Hinter den Kulissen 162
Finales Bild 163

Inhalt

Hartes, direktes Sonnenlicht mit Diffusor
Hinter den Kulissen 164
Finales Bild 165

Dramatisches Fensterlicht-Porträt
Hinter den Kulissen 166
Finales Bild 167

Klassisches Fensterlicht-Porträt
Hinter den Kulissen 168
Finales Bild 169

Außenaufnahme bei wolkigem Himmel
Hinter den Kulissen 170
Finales Bild 171

Porträt im direkten Sonnenlicht
Hinter den Kulissen 172
Finales Bild 173

Porträt neben Glastür mit Diffusor
Hinter den Kulissen 174
Finales Bild 175

Hochzeitsporträt im Fensterlicht
Hinter den Kulissen 176
Finales Bild 177

Hochzeitsporträt aus niedrigem Blickwinkel
Hinter den Kulissen 178
Finales Bild 179

Außenaufnahme im Schatten
Hinter den Kulissen 180
Finales Bild 181

Episches Fensterlicht-Porträt mit Kostüm
Hinter den Kulissen 182
Finales Bild 183

INDEX 184

Fünf Dinge, die Sie vorher wissen sollten, …

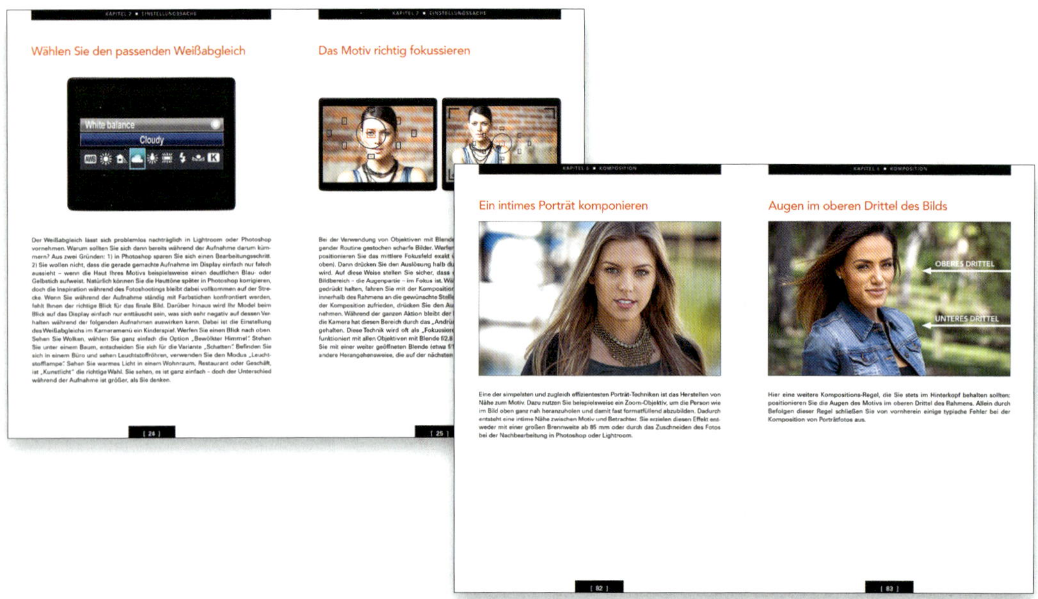

1) Okay, die Überschrift mag ein wenig übertrieben sein, doch die folgenden fünf Punkte sind so wichtig, dass ich um jeden Preis Ihre Aufmerksamkeit erregen wollte. Was wäre so schlimm daran gewesen, wenn Sie diesen Text ignoriert hätten? Dann hätten Sie beispielsweise nie erfahren, dass es eine Website zu diesem Buch mit hilfreichen Videos gibt: *kelbyone.com/books/nlpbook* (auf Englisch, aber das schaffen Sie). Und nun zu den vier nächsten Punkten von allergrößter Bedeutung (hören Sie auf zu kichern!).

2) So funktioniert dieses Buch: Stellen Sie sich vor, ich begleite Sie wie ein guter Freund aufein Fotoshooting und versorge Sie während der Arbeit mit all den Tipps, Vorschlägen und Herangehensweisen, die ich während der vielen Jahre meiner Tätigkeit kennengelernt habe. Wenn ich mit einem Freund unterwegs bin, langweile ich ihn nicht mit dem ganzen technischen Kram. Wenn Sie mich fragen: »Hey Scott, wie sollte ich für ein gestochen scharfes Porträt fokussieren?«, würde ich keinen Vortrag über hyperfokale Distanz oder Schärfentiefe halten, sondern Ihnen ganz einfach sagen »Ziele auf das dir am nächsten gelegene Auge, halte den Auslöser halb gedrückt, wähle deinen Bildausschnitt und drücke ab!«. Auf diese Weise versuche ich im ganzen Buch stets schnell auf den Punkt zu kommen.

3) Sie müssen dieses Buch nicht chronologisch lesen. Dieses Buch ist so angelegt, dass Sie jederzeit zwischen den Kapiteln hin- und herspringen können. Interessieren Sie sich ganz besonders für einen bestimmten Bereich der Porträtfotografie, schlagen Sie einfach das entsprechende Kapitel auf. Nur wenn Sie noch keine Erfahrungen gesammelt haben, empfiehlt es sich, dieses Buch von vorne bis hinten zu lesen, da einige Kapitel auf Inhalten vorangegangener Abschnitte aufbauen.

... damit Sie nicht Ihr Leben zerstören (oder Schlimmeres anstellen)

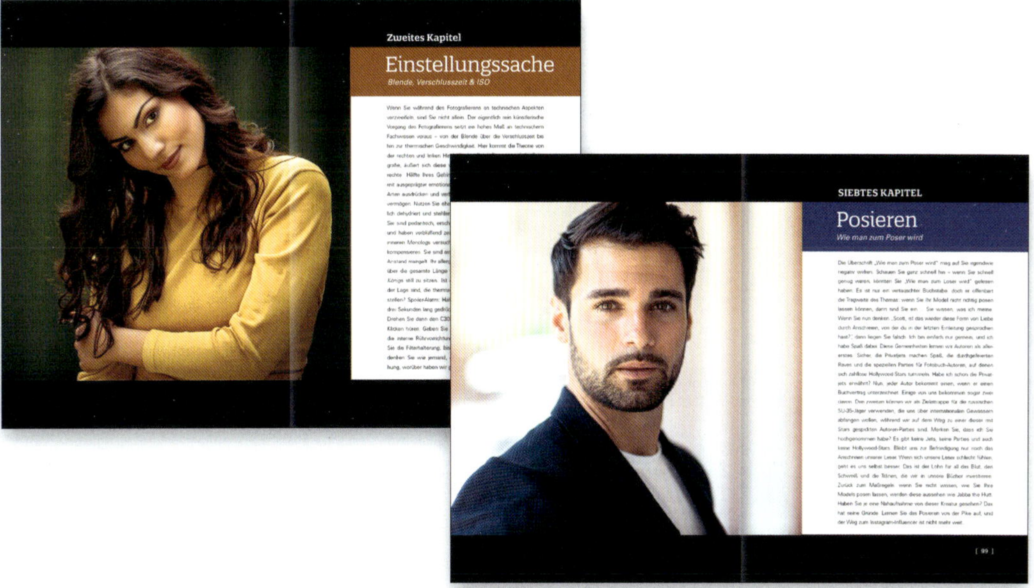

4) Wenn Sie mit Kameras von Sony, Olympus oder Fuji arbeiten, machen Sie sich keine Gedanken darüber, dass Sie in diesem Buch hauptsächlich Canon- und Nikon-Modelle sehen. Das sind schlicht und einfach nur die Kameras, die ich nutze und auf die ich Zugriff habe. Die meisten Rezepte in diesem Buch funktionieren mit jeder DSLR oder spiegellosen Kamera, und einige Tipps helfen Ihnen sogar beim Fotografieren mit der Kamera Ihres Smartphones. Machen Sie sich also keine Gedanken um Hersteller, Marken und Modelle – es geht ganz unabhängig davon um das große Ganze der Porträtfotografie.

5) Sollten Sie die Einleitungsseiten der Kapitel lesen? In meinen Büchern pflege ich eine Marotte, die meine Leser entweder freut oder nervt. Es geht um den Stil meiner Kapiteleinleitungen. Normalerweise erfahren Sie dort, was Sie auf den nachfolgenden Seiten erwartet. Bei mir läuft das ein bisschen anders. Meine schrulligen, völlig aus der Luft gegriffenen Intros enthalten wenig bis gar keine Informationen darüber, was im nachfolgenden Kapitel behandelt wird. Sie sind eher als mentale Pausen zwischen den Kapiteln gedacht, und viele Leute lieben sie so sehr, dass wir ein ganzes Buch mit ihnen veröffentlicht haben (kein Witz!). Die eher, nun ja, gediegenen Leserinnen und Leser hassen diese Intros aus vollem Herzen. Diesen möchte ich zum Trost zurufen: es sind nur die Einleitungsseiten, der Rest des Buchs ist nicht betroffen. Für den Fall, dass Sie eine notorische Griesgrämin oder ein stadtbekannter Miesepeter sind, möchte ich Sie daher herzlich darum bitten, diese Einleitungen ganz einfach zu ignorieren. Danke, dass Sie sich die Zeit genommen haben, diese zwei Seiten zu lesen – nun kann es mit den interessanten Dingen weitergehen. Blättern Sie um und legen Sie los!

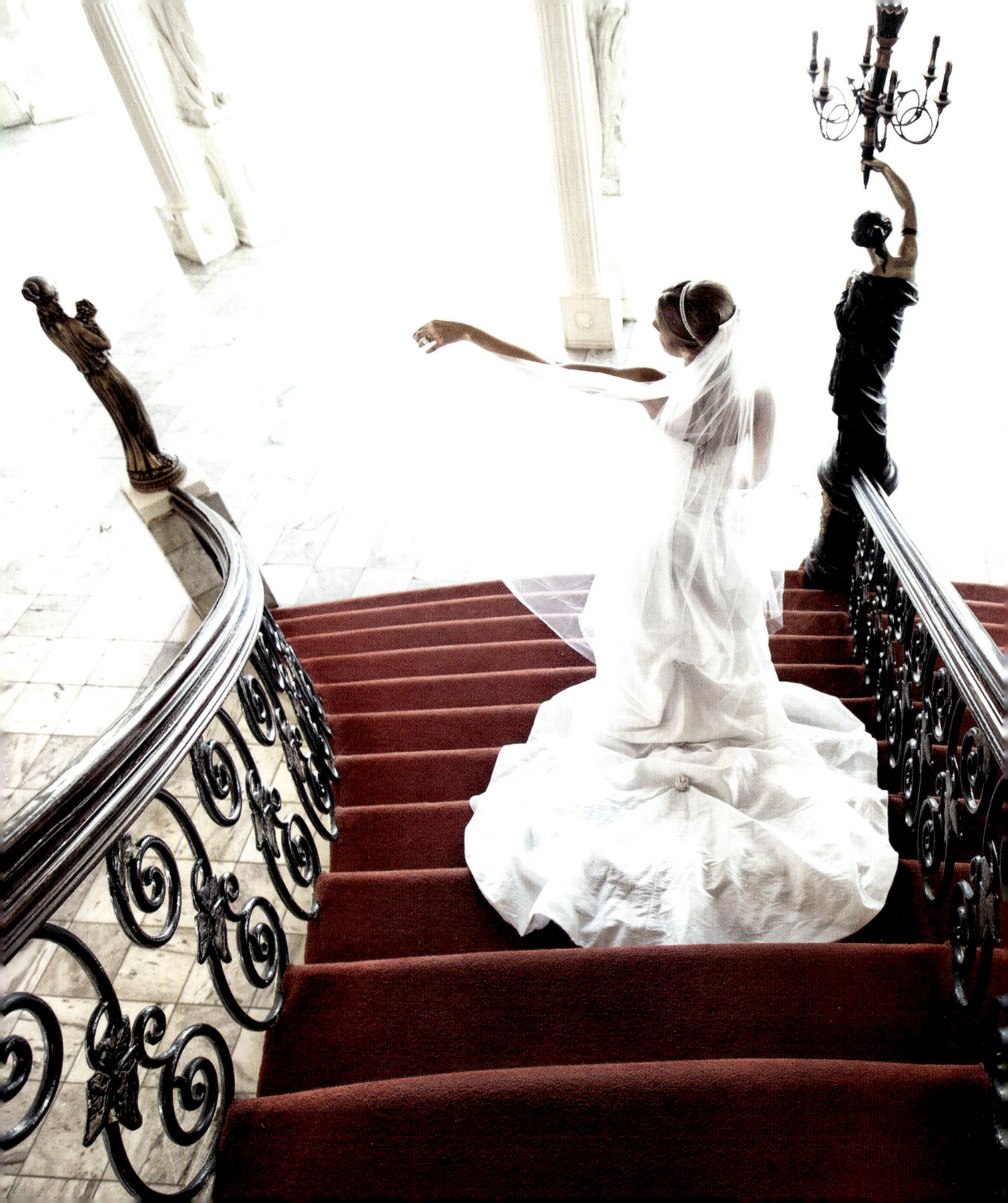

Porträt-Objektive

Wo alles beginnt

Bevor wir beginnen, sollten Sie kurz innehalten und sich Punkt 5 unter »Fünf Dinge, die Sie vorher wissen sollten ...« auf Seite XV durchlesen. Nun, da Sie wissen, was auf Sie zukommt, können wir uns dem Thema »Objektive« zuwenden. Objektive sind teuer. Haben Sie sich jemals gewundert, warum einige Objektive viel mehr als der Kamera-Body kosten? Ganz ehrlich? Das ist doch verrückt. Zumal ein handelsübliches Objektiv lediglich aus einem maschinell gefertigten Aluminium-Druckguss-Gehäuse besteht, der mit einigen Glaskörpern gefüllt ist (vermutlich auch noch aus recyceltem Glas gefertigt). Was mich übrigens überrascht hat: »Lens« (wie man im Englischen zu Objektiven sagt) steht gar nicht für »Linse«. Tatsächlich handelt es sich um eine Abkürzung, die Mitte der 1820er-Jahre im Zuge der aufkommenden Daguerreotypie entstand und für »Light Emitting Numinous Sphere« (»Licht ausstrahlende mysteriöse Kugel«) steht, was wohl ein Verweis auf die damals sehr populären Tageslichtlampen gegen Winterdepression sein sollte. Während Nicéphore Niépce einen Großteil der Anerkennung für die Erfindung der ersten funktionierenden Kamera erhielt, war es sein Assistent Louis-Jacques-Mandé Daguerre aus Saint-Remy-en-Bouzemont-Saint-Genest-et-Isson, der den Begriff »Lens« prägte. Die falsche Zuschreibung verdanken wir übrigens Daguerres italienischer Privatsekretärin Julia Louis-Dreyfus, die das historische Ereignis zum Glück für die Nachwelt festhielt. Einige Jahre später übernahm sie die Rolle der *Elaine* in der bekannten US-amerikanischen Fernsehserie *Seinfeld*. Der Rest ist Geschichte.

Ein 70–200-mm-f/2.8 oder f/4-Zoom-Objektiv

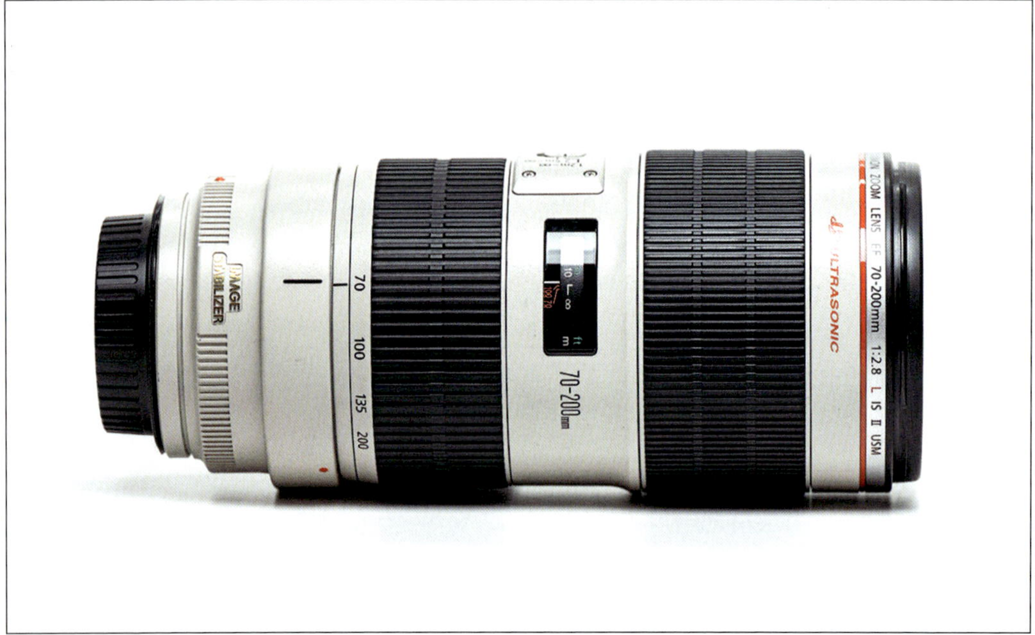

Dies ist sowohl in der f/2.8- als auch in der f/4-Version mein Lieblingsobjektiv für Porträts mit natürlichem Licht (die Modelle von Sony, Nikon, Canon, Sigma oder Tamron sind ebenso gut und solide). Beide setzen das Motiv ebenso scharf wie vorteilhaft in Szene und bieten drei große Vorteile: 1) Menschen sehen damit großartig aus! Bei langen Brennweiten zwischen 120 bis 200 mm sorgt der Kompressionseffekt bei Gesichtern für einen sehr schmeichelhaften Look. Ich selbst bevorzuge den Bereich zwischen 120 und 200 mm, doch diesen Effekt erreichen Sie mit jeder Brennweite über 100 mm. 2) Dank des großen Zoom-Bereichs haben Sie viel mehr Möglichkeiten bei der Bildkomposition und müssen sich dazu gar nicht groß bewegen. 3) Sie können Distanz zu Ihrem Model wahren, womit es sich vermutlich wohler fühlt, als wenn Sie ihm mit einer kurzen Brennweite auf die Pelle rücken. Ein professionelles Model wird das nicht weiter stören, da es mit solchen Aufnahmesituationen vertraut ist. Schießen Sie jedoch ein Porträt vom Vizepräsidenten des Marketings eines Unternehmens oder von einem Studenten anlässlich seiner Abschlussfeier, kann so ein geringer Abstand für Unwohlsein sorgen, und das ist ungefähr das Letzte, was Sie bei einem Porträtshooting brauchen. Bleibt noch die Frage: Wo liegen die Unterschiede zwischen dem f/2.8-er und dem f/4-er? Ihr Auge wird kaum einen Unterschied merken, wohl aber Ihre Hand (ein f/2.8-Objektiv ist viel schwerer) und Ihr Geldbeutel (die f/2.8-Version ist ungefähr doppelt so teuer). Wenn Sie also nur selten unter schlechten Lichtbedingungen arbeiten, können Sie auf die eine Blendenstufe mehr verzichten und sind mit dem f/4 gut beraten.

Ein 85-mm-f/1.8-Objektiv

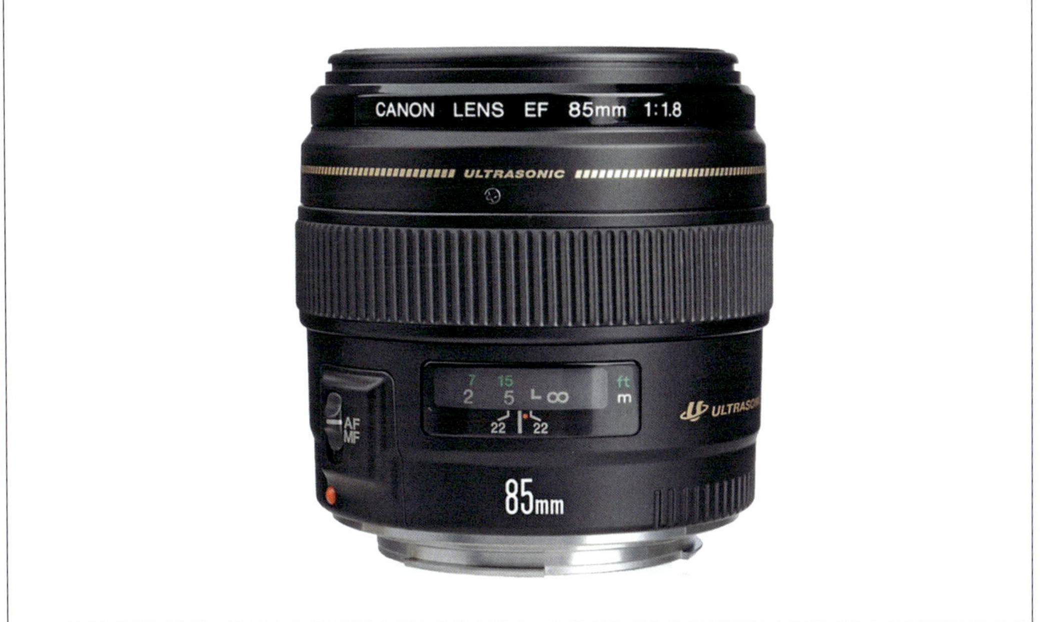

Neben meinem Favoriten mit 70–200 mm ist das 85 mm f/1.8 mein zweitliebstes Objektiv für die Porträtfotografie. Dank der großen Blendenöffnung wird der Hintergrund extrem weich und üppig (ungewöhnliches Wort in diesem Zusammenhang, aber so ist es) abgebildet. Hierbei gilt die Faustregel: Je niedriger der f-Wert ist, desto unschärfer fällt der Hintergrund aus. Warum dann nicht gleich zu einem f/1.4- oder gar f/1.2-Objektiv greifen? Bei solch extrem weit geöffneten Blenden ist die Schärfentiefe und damit auch die Fehlertoleranz beim Scharfstellen extrem gering. Unachtsamkeit kann dann ganz schnell zu unscharfen Aufnahmen führen. Der sichtbare Unterschied zwischen Blende f/1.8 und f/1.4 rechtfertigt in meinen Augen nicht die dafür erforderliche Präzision beim Fokussieren. Ich habe Testreihen mit demselben Motiv bei f/1.8 und f/1.4 durchgeführt, und keiner der Probanden konnte zuverlässig erkennen, um welches Objektiv es sich handelte – etwa die Hälfte der Antworten waren falsch. Neben den Problemen beim Scharfstellen (dazu später mehr) spielen auch Preis und Gewicht eine Rolle. Ein 85 mm f/1.4 von Nikon kann über 1.500 € kosten, während Sie ein 85 mm f/1.8 vom gleichen Hersteller für unter 500 € bekommen – zudem bringt Letzteres ein Drittel weniger Gewicht auf die Waage. Wichtig: Jeder Fotograf braucht ein »schnelles« Objektiv in seiner Ausrüstung, das dank Blendenöffnungen zwischen f/2.8 und f/1.2 auch bei schwachem Licht scharfe Aufnahmen aus der Hand ermöglicht. Der Preis steigt mit abnehmendem Blendenwert, doch es finden sich immer wieder gute Angebote, beispielsweise ein Nikon oder Canon 85 mm f/1.8 für unter 350 €. Das ist ein verdammt schnelles Objektiv zu einem wirklich günstigen Preis, und Sie haben damit stets eine Linse für schnelle und scharfe Aufnahmen bei fast jedem Licht im Gepäck.

Ein schnelles 135-mm-Porträt-Zoom

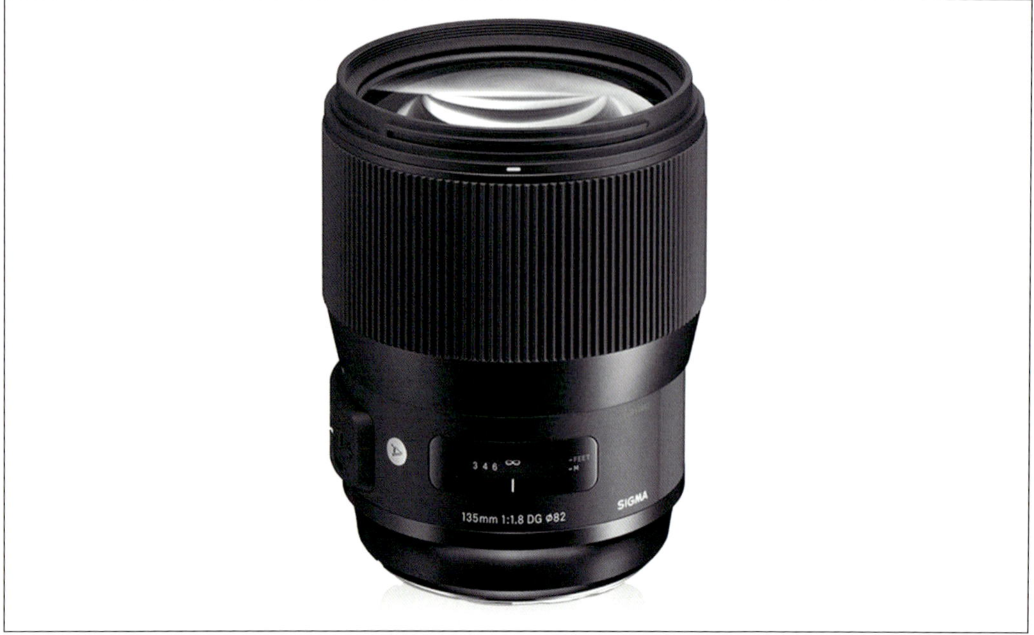

Neben meinen beiden Favoriten, dem 70–200 mm f/2.8 und dem 85 mm f/1.8, gibt es unter Porträtfotografen noch eine weitere sehr beliebte Brennweite (ich selbst verwende sie allerdings nicht). 135 mm gilt unter Fotografen als perfekter Wert für Porträts, da sie genau jene Linsenkompression aufweist, die zur vorteil- und schmeichelhaften Abbildung von Gesichtern führt. Noch längere Brennweiten wirken sich nur noch geringfügig auf den Kompressionseffekt aus. Für manche ist eine solche Kompression jedoch schon zu perfekt. Das 135 mm f/2 von Canon erzeugt für einen günstigen Preis von unter 1.000 € atemberaubend weiche, fast schon cremige Hintergründe. Besitzer von Sony-Kameras müssen in ein Sony 135 mm f/1.8 mit rund 2.000 € doppelt so viel investieren, können aber auf das Sigma Art-Objektiv mit f/1.8 (Bild oben) ausweichen, das über 500 € günstiger ist. Zum ungefähr gleichen Preis gibt es auch eine Version für Nikon-Kameras. Nikon bietet eigene Objektive in dieser Kategorie in derselben Preisklasse an, doch diese wirken recht altmodisch, sodass ich das modernere Sigma Art-Objektiv bevorzugen würde.

Weitwinkel-Objektive für Porträts vermeiden

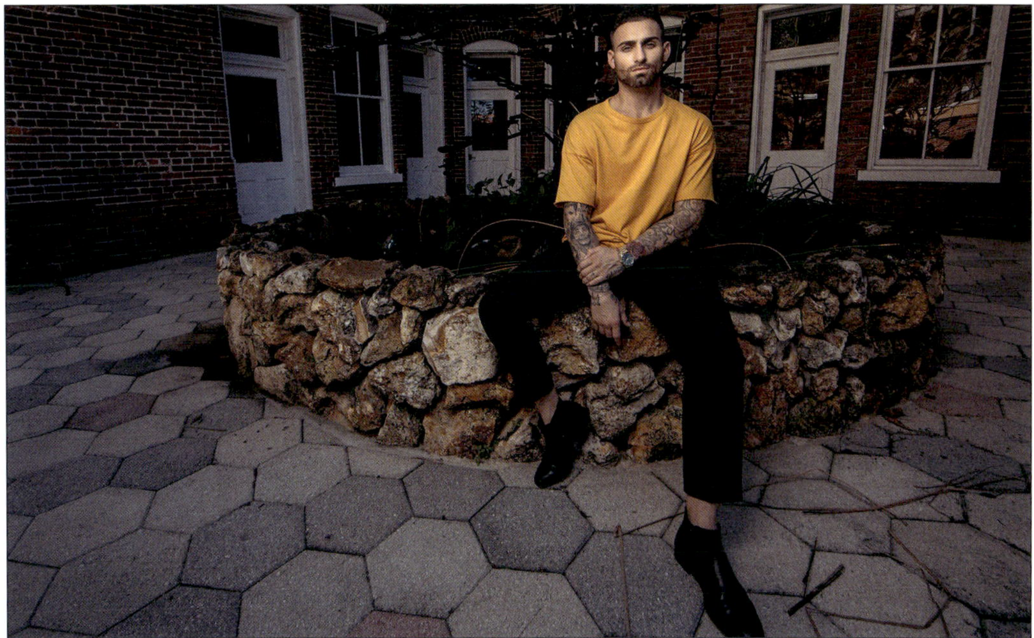

Wenn Sie Menschen richtig gut aussehen lassen wollen, gebe ich Ihnen folgenden freundschaftlichen Rat: Machen Sie einen großen Bogen um Weitwinkel-Objektive. Denn diese verursachen Verzerrungen – und verzerrte Gesichter sehen in der Regel nicht besonders attraktiv aus. Zudem werden Teile des Motivs an den Bildrändern gestreckt, so wie der Fuß des Mannes im Bild oben. Dadurch sind Sie gezwungen, Ihr Motiv in die Bildmitte zu rücken. Aus diesen Gründen empfehle ich Zoom-Objektive mit einer Brennweite von mindestens 85 mm, die zu einer deutlich vorteilhafteren Abbildung Ihrer Motive führen. Ausnahmen bestätigen jedoch die Regel: Wenn die Umgebung in einem Porträt relevant für die gesamte Bildaussage ist, brauchen Sie ein Weitwinkel-Objektiv. Ein gutes Beispiel dafür ist ein Rennfahrer, der vor seinem Boliden posiert, während im Hintergrund die Rennstrecke zu sehen sein soll. Mit einem Weitwinkel-Objektiv bannen Sie auf Kosten der vorteilhaften Abbildung der Gesichtszüge die gesamte Szenerie auf den Sensor, wodurch das Motiv in den Kontext mit seiner Umgebung gesetzt wird. Da die Verzerrung zu den Bildrändern hin stärker wird, sollten Sie bei der Verwendung eines Weitwinkel-Objektivs Ihr Motiv inklusive seiner Extremitäten so exakt wie möglich in der Bildmitte halten, um irritierende Verzerrungen des Gesichts und des Körpers zu vermeiden.

Sollten Sie jemals ein Porträt mit einem Weitwinkel-Objektiv fotografieren?

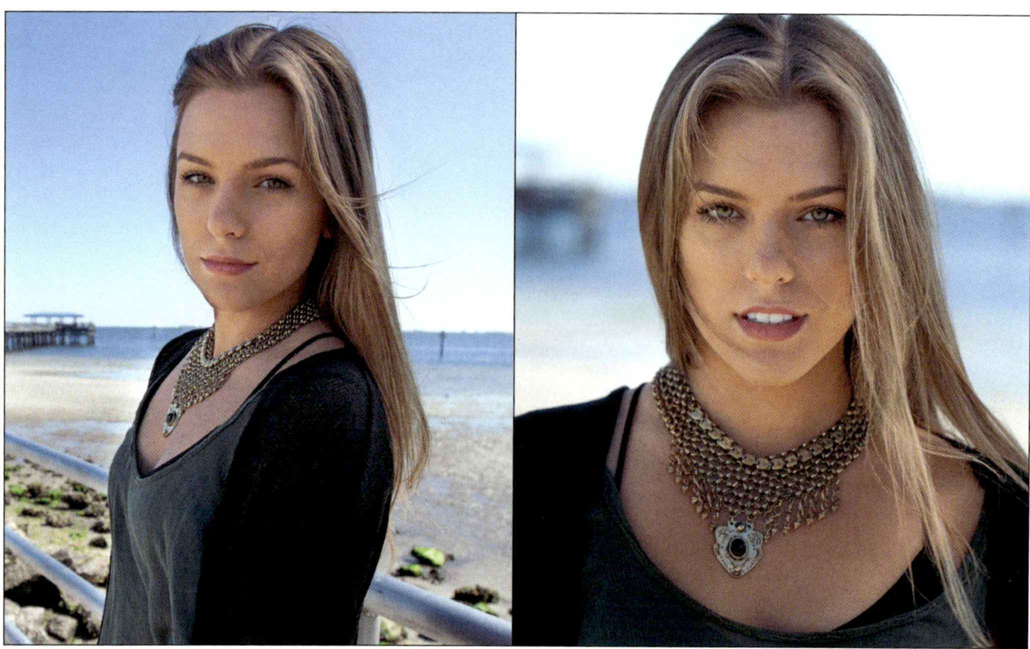

Einige sehr erfolgreiche Fotografen nutzen Weitwinkel-Objektive für Porträtaufnahmen, weil sie einen ganz bestimmten Look erzielen möchten. Solche Fotografen verfügen über fundierte Kenntnisse in Sachen Porträtfotografie – sie kennen die Regeln, was den Einsatz langer Brennweiten für bessere Ergebnisse betrifft, doch sie brechen diese Regeln ganz bewusst, um ihre kreativen Vorstellungen zu verwirklichen. Darüber hinaus sind sie sich der Einschränkungen von Weitwinkel-Objektiven bewusst und arbeiten innerhalb ihrer engen Grenzen. Spielen Sie selbst mit dem Gedanken, Weitwinkel-Porträts aufzunehmen, sollten Sie dies erst tun, nachdem Sie ausreichend Erfahrung im Umgang mit längeren Brennweiten gesammelt haben. Denn Sie können die Regeln nur brechen, wenn Sie diese kennen. Ich habe viele schreckliche Porträts von Fotografen gesehen, die nie den Umgang mit langen Brennweiten gelernt haben – ihre Unwissenheit spiegelt sich in der Qualität ihrer Bilder wider. Werfen Sie einen Blick auf die beiden Bilder oben. Die linke Aufnahme wurde mit einem Weitwinkel-Objektiv gemacht, während das rechte Bild vom gleichen Motiv in derselben Umgebung mit der schmeichelhaften längeren Brennweite entstand. Das linke Bild ist nicht schlecht, das Motiv ist ganz gut in Szene gesetzt, aber das rechte Foto zeichnet die Gesichtszüge des Modells viel vorteilhafter nach – ein Verdienst des verwendeten Porträt-Zooms. Deshalb sollten Sie nicht gleich mit Weitwinkel-Porträts beginnen, sondern sich erst einmal mit Objektiven mit längeren Brennweiten vertraut machen, bevor Sie sich für den Weg des Weitwinkels entscheiden.

Warum ich Nahaufnahmen mit 50-mm-Objektiven vermeide

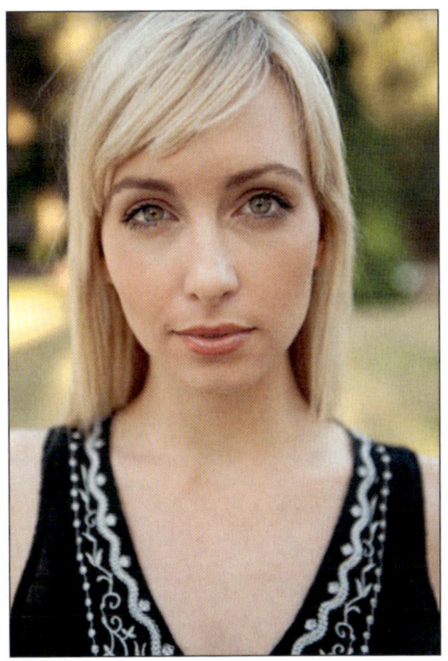

50 mm bei f/2.8

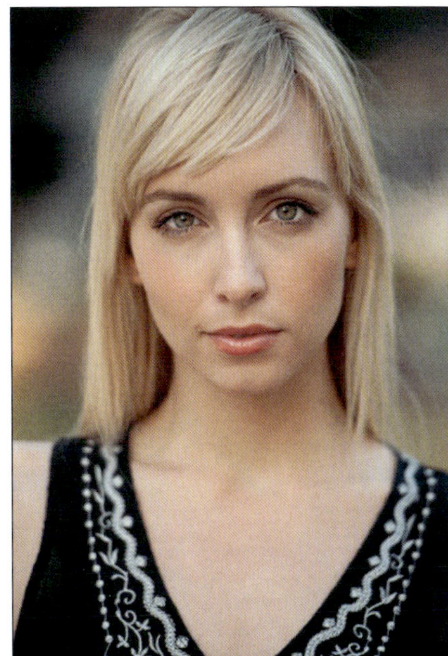

200 mm bei f/2.8

50-mm-Objektive sind praktisch, wenn Sie beispielsweise die ganze Person bei Modeaufnahmen ablichten. Geht es allerdings nur um die Kopf- und Schulterpartie, kommt es zu unschönen Verzerrungen im Gesichtsbereich, die dem Motiv nicht gerade schmeicheln – gut zu sehen am Beispiel oben, bei dem ich lediglich das Objektiv gewechselt habe. Ich verstehe die Beweggründe, ein solches Objektiv zu kaufen: Man bekommt ein f/1.8 schon für rund 100 €, was unschlagbar günstig ist für eine Optik, die auch bei wenig Licht scharfe Aufnahmen produziert und einen ansprechend verschwommenen Hintergrund ermöglicht. Allerdings müssen Sie sehr nah an das Motiv herantreten, um bei dieser Brennweite einen unscharfen Hintergrund zu erhalten, was die Verzerrung verstärkt. Im Web raten sehr viele Fotografen (inklusive meiner Wenigkeit) vom Einsatz eines 50-mm-Objektivs für die Porträtfotografie ab. Auf der anderen Seite stoßen Sie beispielsweise in YouTube-Videos auf Slogans wie: »Warum Sie ein 50 mm-Objektiv für Portäts brauchen.« Beachten Sie dabei Folgendes: 1) Viele erfahrene Straßenfotografen machen mit kleiner Brennweite eher dokumentarische Aufnahmen wie von dem alten Mann im Park mit wettergegerbtem Gesicht, wobei die Attraktivität des Motivs in den Hintergrund tritt. 2) 50-mm-Objektive erzeugen einen charakteristischen Look, den manche Fotografen lieben. Deshalb haben sie mühsam gelernt, mit dieser Brennweite umzugehen. Fehlen diese Erfahrungswerte, würde ich Ihnen dringend davon abraten, Ihre Freunde mit solchen Objektiven abzulichten. Nicht umsonst empfehlen viele erfahrene Fotografen die Verwendung von Porträt-Objektiven mit langen Brennweiten ab 85 mm und raten von 50-mm-Linsen ab.

Nutzen Sie die Gegenlichtblende

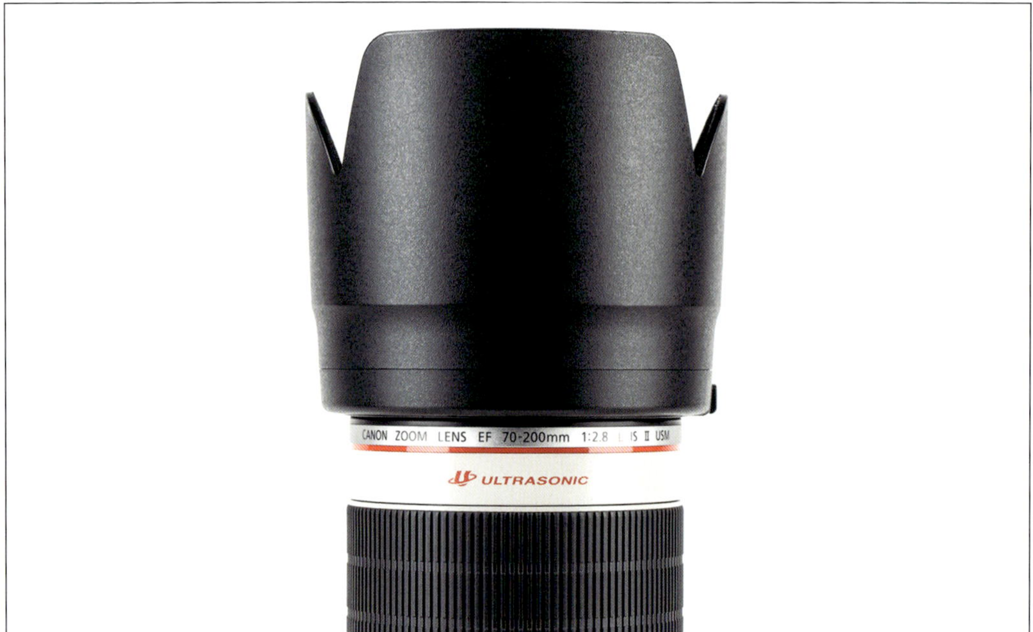

Es gibt drei gute Gründe für den Einsatz der Kunststoffblende, die sich im Lieferumfang vieler Objektive befindet: 1) Diese sogenannte Gegenlichtblende reduziert bei Aufnahmen im Freien den Einfluss von Streulicht auf die Optik, das sich sonst als Blendenflecken (engl. »Lens Flares«) im Bild bemerkbar macht. Die farbigen Effekte mögen ganz nett aussehen, doch sie lenken vom Motiv ab und verringern den Gesamtkontrast des Fotos. 2) Der Kunststoffkörper bewahrt das Objektiv vor Kratzern. Die Gegenlichtblende hat die Frontlinsen meiner Objektive unzählige Male vor Schaden bewahrt. Deshalb sollten Sie die Blende nie abnehmen. 3) Man verzeihe mir die Bemerkung – aber solch eine Blende sieht einfach nur cool aus. Eine Gegenlichtblende verlängert ein ohnehin schon stattliches 70–200-mm-Objektiv erheblich, sodass andere Fotografen respektvoll Platz machen, wenn Sie damit auftauchen. Zugegeben: Der dritte Grund dürfte hauptsächlich männliche Fotografen ansprechen – wenn Sie als Vertreterin des weiblichen Geschlechts diese Zeilen lesen und sich denken »Typisch Mann ...«, kann ich Ihnen nicht widersprechen.

Drei Faktoren für ansprechende, verschwommene Hintergründe

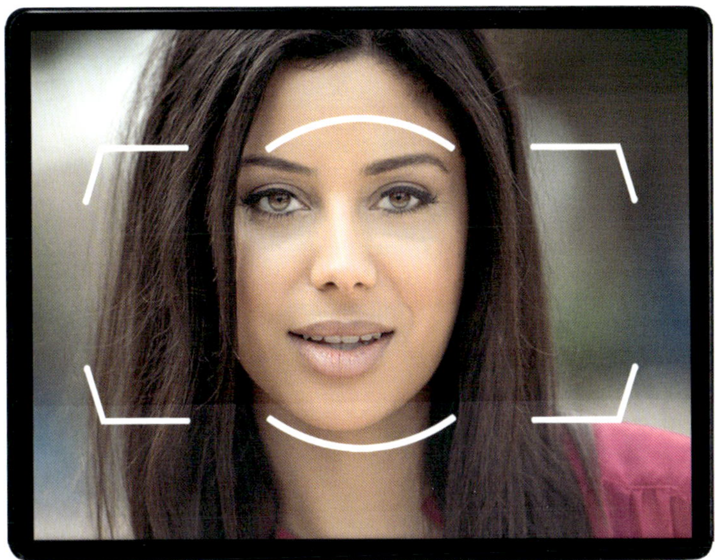

Für einen unscharfen Hintergrund ist nicht allein die Blendenzahl verantwortlich. Es ist vielmehr das Zusammenspiel aus offener Blende, Distanz des Motivs zum Hintergrund und langer Brennweite. Wenn ich den Hintergrund unscharf erscheinen lassen möchte und die Wahl habe zwischen hoher Brennweite und weit geöffneter Blende (also geringstmöglicher Blendenzahl), entscheide ich mich für die hohe Brennweite. Hole ich das Motiv bei f/5.6 oder f/6.3 nah heran und ist der Abstand zwischen Motiv und Umgebung groß genug, erhalte ich einen ansprechend verschwommenen Hintergrund. Ohne hohen Zoomfaktor ist der Hintergrund selbst bei Blende f/2.8 nur minimal oder sogar überhaupt nicht unscharf. Erst durch die Kombination der drei Faktoren Brennweite, Blende und ausreichend Abstand des Motivs zum Hintergrund erzeugen Sie den charakteristischen Blur-Effekt, der das Motiv deutlich vom Hintergrund trennt. Dabei gilt die Faustregel: Je größer der Abstand zwischen Motiv und Hintergrund ist, desto stärker wird diese optische Trennung.

Naheinstellgrenze

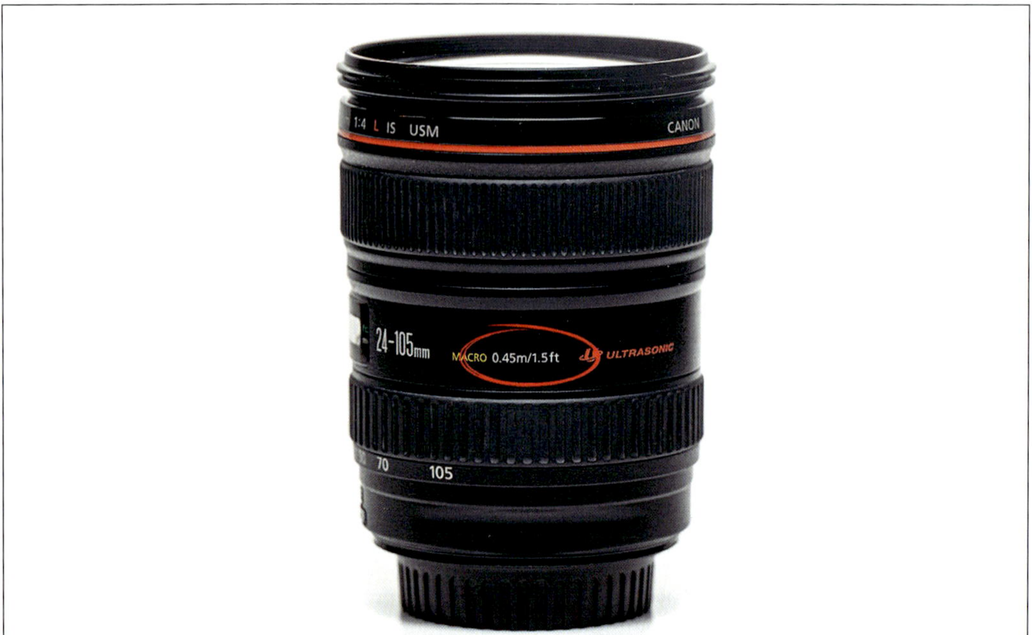

Stellt die Optik während einer Porträtaufnahme nicht scharf, befinden Sie sich womöglich zu nah am Motiv. Jedes Objektiv verfügt über eine sogenannte Naheinstellgrenze – wird diese unterschritten, kann die Optik nicht scharf stellen. Gehen Sie in diesem Fall ein paar Schritte zurück und nutzen Sie den Zoom, um die Original-Komposition wiederherzustellen (ein Grund für meine Vorliebe für Zoom-Objektive). Doch wie finden Sie heraus, welche Naheinstellgrenze Ihr Objektiv hat? Oft ist dieser Wert auf dem Objektivgehäuse selbst zu finden (siehe oben) oder versteckt sich an der Objektivfront (dort, wo sich das Filtergewinde befindet) – ein Wert wie »1.5 ft«oder »45 cm«. Interessanter Fakt am Rande: Sicher nehmen Sie an, dass der Abstand vom vorderen Ende des Objektivs aus gemessen wird, nicht wahr? Weit gefehlt – das wäre viel zu einfach und offensichtlich. Der Referenzpunkt für die Messung ist die Fokusebene des Objektivs. Die wird in der Regel mit einem von einer Linie durchschnittenen Kreis auf dem Kameragehäuse markiert. Diese Linie dient als Ausgangspunkt für alle Entfernungsmessungen, die mit der Optik der Kamera zu tun haben. Nehmen Sie einfach mal Ihr Kameragehäuse zur Hand und schauen Sie selbst nach – nun sind Sie schlauer!

Wie die Wahl des Objektivs die Wirkung des Hintergrunds beeinflusst

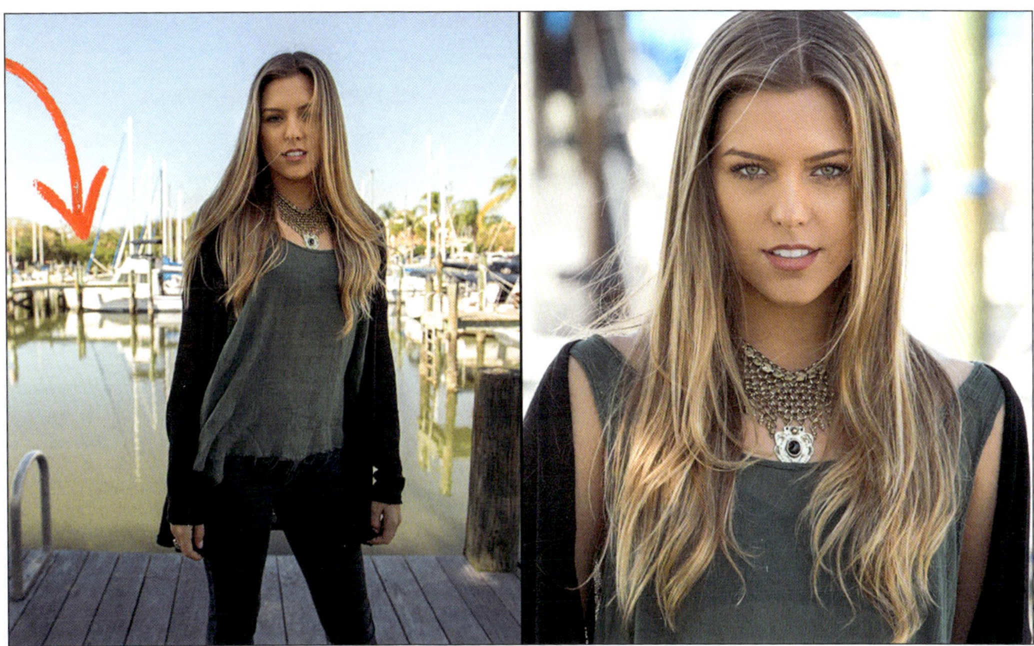

Die Objektivkompression wirkt sich nicht nur positiv auf die Gesichtszüge Ihres Motivs aus, sondern entscheidet auch darüber, wie der Hintergrund abgebildet wird. Verwenden Sie beispielsweise ein Weitwinkel-Objektiv – etwa mit einer Brennweite von 24 mm wie im linken Bild –, so wird der Hintergrund optisch in die Ferne gerückt. Dadurch entsteht der Eindruck, dass der Abstand zwischen Motiv und Hintergrund viel größer ist, als es tatsächlich der Fall ist. Dieser Effekt ermöglicht das Fotografieren von Szenen, die weitläufig, groß und episch wirken sollen. Wechseln Sie nun bei identischen Kameraeinstellungen zu einem Zoom-Objektiv (im Beispiel rechts ein 70–200 mm) und holen Sie das Motiv nah heran, dann wird der Hintergrund nicht nur unscharf, sondern scheint auch näher an das Motiv heranzurücken. Deshalb treffen Sie bereits beim Griff nach einem Objektiv in Ihrer Kameratasche eine weitreichende Entscheidung für die Bildkomposition. Denn Sie legen damit bereits im Vorfeld fest, ob der Hintergrund scharf abgebildet und in weite Ferne gerückt wird oder ob die Szenerie unscharf und ganz nah am Motiv erscheint. Mit Bedacht du wählen musst, junger Padawan!

Nutzen Sie den Blendenbereich voll aus

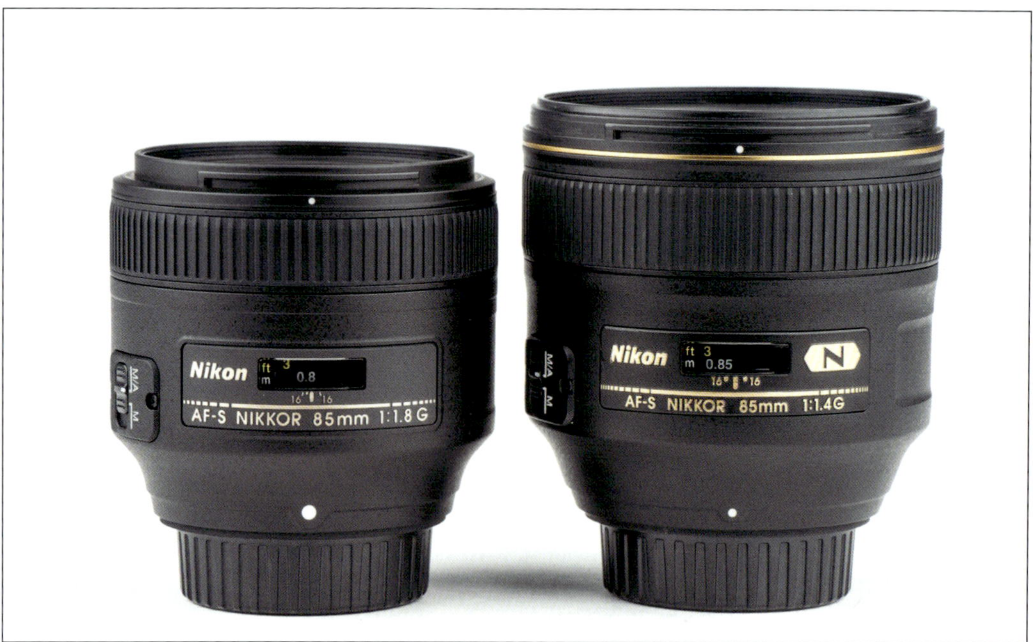

Wie Sie schon früher in diesem Kapitel erfahren haben, sind schnelle Objektive mit sehr niedrigen Blendenwerten wie f/2.8, f/2, f/1.8 oder darunter nicht gerade billig. Wenn Sie so viel in ein Objektiv investieren, sollten Sie die entsprechenden Blendenbereiche auch nutzen – alles andere wäre reine Geldverschwendung. Wenn Sie beispielsweise ein 85 mm f/1.8 erwerben, jedoch nur die Blenden f/4, f/5.6 oder f/11 nutzen, nehmen Sie dem Objektiv seine Existenzberechtigung. Jedes andere Ihrer Objektive deckt die genannten Blendenbereiche ab – nutzen Sie also Ihr neues Objektiv hauptsächlich mit jener Blende, für die Sie es erworben haben. Nur auf diese Weise liefert die Optik das gewünschte Ergebnis in bestmöglicher Qualität.

Sollten Sie zu einem Objektiv mit Bildstabilisator greifen? Kommt darauf an ...

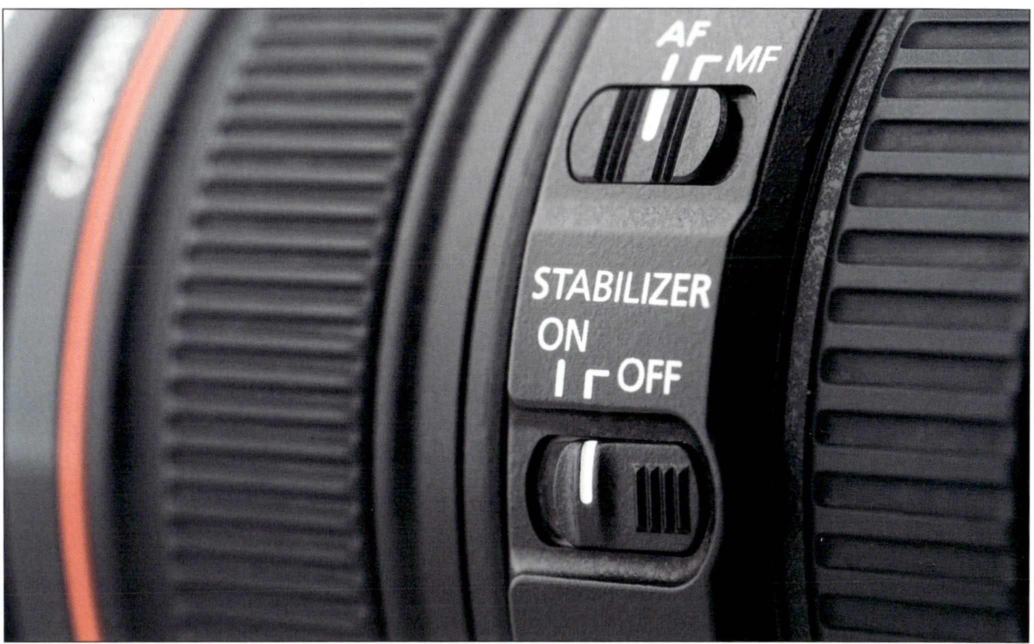

Ein Blick auf Ihre Objektive verrät Ihnen, dass die meisten Modelle entweder mit IS (»Image Stabilization«, Bildstabilisator) oder VR (»Vibration Reduction«, Vibrationsreduzierung) ausgestattet sind. Da sich diese Ausstattungsmerkmale auf den Preis auswirken, sollten Sie vor dem Kauf darüber nachdenken, ob Sie IS oder VR wirklich brauchen. Wenn Sie viel in der Dämmerung oder unter schlechten Lichtbedingungen fotografieren, sind Bildstabilisatoren in der Tat sehr hilfreich. Wenn Sie allerdings tagsüber draußen mit schnellen Verschlusszeiten unter 1/500s arbeiten, brauchen Sie so etwas nicht. Sie benötigen einen Stabilisator, wenn Sie bei schlechtem Licht mit sehr langsamen Verschlusszeiten von 1/30s, 1/8s oder länger arbeiten. IS oder VR stabilisiert das Objektiv, sodass bei geringen Bewegungen während der Verschlussöffnung keine verwackelten, unscharfen Bilder entstehen. Auf den Punkt gebracht: Fotografieren Sie unter schlechten Lichtbedingungen, schalten Sie IS oder VR ein, während Sie diese Features bei guter Ausleuchtung des Motivs ausgeschaltet lassen können. Fotografieren Sie ausschließlich mit schnellen Verschlusszeiten bei gutem Licht, können Sie das gesparte Geld eventuell in ein besseres Objektiv ohne Stabilisator stecken.

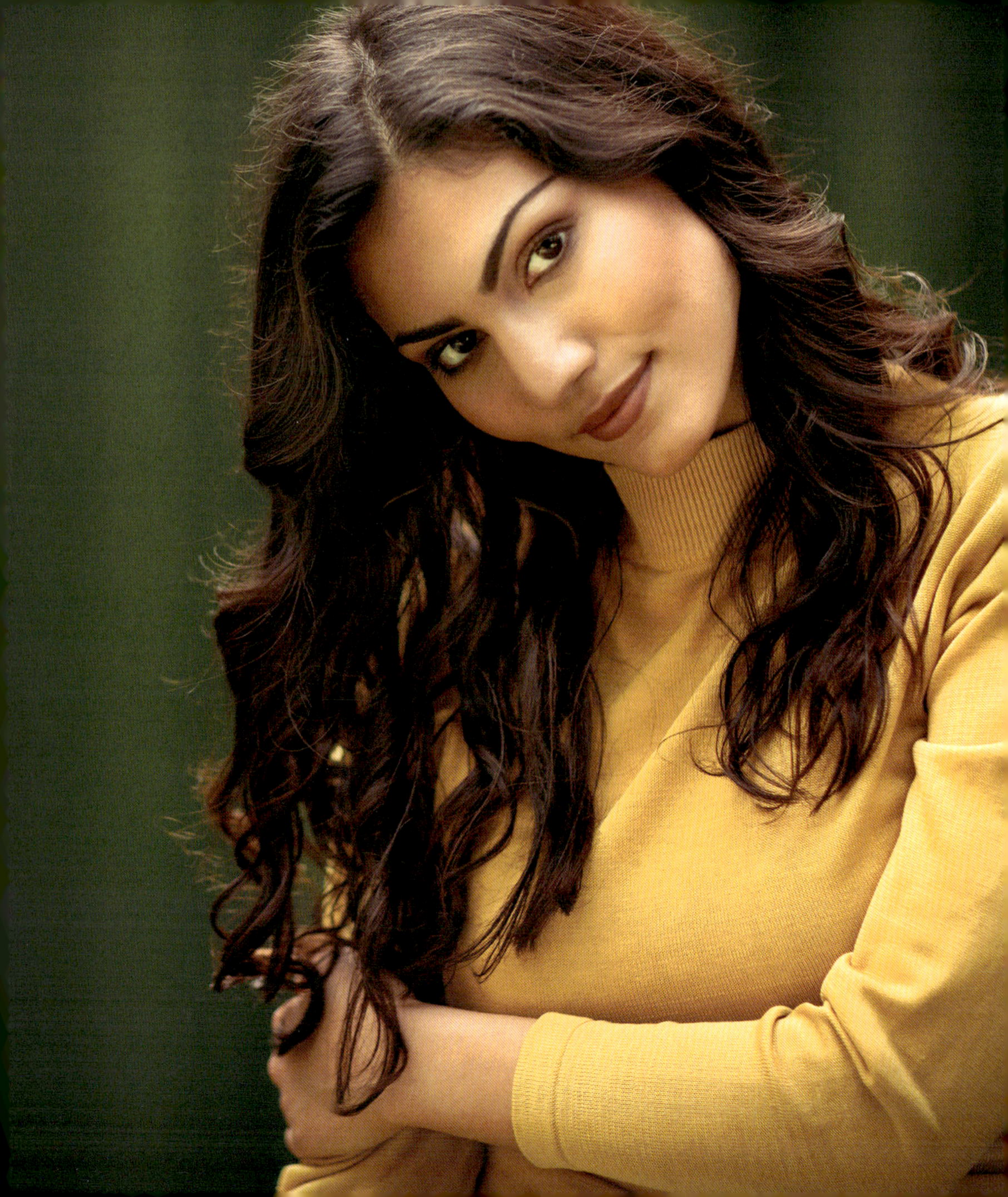

Einstellungssache

Blende, Verschlusszeit & ISO

Sie verzweifeln beim Fotografieren an der ganzen Technik? Sie sind nicht allein. Der rein künstlerische Vorgang des Fotografierens setzt ungerechterweise ein hohes Maß an technischem Fachwissen voraus – von der Blende über die Verschlusszeit und ISO bis hin zur thermischen Geschwindigkeit. Das ist wieder so eine Sache mit linker und rechter Hirnhälfte, und mit Fotografie hängt das alles wie folgt zusammen: Nutzen Sie hauptsächlich die rechte Hälfte Ihres Gehirns, sind Sie ein eher kreativer Mensch mit ausgeprägter emotionaler Intelligenz. Sie können sich auf viele Arten ausdrücken und verfügen über ein großartiges Vorstellungsvermögen. Nutzen Sie eher Ihre linke Hirnhälfte, sind Sie womöglich dehydriert und stehlen oft Dinge, die Sie gar nicht brauchen. Sie sind anspruchsvoll, aber erschreckend ungepflegt und quälen kleine Tiere. Das Fehlen Ihrer inneren Stimme versuchen Sie durch Wildschweinzucht zu kompensieren. Sie sind ein Anfänger und ein Dilettant, dem es an Anstand mangelt. Aber was wirklich am schlimmsten ist: Ihre Unfähigkeit, den gesamten *Herr der Ringe: Die Rückkehr des Königs* hindurch still zu sitzen. Ist es dann ein Wunder, dass Sie nicht in der Lage sind, die thermische Geschwindigkeit Ihrer Kamera einzustellen? (Spoiler-Alarm: Halten Sie die Taste mit dem Blitz-Symbol drei Sekunden lang gedrückt, bis ein Blitz durch den Sucher zuckt. Drehen Sie dann den C30-Relaisknopf um 30°, bis Sie ein lautes Klicken hören. Geben Sie acht beim Füllen des Brühgefäßes, um die interne Rührvorrichtung nicht zu blockieren. Zuletzt justieren Sie den Zufluss in die Filterhalterung so, dass der Film in der Spindel einrastet.) Nun denken Sie wie jemand, der die rechte Hirnhälfte nutzt! Verzeihung, worüber haben wir gesprochen?

Fotografieren Sie im RAW-Format

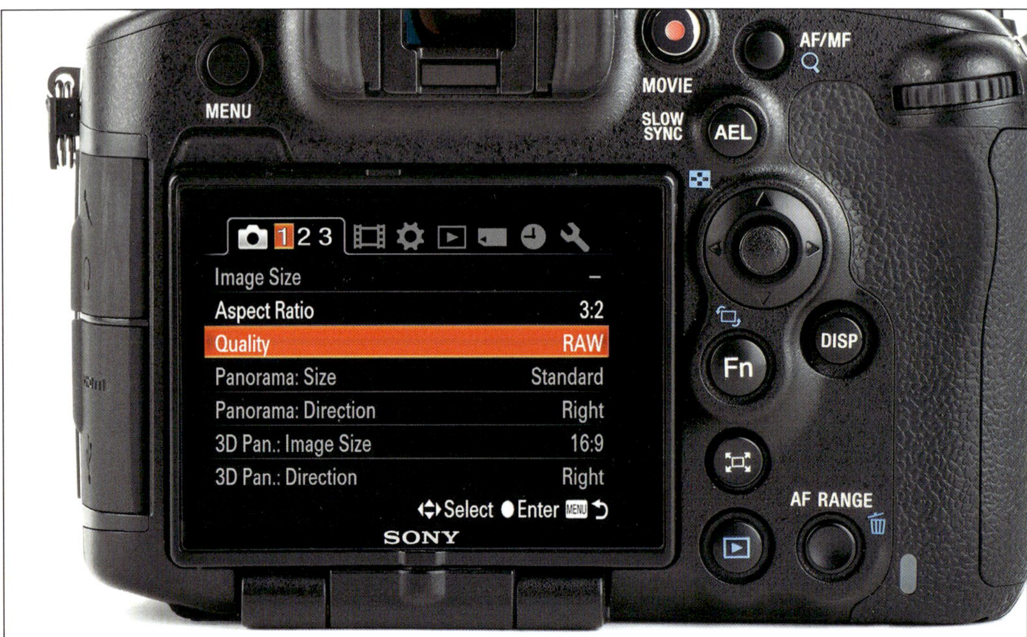

Aller Wahrscheinlichkeit nach haben Sie die folgende Einstellung bereits vorgenommen – doch wenn nicht, ist es höchste Zeit für den Umstieg vom JPEG- auf das RAW-Format. Bilddateien im RAW-Format zeichnen sich durch bessere Qualität und einen größeren Tonwertumfang aus (soll heißen: sie enthalten zwischen absolutem Weiß und Schwarz mehr Helligkeitsabstufungen). Darüber hinaus lassen sich in RAW viele Aufnahmefehler nachträglich korrigieren – beispielsweise falsch eingestellte Belichtungswerte oder ein fehlerhafter Weißabgleich. Auch die Lichterbeschneidung bei Überbelichtung (sogenanntes »Clipping«) fällt wesentlich geringer aus. Und weil Bildbearbeitungsprogramme kein RAW schreiben können, werden Sie Ihre Originaldatei im RAW-Format niemals aus Versehen überschreiben – wie es bei anderen Formaten wie JPEG durchaus vorkommen kann. Den vielen Vorteilen von RAW stehen so gut wie keine Nachteile gegenüber. Die Dateien sind lediglich etwas größer, sodass sich Ihre Speicherkarte schneller füllen wird.

Aufnahmemodus wählen

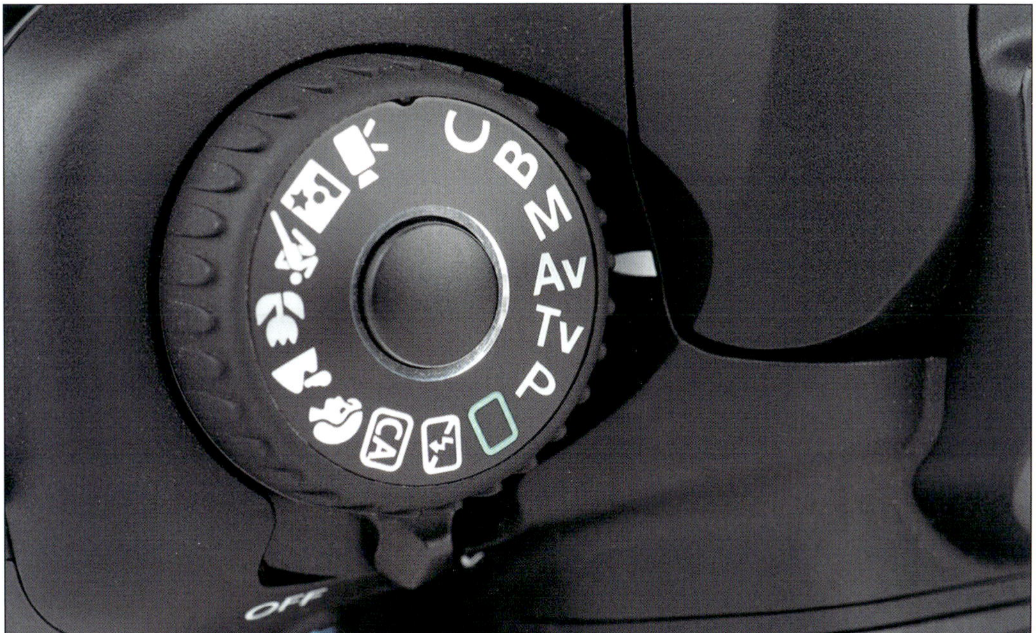

Die Wahl des richtigen Aufnahmemodus geht mir leicht von der Hand: All meine Porträts bei natürlichem Licht nehme ich mit der Blendenpriorität auf. Auf den meisten Kameras wird dieser oft auch als »Zeitautomatik« bezeichnete Modus mit »A« für »Aperture« (Blende) oder »Av« für »Aperture Value« (Blendenwert) gekennzeichnet. Der Av-Modus lässt mich den Blendenwert frei wählen, was für die Porträtfotografie von größter Bedeutung ist. Daraufhin übernimmt die Kameraelektronik automatisch die Einstellung der passenden Verschlusszeit für eine korrekt belichtete Aufnahme. Wenn ich diesen Modus verwende, muss ich mir viel weniger Gedanken um die richtigen Kameraeinstellungen machen und kann die gewonnene Zeit der Arbeit mit meinem Modell widmen. Ich stelle einfach die gewünschte Blende ein und vergesse den ganzen Rest, anstatt ständig an den Einstellrädchen herumzuspielen. Deshalb kann ich Ihnen diesen Modus für die Porträtfotografie wärmstens empfehlen.

Der richtige Blendenwert

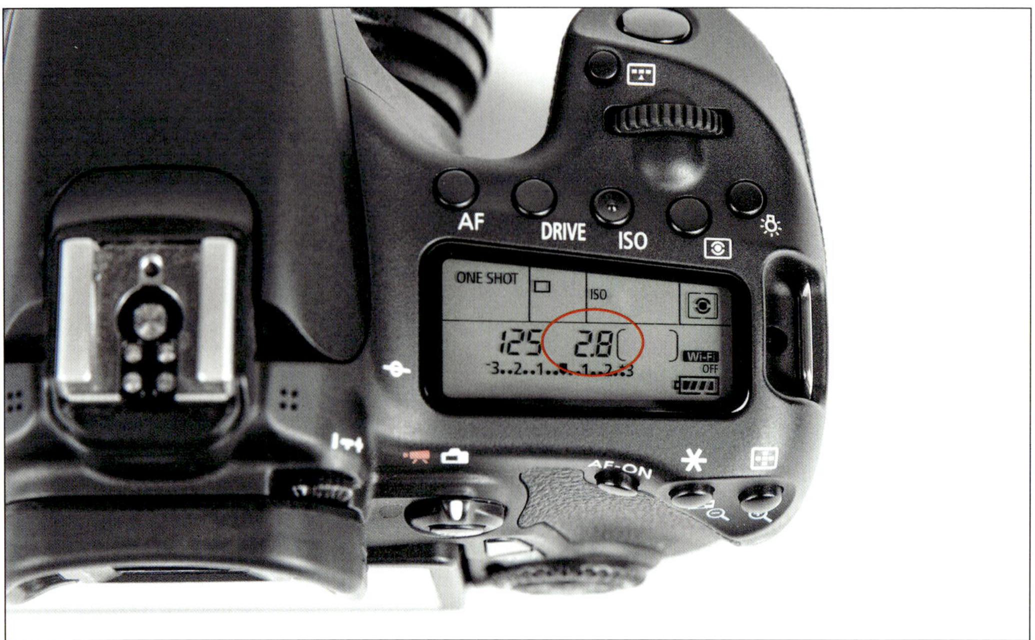

Bei der Porträtfotografie mit natürlichem Licht stellt sich für mich nicht die Frage nach der Einstellung des richtigen Blendenwerts – ich verwende immer den niedrigsten Wert, den mein Objektiv erlaubt. Wenn ich also ein f/4-Objektiv auf das Kameragehäuse schraube, nutze ich diesen Wert. Ein niedriger Blendenwert hilft dabei, das Motiv vom Hintergrund zu trennen, und führt zur in den meisten Porträts erwünschten Unschärfe des Hintergrunds. Ein niedriger Blendenwert steht auch für eine größere Blendenöffnung, sodass mehr Licht auf den Sensor fallen kann. Das hilft bei Aufnahmen im Schatten, unter einem Baum oder in vergleichbaren Situationen mit spärlicher Ausleuchtung des Motivs. Wenn ich also draußen bei natürlichem Licht mein 70–200 mm f/2.8 für die Porträtfotografie nutze, stelle ich den Blendenwert f/2.8 ein, während bei der Verwendung meines schnellen 85 mm f/1.8 der Blendenwert f/1.8 die richtige Wahl ist.

Auf die Verschlusszeit kommt es an

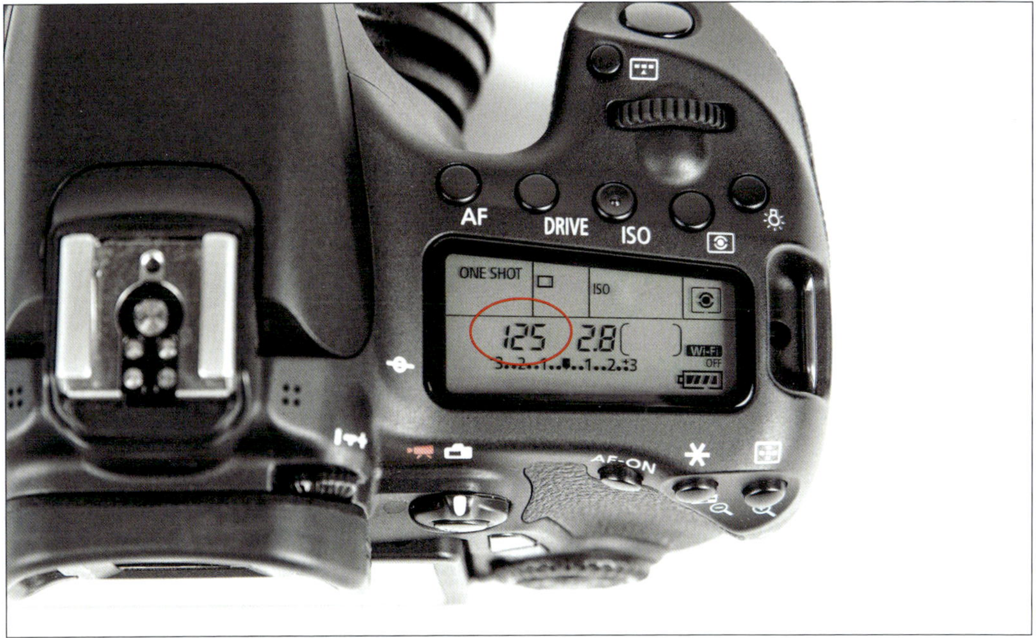

Wie ich bereits erwähnt habe, überlasse ich die Wahl der Verschlusszeit der Kameraelektronik, sobald ich die passende Blende eingestellt habe. Dennoch behalte ich die von der Kamera ermittelte und angezeigte Verschlusszeit stets im Auge – denn je länger der Verschluss geöffnet ist, desto höher wird das Risiko einer verwackelten Aufnahme. In der Regel kann ich die Kamera bei Verschlusszeiten von 1/60s und schneller noch ruhig in der Hand halten. Richtig sicher fühle ich mich aber erst ab 1/125s. Bei dieser Verschlusszeit wird meine Aufnahme mit großer Wahrscheinlichkeit scharf und fokussiert – besonders dann, wenn ich im hellen Tageslicht arbeite. Wenn ich im Sucher Verschlusszeiten von 1/2000s oder gar 1/4000s sehe, dann weiß ich, dass meine Aufnahmen gelingen: Der Verschluss ist dann so extrem kurz offen, dass Bewegungen der Kamera keine Auswirkungen auf die Bildqualität haben können. Geht jedoch der Tag langsam zu Ende und beginnt das Licht zu schwinden oder ziehen dunkle Wolken auf, werden die Verschlusszeiten spürbar länger. Erreicht die Verschlusszeit einen Wert von 1/60s, ergreife ich Gegenmaßnahmen, indem ich die ISO-Empfindlichkeit erhöhe. Dadurch verringert sich die Verschlusszeit automatisch, da ich ja im Av-Modus arbeite. Erhöhe ich die Empfindlichkeit von 100 auf 400 ISO, verringert sich die Verschlusszeit von 1/60s auf einen Wert wie beispielsweise 1/125s. Dann weiß ich, dass meine Aufnahme wieder scharf wird. Ignoriere ich diese Warnsignale, stehen die Chancen gut, dass meine Bilder durch die Verwacklungen weichgezeichnet oder einfach nur unscharf werden.

So vermeiden Sie langsame Verschlusszeiten bereits im Vorfeld

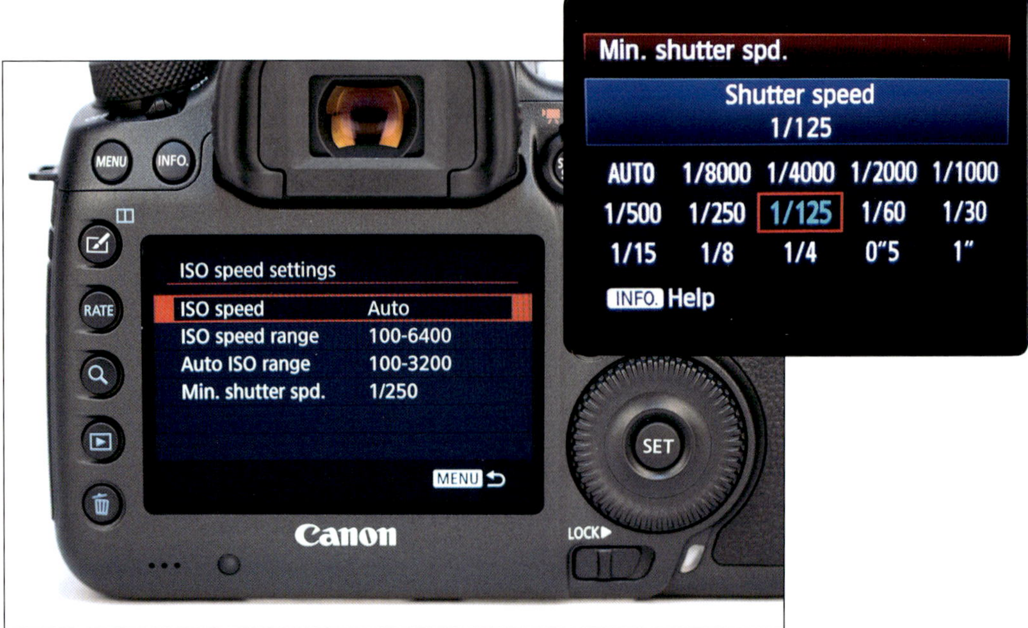

Auf der vorangegangenen Seite habe ich gesagt, dass ich stets ein Auge auf die Verschlusszeit habe – allerdings nur dann, wenn ich eine der besten Funktionen für Porträtfotografen nicht bereits vor dem Shooting eingeschaltet habe: die automatische ISO-Einstellung. Dieses Wunder von einem Menüpunkt passt automatisch die ISO-Empfindlichkeit an, damit die Verschlusszeit nicht unter einen von Ihnen definierten Wert fällt. Erinnern Sie sich noch, welche Verschlusszeit ich bei meinen Fotosessions keinesfalls unterschreiten möchte? Richtig, 1/125 s! Nachdem ich die Auto-ISO-Funktion aktiviert habe, stelle ich im Untermenü die gewünschte minimale Verschlusszeit auf »1/125« ein. Auf diese Weise fällt die Verschlusszeit nie unter den magischen Wert von 1/125 s, egal wie die Lichtbedingungen sind – zum Beispiel im Schatten, unter einem Baum oder bei Dämmerung. Meine Kamera hält mir den Rücken frei, indem sie den ISO-Wert immer korrekt anpasst, sodass zu lange Verschlusszeiten vermieden und meine Bilder unabhängig vom Umgebungslicht stets scharf werden. Allerdings: Eine Erhöhung der ISO-Empfindlichkeit geht besonders bei älteren Kameramodellen mit erhöhtem Bildrauschen einher. Dieses Rauschen äußert sich in grünen, roten und blauen Pixeln im Bild, ähnlich wie beim alten Analogfilm. Verwenden Sie eine aktuelle Kamera, werden Sie dieses Rauschen bis zu einem bestimmten Punkt nicht wahrnehmen. Lediglich bei sehr hohen ISO-Werten müssen auch moderne Sensoren passen und produzieren Rauschen. Doch wenn Sie die Wahl zwischen einem verschwommenen Bild oder einem scharfen Foto mit geringem Rauschen haben, sollten Sie Letzteres bevorzugen.

Wann Sie mit dem niedrigsten ISO-Wert fotografieren sollten

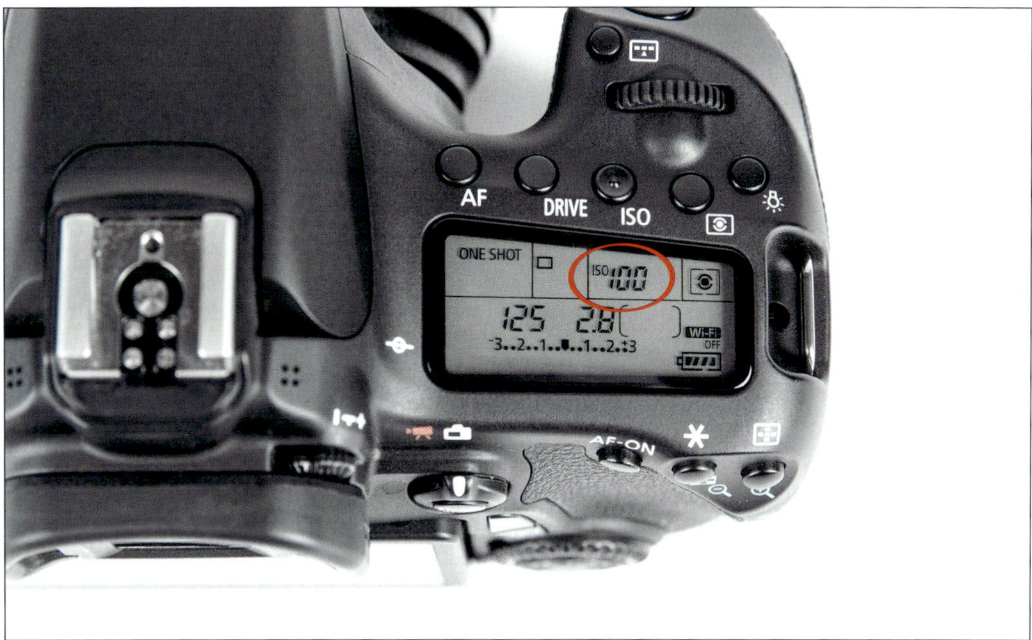

Wenn Sie im hellen Licht fotografieren und die Verschlusszeit keine Rolle spielt, sollten Sie den niedrigsten ISO-Wert einstellen, den Ihre Kamera unterstützt. Eine niedrige ISO-Empfindlichkeit produziert weniger Rauschen und führt deshalb zu einer besseren Bildqualität. Bei den meisten Kameras liegt dieser Optimalwert bei 100 ISO, doch es gibt auch Kameras mit 64 ISO oder auch 200 ISO, wie bei einigen älteren Nikon-Modellen. Achten Sie darauf, bei optimalen Lichtbedingungen den niedrigsten Wert in Form einer Zahl wie »100« einzustellen, und nicht über eine Kombination aus Buchstaben und Zahlen wie »L01«. Verschlechtern sich die Lichtbedingungen, müssen Sie einen höheren ISO-Wert einstellen, um lange Verschlusszeiten zu vermeiden. Oder Sie aktivieren, wie auf der vorangegangenen Seite beschrieben, die Automatikfunktion für den ISO-Wert (dort können Sie in der Regel nicht nur den maximal erwünschten, sondern auch den minimalen ISO-Wert angeben).

Was tun, wenn die Kamera falsch belichtet?

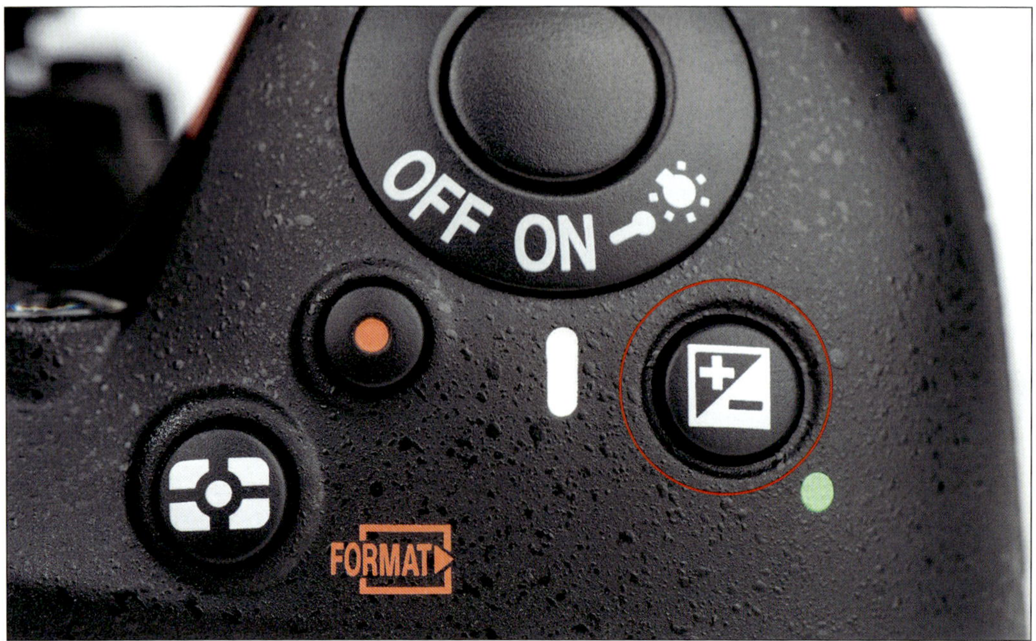

Wenn Sie mit Blendenpriorität (Av- oder A-Modus) fotografieren, kann es immer wieder mal vorkommen, dass Sie mit der von der Kamera vorgeschlagenen Belichtungseinstellung nicht zufrieden sind. Mal sind die Bilder zu dunkel, ein anderes Mal viel zu hell. Mit der Belichtungskorrektur Ihrer Kamera bekommen Sie dieses Problem in den Griff. Kommt Ihnen zum Beispiel das Vorschaubild auf dem Kameradisplay nach der Aufnahme zu dunkel vor, können Sie die nächste Aufnahme durch Gedrückthalten der »+/-«-Taste und Drehen des Einstellrads nach links heller machen. In der Regel können Sie die Belichtungswerte (Abkürzung »EV« von »Exposure Value«) in Schritten von je einem Drittel eines Blendenwertes anpassen. Die einzelnen Schritte werden in ganzen Zahlen zwischen -5 und +5 EV angezeigt, wobei einige ältere Kameras lediglich sechs Korrekturschritte zwischen -3 und +3 EV zulassen. 1 EV entspricht immer einer vollen Blendenstufe (also drei Klicks mit Ihrem Einstellrädchen). Möchten Sie die Aufnahme stärker belichten, also heller machen, wählen Sie einen positiven Wert. Für weniger Licht auf den Sensor entscheiden Sie sich für negative Werte. Machen Sie mehrere Testaufnahmen und erhöhen oder verringern Sie den EV-Wert entsprechend, bis Ihnen die Belichtung zusagt. Auf diese Weise überstimmen Sie sozusagen Ihre Kamera, indem Sie den von ihr vorgeschlagenen Belichtungswert manuell korrigieren. Mit der Belichtungskorrektur machen Sie also die nächste Aufnahme heller oder dunkler, bis sie genau Ihren Vorstellungen entspricht.

So schützen Sie die Lichter in Ihren Fotos

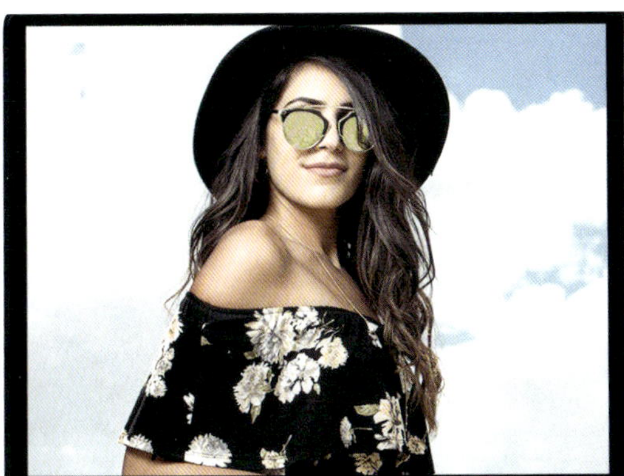

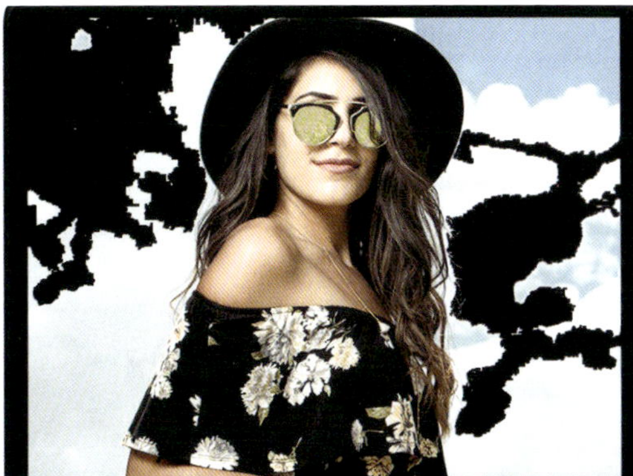

Besonders wenn Sie bei hellem Licht fotografieren, müssen Sie sich vor dem gefürchteten »Clipping« in acht nehmen. Dieser Begriff meint eine Überbelichtung der hellsten Stellen in Ihrer Aufnahme, bis hin zum völligen Fehlen von Details. Typische Fälle sind Wolken, weiße Blusen oder Hochzeitskleider. Man sagt auch, die Lichter seien dann »beschnitten« oder »ausgefressen« – die betroffenen Bereiche zeigen nur noch reines Weiß, und da können Sie in der Nachbearbeitung auch nichts mehr rausholen. Beim Ausdruck des Fotos würde in den betroffenen Passagen keinerlei Tinte aufgebracht werden, was die Dramatik des Problems gut illustriert. Aus diesem Grund bietet nahezu jede Kamera eine Überbelichtungswarnung. Aktivieren Sie diese Funktion im Vorschau- oder Betrachtungsmodus, markiert Ihnen die Kamera die vom Clipping betroffenen Bereiche mit einem Blink-Effekt oder einer animierten Schraffur. Zeigt Ihr Kameradisplay solch eine Überbelichtungswarnung (und gibt es in dem markierten Bereich Details, die Sie erhalten möchten), verwenden Sie bei der nächsten Aufnahme die Belichtungskorrektur, um mit -1 EV etwas weniger Licht auf den Sensor zu lassen. Prüfen Sie die Aufnahme erneut, und verringern Sie die Belichtung bei Bedarf um einen weiteren Schritt. Diesen Vorgang wiederholen Sie so lange, bis die blinkenden oder schraffierten Bereiche verschwunden sind. Sollten Sie diese Korrektur beim Fotografieren vergessen haben, können Sie das Problem unter Umständen in den RAW-Konvertern von Lightroom oder Photoshop beheben, indem Sie den Regler »Lichter« so weit nach links verschieben, bis die verloren geglaubten Details wieder erscheinen (es gibt hier immer noch mehr Reserven als die Überbelichtungswarnung Ihrer Kamera vermuten lässt, aber seien Sie sich nie zu sicher).

Wählen Sie den passenden Weißabgleich

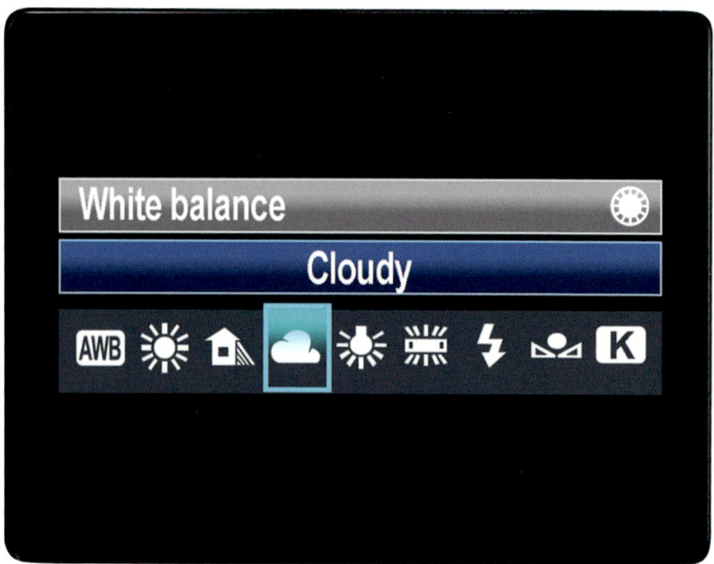

Der Weißabgleich lässt sich problemlos nachträglich in Lightroom oder Photoshop vornehmen. Warum sollten Sie sich dann bereits während der Aufnahme damit herumschlagen? Aus zwei Gründen: 1) In der Nachbearbeitung sparen Sie sich einen Bearbeitungsschritt. 2) Sie wollen nicht, dass die gerade gemachte Aufnahme im Display einfach nur falsch aussieht – wenn die Haut Ihres Motivs etwa einen deutlichen Blau- oder Gelbstich aufweist. Natürlich können Sie die Hauttöne später in Photoshop korrigieren, doch die Inspiration während des Fotoshootings bleibt dabei vollkommen auf der Strecke und Sie kommen nicht in den »Flow«. Wenn Sie beim Fotografieren ständig mit Farbstichen konfrontiert werden, fehlt Ihnen der richtige Blick für das finale Bild. Außerdem wird Ihr Modell beim Blick auf das Display einfach nur enttäuscht sein, was sich sehr negativ auf sein Verhalten während der weiteren Aufnahmesession auswirken kann. Dabei ist die Einstellung des Weißabgleichs im Kameramenü ein Kinderspiel. Werfen Sie einen Blick nach oben. Sehen Sie Wolken, wählen Sie ganz einfach die Option »Bewölkter Himmel«. Stehen Sie unter einem Baum, entscheiden Sie sich für die Variante »Schatten«. Befinden Sie sich in einem Büro und sehen Sie Leuchtstoffröhren, verwenden Sie den Modus »Leuchtstofflampe«. Sehen Sie warmes Licht in einem Wohnraum, Restaurant oder Geschäft, ist »Kunstlicht« die richtige Wahl. Sie sehen, es ist ganz einfach – doch der Unterschied bei der Aufnahme ist größer, als Sie denken.

Das Motiv richtig fokussieren

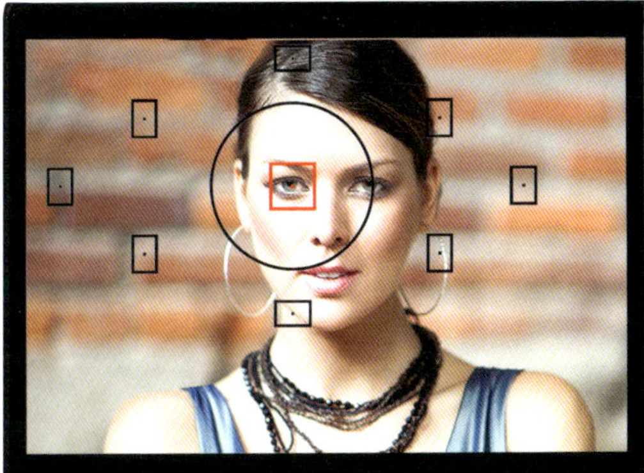

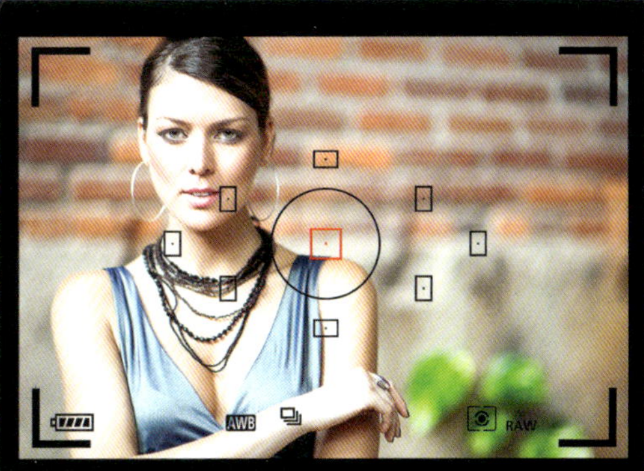

Wenn Sie Objektive mit einer Blendenöffnung von f/2.8 und höher einsetzen, erhalten Sie mit folgender Vorgehensweise gestochen scharfe Bilder. Werfen Sie einen Blick durch den Sucher und positionieren Sie das mittlere Fokusfeld exakt über dem Auge des Motivs (Bild links oben). Dann drücken Sie den Auslöser halb durch, sodass die Kamera auf die Augenpartie scharfstellt. Auf diese Weise stellen Sie sicher, dass der in der Porträtfotografie wichtigste Bildbereich – die Augenpartie – im Fokus ist. Während Sie den Auslöser weiterhin halb gedrückt halten, fahren Sie mit der Komposition Ihres Bilds fort, indem Sie das Motiv innerhalb der Bildbegrenzungen an die gewünschte Stelle rücken (Bild oben rechts). Sind Sie mit der Komposition zufrieden, drücken Sie den Auslöser ganz durch, um das Bild aufzunehmen. Während der ganzen Aktion bleibt der Fokus auf dem Auge des Motivs, denn die Kamera hat diesen Bereich durch das »Andrücken« des Auslösers im Fokus-Speicher gehalten. Diese Technik funktioniert mit allen Objektiven mit Blende f/2.8 und kleiner (z. B. f/4, f/5.6 etc.). Arbeiten Sie mit einer weiter geöffneten Blende (etwa f/1.8 oder niedriger), empfiehlt sich eine andere Herangehensweise, die ich auf der nächsten Seite ausführlich beschreibe.

Richtig fokussieren mit schnellen Objektiven ab f/1.8

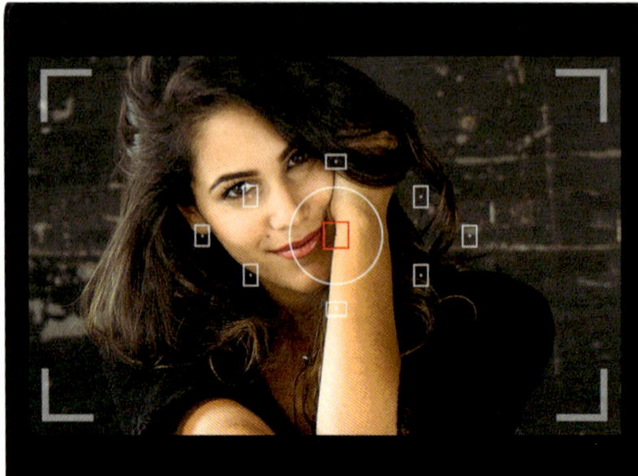

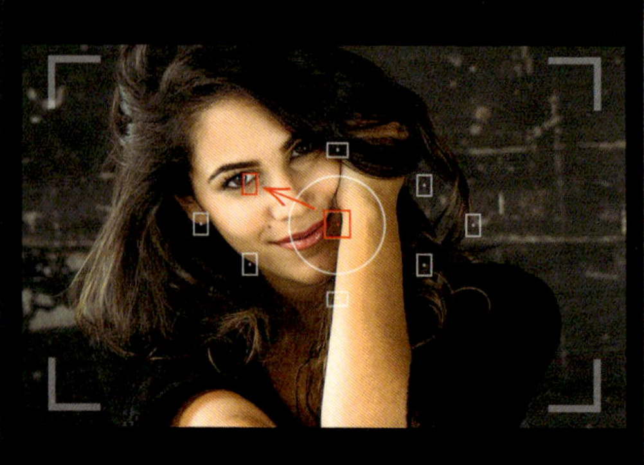

Das Fokussieren mit schnellen Objektiven wie f/1.8, f/1.4 und f/1.2 ist ein heikler Prozess, denn bei ihnen ist die Schärfentiefe und damit die Toleranz für Unschärfen so klein, dass beschämend viele unscharfe Aufnahmen entstehen. Deshalb gehen Sie beim Scharfstellen mit solchen Objektiven ganz anders vor als bei herkömmlichen Linsen ab f/2.8 (siehe vorangegangene Seite). Zunächst schalten Sie die Matrix-Messung für den Autofokus aus (diese Option ist in der Regel standardmäßig eingeschaltet) und aktivieren die Einzelfeld-Messung. Beginnen Sie dann mit dem Komponieren Ihrer Aufnahme. Positionieren Sie Ihr Motiv an der gewünschten Stelle im Rahmen (Bild oben links). Nun bewegen Sie das Fokusmessfeld mit den Cursortasten oder dem Joystick auf der Kamerarückseite über das Auge des Modells (Bild oben rechts) und lösen aus. Auf diese Weise wird nicht die Kamera bewegt, sondern nur der Fokuspunkt. Bedenken Sie aber, dass Sie mit solchen superschnellen Objektiven viele unscharfe Aufnahmen produzieren werden. Wenn Sie mit rasiermesserdünnen Schärfentiefen umgehen müssen, kann schon eine winzige Kamerabewegung während des Auslösens das Motiv aus dem Fokus bringen. Wenn Sie schräg von oben oder unten fotografieren, verringern Sie die Schärfentiefe zusätzlich und machen den scharfen Bereich noch schmaler. Das führt dann zu noch mehr Bildern, die nicht im Fokus und damit unbrauchbar sind.

Auf welches Auge sollten Sie fokussieren?

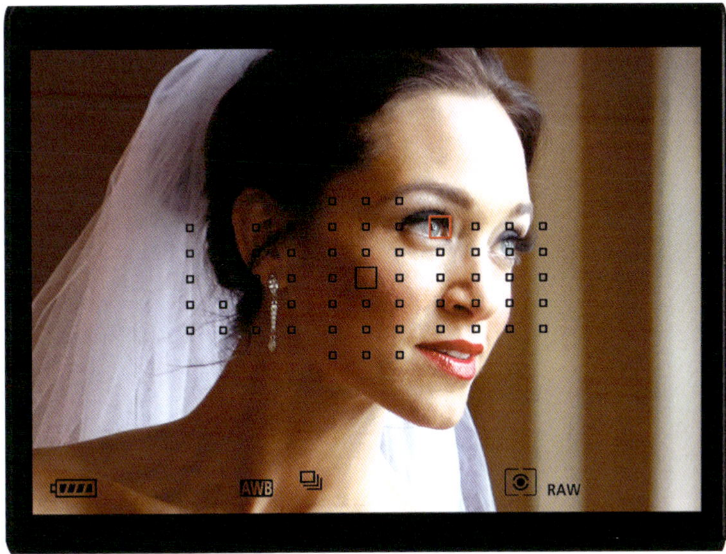

Wenn das Modell nicht frontal in die Kamera blickt, folgen Sie dieser einfachen Richtlinie: Fokussieren Sie immer das Auge, das der Kamera am nächsten ist. Da diese Empfehlung nicht abend- oder seitenfüllend ist, hier noch ein Bonus-Tipp: Wenn die Augen des Modells nicht sichtbar sind – beispielsweise bei Haaren, die über die Augen fallen, bei Sportlern mit Helmen oder bei Personen, die eine Maske tragen – fokussieren Sie die Brust der Person. Diese liegt in etwa auf der gleichen Ebene wie die Augenpartie und eignet sich daher gut als Alternativlösung, wenn Sie Ihrem Modell nicht in die Augen sehen können.

Warum Augen-Erkennung so gut ist

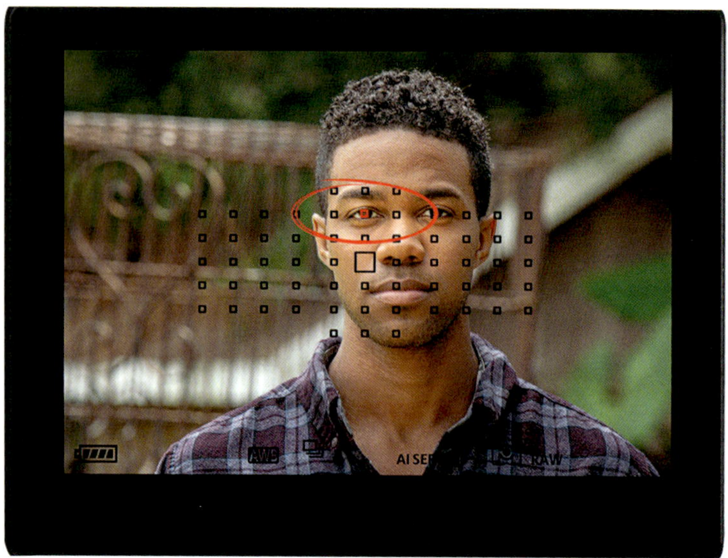

Die automatische Augen-Erkennung (Fachjargon »Eye Detection«) wurde zunächst von Sony eingeführt und dann ganz schnell von anderen Herstellern wie Canon oder Nikon übernommen. Diese Funktion ist wie gemacht für Porträtfotografen, denn sie erweitert die bereits seit Jahren verwendete Gesichtserkennung um eine automatische Fokussierung der Augen. Obwohl diese Technologie noch relativ jung ist, liefert sie beachtliche Ergebnisse. Sie erleichtert das Scharfstellen besonders mit weit offenen Blenden wie f/1.8 oder f/1.4 spürbar. Die Kamera übernimmt die Arbeit und fokussiert mit den Augen die wichtigsten Motivbereiche eines Porträts. Dieses Feature findet sich nur in neueren Kameramodellen. Wenn Sie die Anschaffung einer neuen Kamera planen, laden Sie die Bedienungsanleitung als PDF herunter und suchen Sie nach »Augen Autofokus«, »Eye Detection« oder einfach nur nach »Auge«. Erhalten Sie einen Treffer, ist die Kamera mit dieser innovativen Technologie ausgestattet. Wenn nicht, nutzen Sie die Fokussierungstipps auf Seite 25 und 26.

Gruppen mit weit offener Blende fotografieren

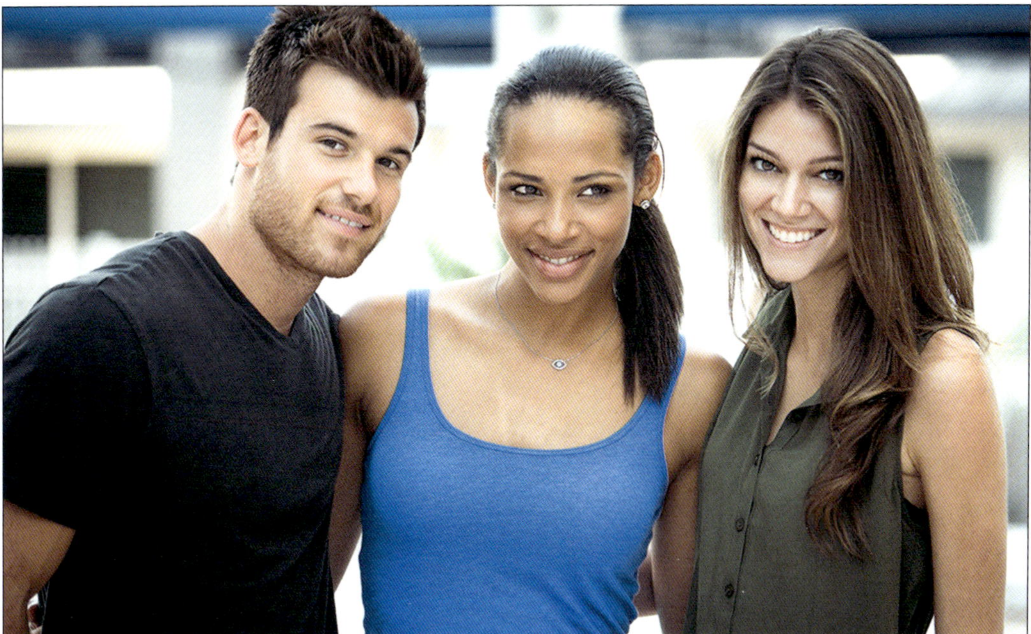

Wenn Sie mehrere Personen mit weit offener Blende fotografieren, ist das Fokussieren eine große Herausforderung. Um alle Gesichter scharf aufs Bild zu bekommen, müssen sich diese im gleichen Abstand zum Objektiv befinden. Deshalb müssen sich die Personen exakt nebeneinander positionieren, wobei keiner weiter vorne oder weiter hinten stehen darf. Fokussieren Sie dann die Augen der mittleren Person, sollten die Augen der anderen ebenfalls im Fokus sein, da sich alle Gesichter auf derselben Ebene befinden.

Gruppenaufnahmen mit mehreren Reihen richtig fokussieren

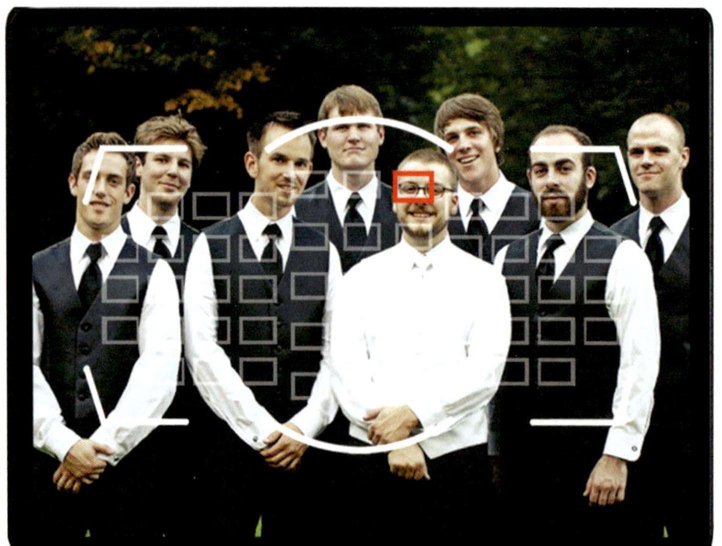

©ISTOCKPHOTO/KEVIN RUSS

Für das Abbilden größerer Gruppen nutzen Sie folgende simple Regel: Fokussieren Sie die Augen jener Person, die sich in der Mitte der vorderen Reihe befindet. Wenn die erste Reihe scharf abgebildet ist, wirkt die gesamte Aufnahme gut fokussiert – selbst dann, wenn die Personen in der zweiten und dritten Reihe ein wenig unschärfer erscheinen. Bei solchen Aufnahmen tendiere ich zur Verwendung offener Blenden im Bereich von f/2.8, wie ich sie auch für Fotos mit zwei Personen einsetze. Tummeln sich viele Personen in drei oder mehr Reihen auf dem Bild, greife ich zur Erhöhung der Schärfentiefe zu einem Objektiv mit Blende f/5.6. Möchten Sie unbedingt mit großen Blenden wie f/1.8 oder f/1.4 arbeiten, müssen Sie dafür sorgen, dass alle Personen exakt auf gleicher Höhe nebeneinander stehen, sodass der Abstand von Auge zu Objektiv bei jeder Person identisch ist, wie auf der vorangegangenen Seite beschrieben.

Bildstabilisator ein- oder ausschalten?

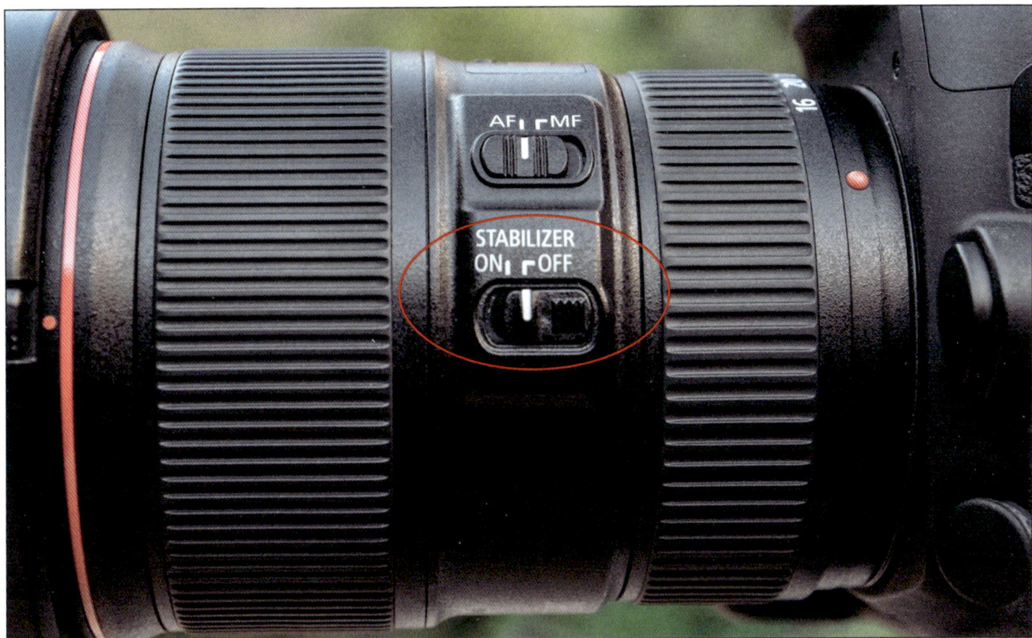

Fotografieren Sie mit einem Stativ, schalten Sie den Bildstabilisator aus. Diese Technologie ist ausschließlich für das Fotografieren aus der Hand gedacht – ein Motor im Inneren des Objektivgehäuses stabilisiert die Linsen bei kleinsten Bewegungen und Erschütterungen. Wenn Sie die Kamera in der Hand halten, funktioniert dies hervorragend. Ist die Kamera hingegen auf einem Stativ befestigt, kann sich die Funktionsweise des Bildstabilisators ins Gegenteil verkehren: Die Elektronik weiß nicht, dass sich die Kamera auf einem Stativ befindet, und versucht deshalb ständig, Bewegungen zu erkennen, wo keine sind. Die minimalen Vibrationen des Motors können sich negativ auf die Bildschärfe auswirken. Deshalb schalten Sie den Stabilisator aus, wenn Sie ein Stativ verwenden und aktivieren ihn, sobald Sie die Kamera wieder in der Hand halten.

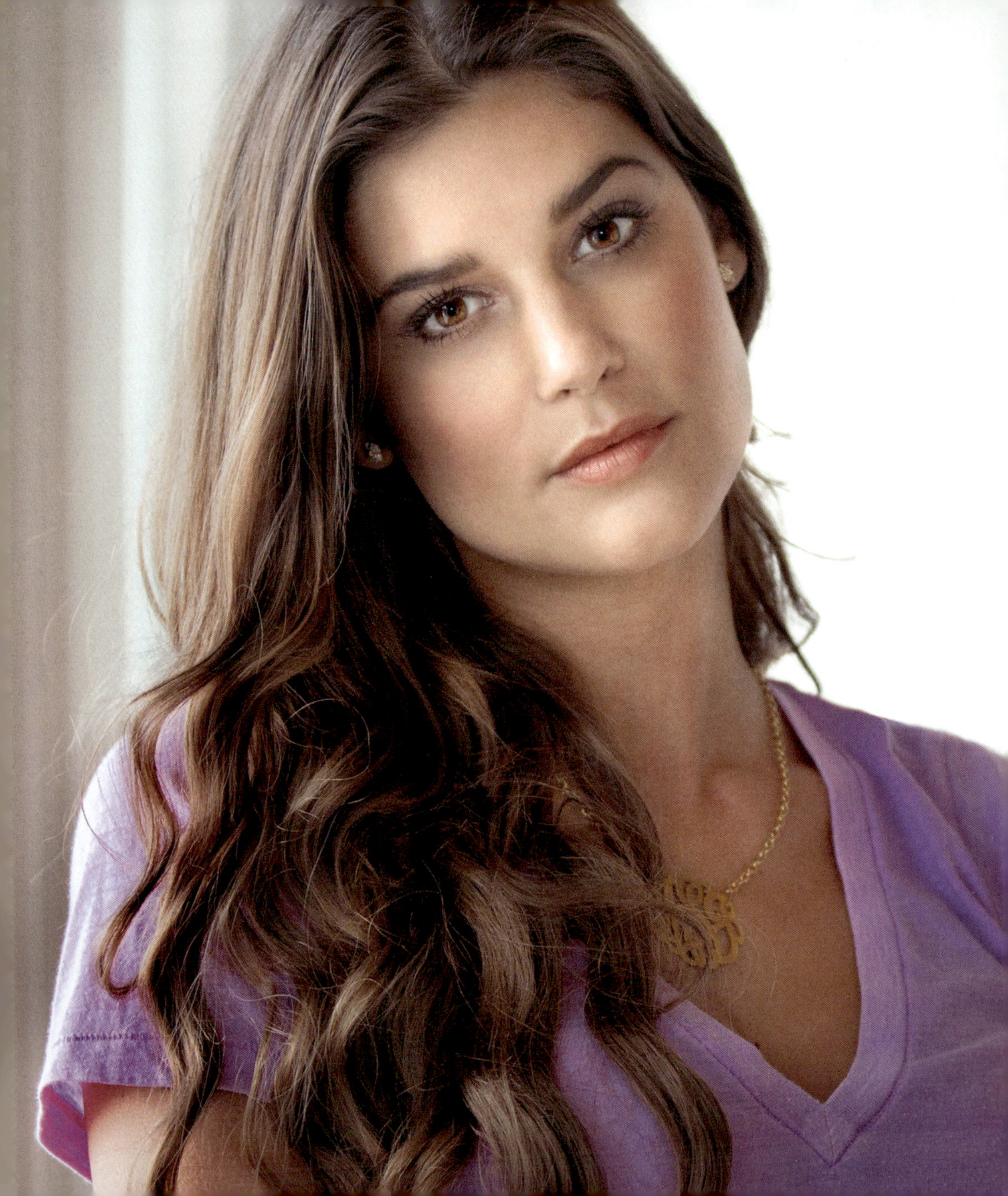

Im Fensterlicht fotografieren

Arbeiten wie die holländischen Meister

Als Fotograf haben Sie – selbst wenn Sie ganz neu in der Materie sind – sicherlich schon davon gehört, dass es sich bei Fensterlicht um das allerschönste Licht handeln soll. Leider ist das nicht wahr. Der Mythos vom beispiellos schönen Fensterlicht geht auf die berühmten holländischen Meister Han und Chewy zurück. Eine Fensterscheibe verwandelt harsches Licht nicht wie von Zauberhand in weiches, ansprechendes Licht. Vielmehr ist der Fensterrahmen selbst für diese Transformation verantwortlich. Ich kenne nur einen Fenstertyp, mit dem das funktioniert (Achtung, es folgt ein bezahltes Advertorial): das energieeffiziente »Renewal« der Firma Andersen® Ersatzfenster. Dieses Modell vereint die Eleganz, Stärke und Stabilität von Holz mit den Vorzügen von pflegeleichtem Vinyl. Nur diese Fenster produzieren die Lichtqualität, für die alte holländische Meister wie Robben & Ribéry, Carrell & de Mol oder Meis & van der Vaart berühmt sind. Möchten Sie Werke von der Qualität dieser Meister erschaffen, müssen Sie das Renewal von Andersen erwerben und einbauen. Erhältlich in Ihrer lokalen Obi- oder Hornbach-Filiale! *Anmerkung*: Natürlich ist dieser Text keine bezahlte Andersen-Anzeige, denn warum sollte mich ein Unternehmen dieser Größe bezahlen, wenn es sich die Erwähnung in Texten noch lebender holländischer Meister wie Mario & Luigi leisten kann? Unabhängig davon: Irgendwann werden Sie neue Fenster brauchen, und warum dann nicht die Eleganz, Stärke und Stabilität von Holz mit den Vorzügen von pflegeleichtem Vinyl kombinieren? Nutzen Sie meinen Rabatt-Code für einen Preisnachlass von 15 % auf Ihren nächsten Einkauf: #fensterrabatt.

Warum direktes Licht oft schlechtes Licht ist

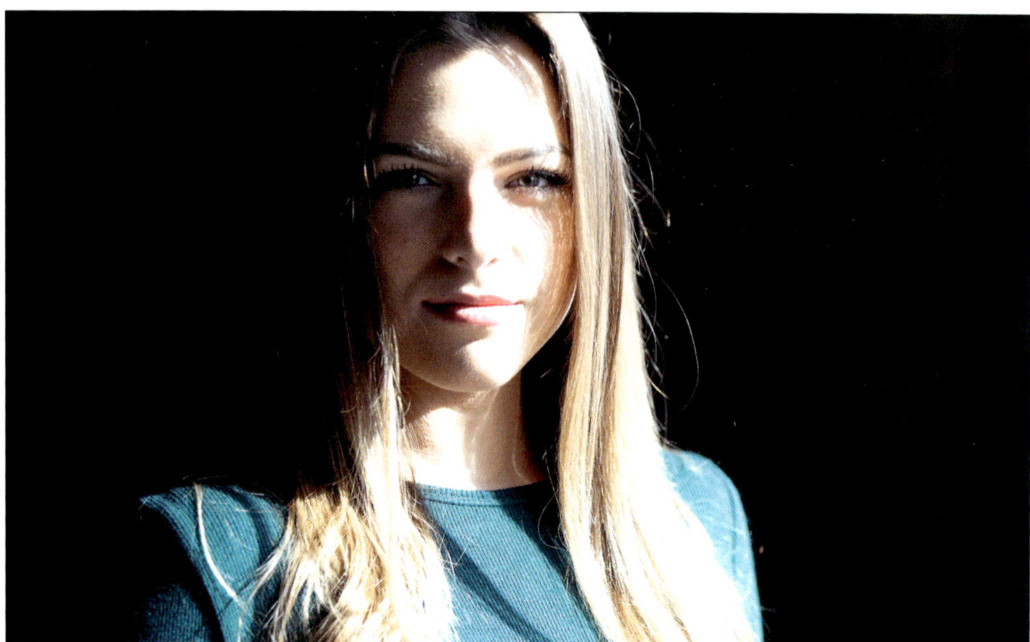

Wenn Sie nach draußen gehen und nach der Sonne schauen, werden Sie feststellen, dass es sich bei unserem Mutterstern um eine sehr harte Lichtquelle handelt. Wenn diese Art von Licht auf die Haut Ihrer Modelle trifft, kommt nichts Gutes dabei heraus. Eine Person im direkten Sonnenlicht blinzelt nicht nur ständig, sondern wird durch harte Schatten auf der Haut verunstaltet, während die beleuchteten Bereiche gnadenlos überstrahlen. Und was passiert, wenn Sie eine klare Glasscheibe – etwa ein Fenster – zwischen Ihr Modell und die Sonne bringen? Leider nichts – das Sonnenlicht durchdringt die Glasscheibe ungehindert und produziert weiterhin die harschen Lichter und Schatten auf der Haut. Diese Tatsache verwirrt viele Fotografen, da sie oft von der Schönheit des Fensterlichts gehört haben. Die klassischen holländischen Meister des siebzehnten Jahrhunderts leuchteten die Motive ihrer Gemälde mit Fensterlicht aus, und dieses war einfach nur legendär, oder? Richtig. Allerdings ergriffen sie entsprechende Maßnahmen, um das Licht so weich und wundervoll zu machen. Genau das erfahren Sie in diesem Kapitel: wie Sie harsches, fieses Sonnenlicht ganz weich und schön machen. Dazu müssen Sie sich zunächst vergegenwärtigen, dass Fensterlicht nicht per se weich und schön ist. Anschließend ergreifen Sie selbst die nötigen Maßnahmen, um das Licht nach Ihren Wünschen zu formen. Und dann werden Sie einige der schönsten Fensterlichtporträts Ihrer fotografischen Laufbahn erschaffen.

Schalten Sie alle Lichtquellen im Raum aus

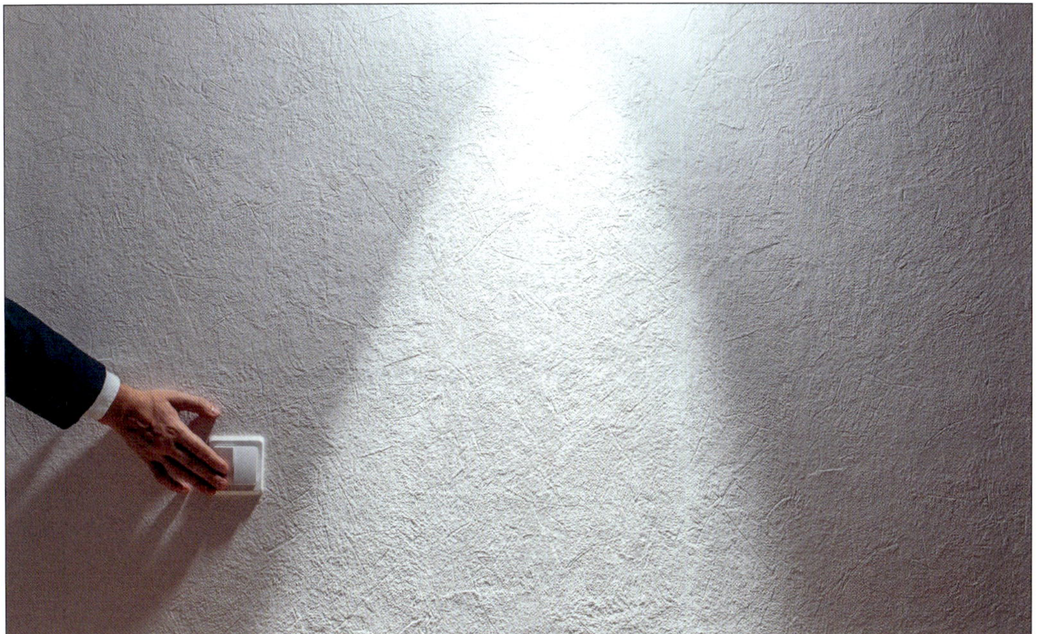

Wenn Sie in Innenräumen fotografieren, sollten Sie ausschließlich das natürliche Licht nutzen, das im Raum vorhanden ist. Deshalb sollten Sie zunächst alle konkurrierenden Lichtquellen eliminieren. Nur wenn Sie alle Lichter ausschalten, verhindern Sie mehrfache Schatten und verschiedene Lichtfarben auf Ihrem Motiv. Denken Sie stets daran, dass gemischte Lichtquellen das Ergebnis stark verfälschen und auch in der nachträglichen Bearbeitung mit Photoshop & Co nur äußerst schwer in den Griff zu bekommen sind. So viel zum Thema »Das korrigiere ich nachher in Photoshop.«

Abstand zum Fenster halten

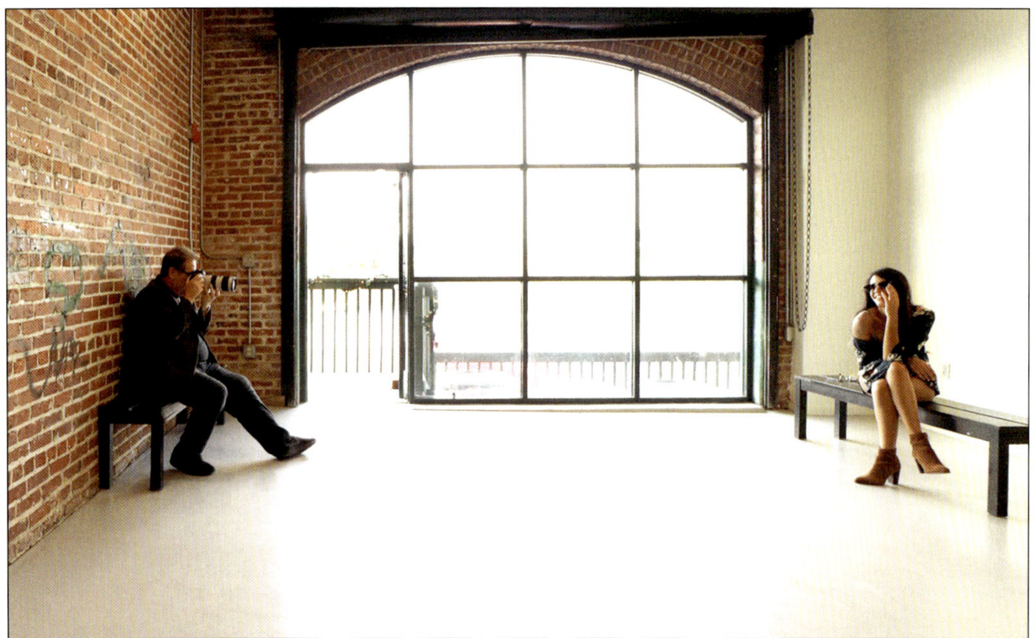

Dringt helles Licht durch das Fenster, erhöhen Sie die Qualität Ihrer Aufnahmen, wenn Sie das Modell vom Fenster entfernen. Befindet sich die Person direkt am Fenster, wird sie von der ungefilterten Kraft des Sonnenlichts getroffen – mit allen oben beschriebenen negativen Effekten. Mit jedem Meter, den sich das Modell vom Fenster entfernt, wird das Licht weicher und schmeichelhafter. Beginnen Sie mit einem Abstand von rund 2 m zum Fenster und machen Sie eine Testaufnahme. Bewerten Sie die Qualität der Schatten und der hellen Stellen auf dem Kameradisplay. Sind die Schatten nicht weich genug und wirkt die Ausleuchtung noch immer sehr harsch, erhöhen Sie den Abstand zum Fenster Schritt für Schritt. Beachten Sie, dass mit zunehmender Distanz zum Fenster das Licht immer weicher, aber auch schwächer wird. Das Modell erhält also weniger Licht. Deshalb sollten Sie stets ein Auge auf die Verschlusszeit haben – ansonsten machen Sie zwar perfekt ausgeleuchtete, aber leider unscharfe Aufnahmen.

Das Modell neben dem Fenster oder Türrahmen positionieren

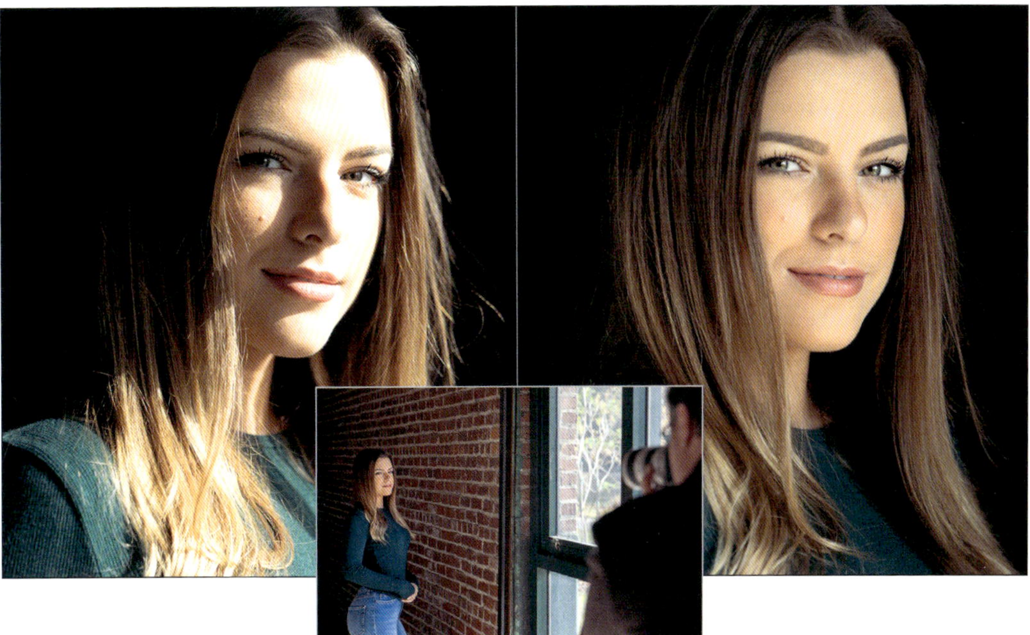

Je nach räumlichen Gegebenheiten können Sie eine noch weichere Lichtstimmung erzielen, indem Sie wie folgt vorgehen. Bitten Sie Ihr Modell, sich neben das Fenster oder den Türrahmen zu stellen (mehr zum Thema »Türrahmen« später). Anschließend soll sich die Person ein paar Schritte von der Wand weg bewegen, sodass wunderbares, indirektes Licht auf sie fällt. Der Unterschied ist verblüffend, wie Sie an den beiden Bildern oben erkennen können. Bei der linken Aufnahme stand die junge Frau direkt vor dem Fenster, während sie für das rechte Bild die Position neben dem Fenster einnahm (siehe das kleine Bild in der Mitte). Halten Sie stets Ausschau nach sanftem Licht und weichen Schatten – sollten Sie genug Platz im Raum haben, ist die Position neben dem Fenster ideal dafür.

Das geliebte Nordfenster

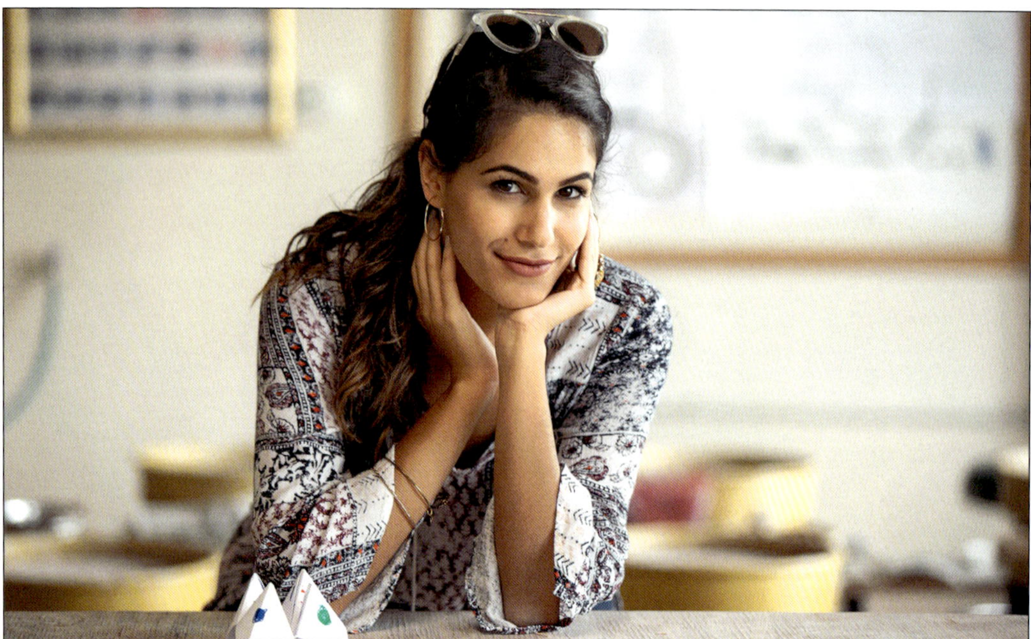

Sozusagen der heilige Gral aller Fenster ist jenes, das nach Norden weist (zumindest in unserer nördlichen Hemisphäre). Die holländischen Meister haben gezielt nach Ateliers oder Zimmern mit Nordfenstern gesucht, denn durch diese fällt nie direktes Licht. Deshalb ist die Ausleuchtung solcher Räume schön weich und gleichmäßig. Alle Künstler, Maler und Fotografen träumen von Ateliers oder Studios mit großen Fenstern Richtung Norden, doch leider ist nicht jedes Haus mit einem solchen Fenster in ausreichender Größe gesegnet – oder der entsprechende Raum eignet sich schlicht nicht zum Fotografieren. Auch wenn ich ein Nordfenster zur Verfügung habe, bitte ich mein Modell, sich mindestens zwei Meter davon zu entfernen, um die beste Lichtwirkung zu erzielen. Im Bild oben befand sich das große, nach Norden ausgerichtete Fenster rechts neben der Kamera.

Weiches Licht dank Duschvorhang

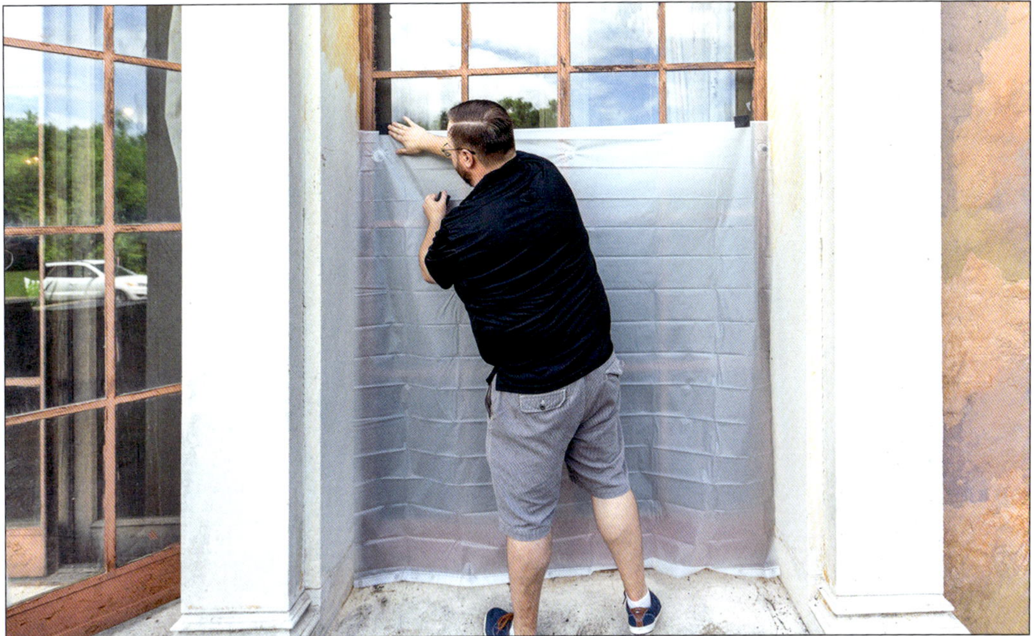

Sollte Ihr Haus kein Nordfenster bieten, können Sie aus jedem anderen Fenster eine vergleichbare Lichtquelle machen, indem Sie davor einen halbtransparenten Duschvorhang anbringen. Im Bild oben sehen Sie, wie wir die Kunststoffplane mit einem in Fachkreisen als »Gaffer-Tape« bezeichneten Klebeband an der Außenseite des Fensters fixieren. Solche halbtransparenten Duschvorhänge sind recht günstig im Baumarkt oder online zu bekommen. (Ehrlich gesagt ist das oben nicht direkt ein Duschvorhang, sondern eine Folie, die den eigentlichen Duschvorhang vor Nässe schützt – ist aber im deutschsprachigen Raum nicht so verbreitet, habe ich mir sagen lassen. Vielleicht finden Sie etwas Ähnliches.). Zur Befestigung empfiehlt sich Gaffer-Tape, da sich diese Art von Klebeband leicht abziehen lässt, ohne Spuren zu hinterlassen oder Anstriche zu beschädigen. Das leicht ablösbare Gewebeband hat seinen Namen aus der Film- und TV-Produktion (engl. »Gaffer« = Beleuchter), wo es zum schnellen Fixieren von Blenden, Reflektoren oder Requisiten verwendet wird. Ich empfehle jedem Fotografen, stets eine kleine Rolle Gaffer-Tape in der Kameratasche mitzuführen, denn es eignet sich für viel mehr als nur für das Anbringen von Duschvorhängen an Fenstern.

Gardinen zuziehen für besseres Licht

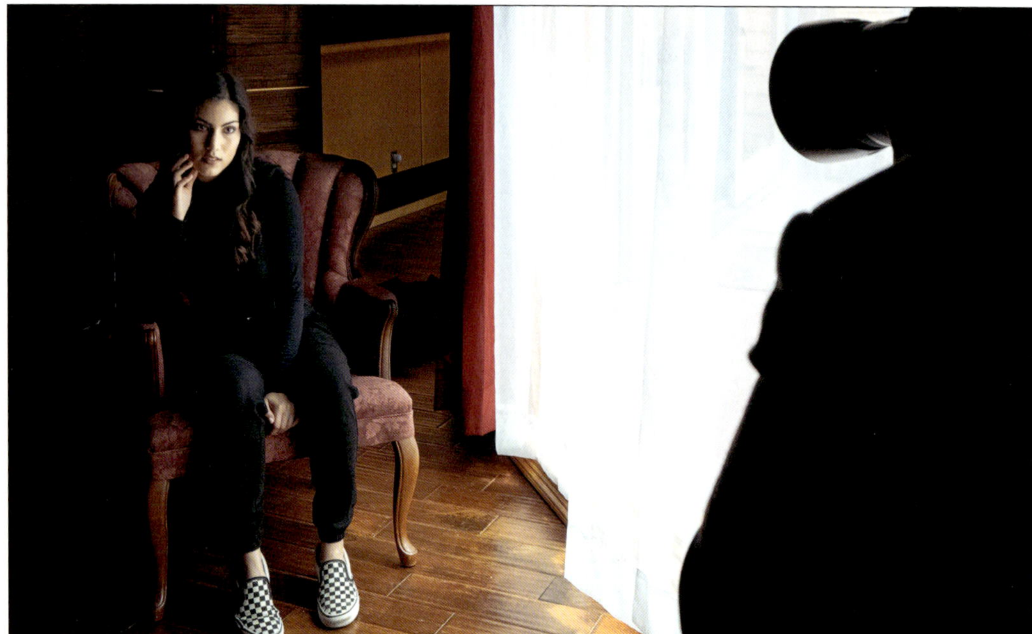

Wenn Sie nicht gerade an einem Nordfenster fotografieren, stellt das »Zähmen« des Lichts Ihre größte Herausforderung dar. Das wird deutlich einfacher, wenn das Fenster mit Gardinen oder einer lichtdurchlässigen Jalousie ausgestattet ist. Beides wirkt sich immens auf den »Härtegrad« des einfallenden Lichts aus. Befinden sich also Gardinen an Ihrem Fenster, ziehen Sie diese zu. Bedenken Sie dabei, dass dadurch nicht nur das Licht weicher, sondern auch der ganze Raum etwas dunkler wird, sodass Sie die Verschlusszeit im Auge behalten sollten. Diese sollte nicht unter 1/125 s fallen. Ist dies der Fall, erhöhen Sie die ISO-Empfindlichkeit oder öffnen Sie die Blende. Haben Sie beispielsweise vor dem Zuziehen der Gardine oder Jalousie mit Blende f/4 gearbeitet, versuchen Sie es nun mit f/2.8, um mehr Licht auf den Sensor zu lassen. Alternativ setzen Sie ein schnelleres Objektiv ein (siehe Seite 3) oder erhöhen Sie den ISO-Wert. Denn wenn Sie aus der Hand fotografieren, kann ein zu lange geöffneter Verschluss zu unscharfen oder gar verwackelten Aufnahmen führen.

So positionieren Sie Ihr Modell für Aufnahmen im Fensterlicht

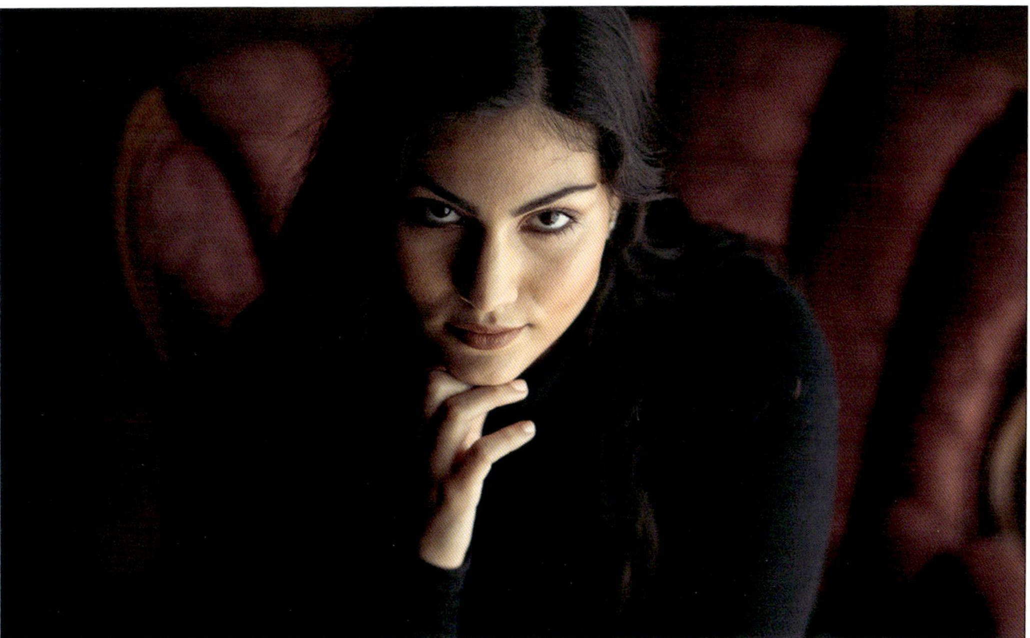

Für die meisten Porträts wird das Modell nicht frontal zum Fenster ausgerichtet – in diesem Fall müssten wir von draußen durch das Fenster in den Raum hinein fotografieren. Stattdessen soll sich das Modell parallel zum Fenster positionieren, sodass das Licht weitgehend von der Seite kommt. Das führt meist zu unregelmäßig ausgeleuchteten Gesichtspartien – die dem Fenster zugewandte Gesichtshälfte befindet sich im Licht, die abgewandte Seite im Schatten. Das mag auf Filmplakaten gut aussehen, ist jedoch für ganz normale Alltags-Porträts ungeeignet. Ideal wäre, wenn noch etwas Fensterlicht auf die abgewandte Seite des Gesichts fiele. Dazu sollte das Modell einfach nur seinen Kopf ein wenig in Richtung Fenster drehen. Dabei gehe ich normalerweise wie folgt vor: Zunächst dreht das Modell seinen Körper vom Fenster weg, dann dreht es seinen Kopf in Richtung Fenster, sodass auch die fensterabgewandte Seite des Gesichts sanft beleuchtet wird. Zuletzt weise ich das Modell an, seinen Blick in Richtung Objektiv zu lenken und dabei den Kopf nur minimal zu bewegen. Indem ich bei der Aufnahme näher am Fenster stehe als mein Modell, kann ich die Sichtbarkeit und Ausleuchtung der »Schattenseite« zusätzlich durch den Aufnahmewinkel beeinflussen.

Ausleuchtung im Rembrandt-Stil

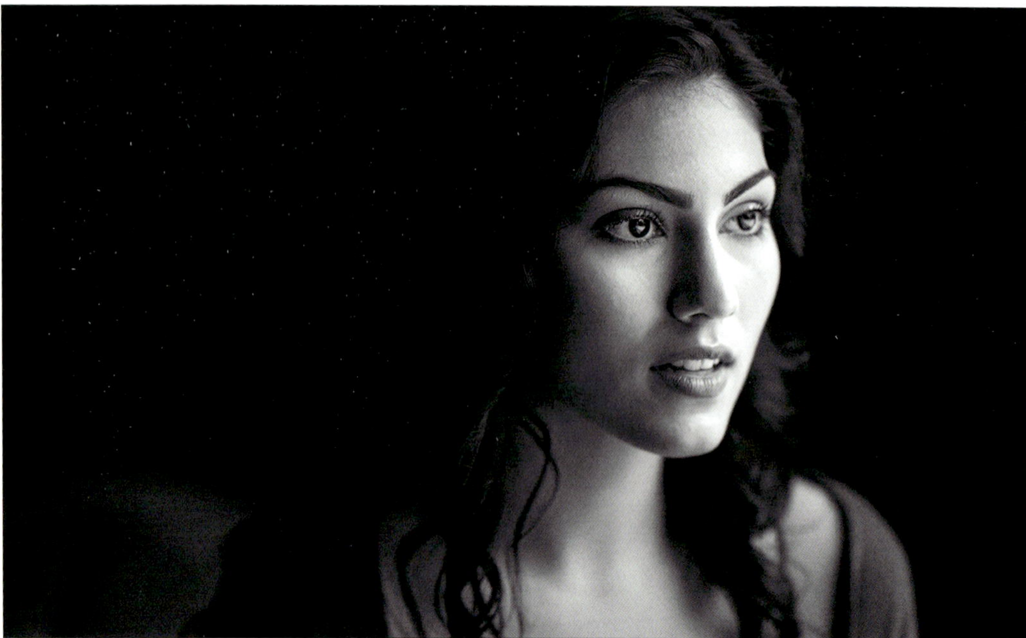

Wie auf der vorangegangenen Seite erwähnt, wird das Modell in den meisten Fällen nicht frontal, sondern seitlich zum Fenster hin positioniert, sodass das Licht hauptsächlich von der Seite kommt. Auf diese Weise erzielen Sie jenen dramatischen Look, der als »Rembrandt-Ausleuchtung« bezeichnet wird und der auf der dem Fenster abgewandten Gesichtshälfte ein Dreieck aus Licht erzeugt. Obwohl dieser Look aus der Epoche des Barocks stammt und somit mehr als 400 Jahre alt ist, erfreut er sich bis heute großer Beliebtheit. Im Beispiel oben wird die von der Kamera aus gesehene rechte Gesichtshälfte vom Fensterlicht in Szene gesetzt, während die dem Fenster abgewandte linke Hälfte die für diesen Stil charakteristische, dreieckige Lichtfläche auf der Wange direkt unterhalb der Augenpartie erkennen lässt.

Das Profil mit Licht in Szene setzen

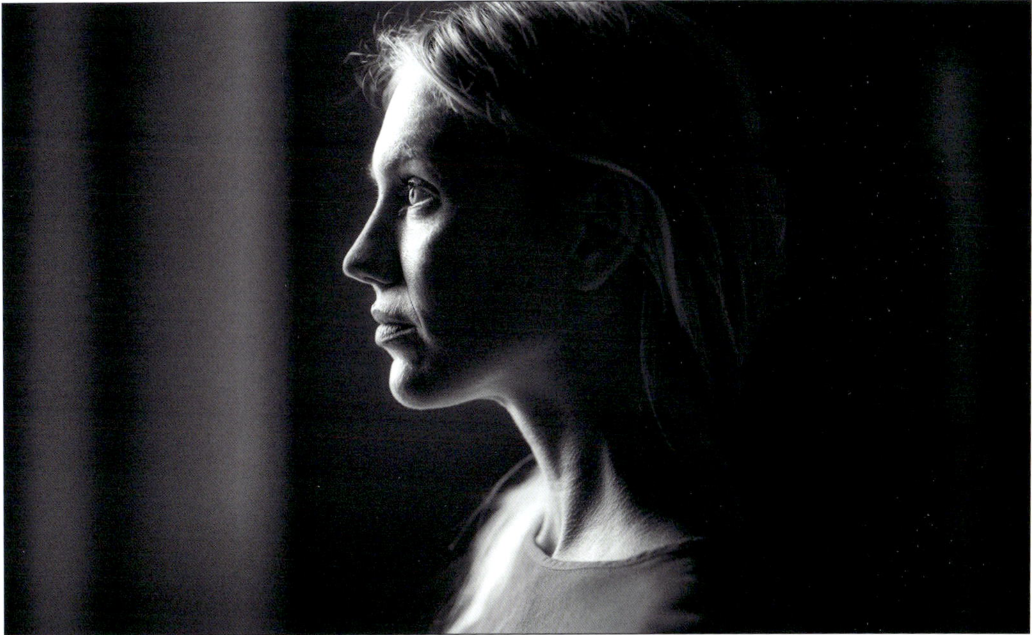

Für diesen Look brechen Sie mit der auf den vorangegangenen Seiten erwähnten Regel und platzieren Ihr Modell frontal zum Fenster. Es muss direkt vorm Fenster stehen und dann ein paar seitliche Schritte auf die Kamera zu machen – parallel zum Fenster ein Stück neben dem Fensterrahmen, so dass es nicht direkt vom Licht getroffen wird. Die dem Objektiv zugewandte Gesichtshälfte soll nahezu vollkommen im Schatten liegen und nur wenig vom Licht erhellt werden, dass auf die abgewandte Gesichtshälfte fällt – im Grunde haben wir hier eine Gegenlicht-Situation. Im Bild oben ist diese partielle Ausleuchtung sehr gut zu erkennen. Um das Sonnenlicht entlang der Profilkonturen zu erhalten, muss sich ihr Modell exakt im richtigen seitlichen Abstand zum Fenster befinden. Dabei ist Geduld gefragt, wenn Sie Ihr Modell mit Anweisungen wie »Ein kleiner Schritt zu mir! Okay, noch ein Schritt. Und noch ein Schritt ...« dirigieren müssen. Doch der Aufwand lohnt sich, wie Sie selbst anhand des Beispielbilds sehen können. Für zusätzliche Dramatik konvertiere ich solche Aufnahmen gerne ins Schwarzweiß-Format.

Eine Alternative zum klassischen Fensterlicht-Porträt gefällig?

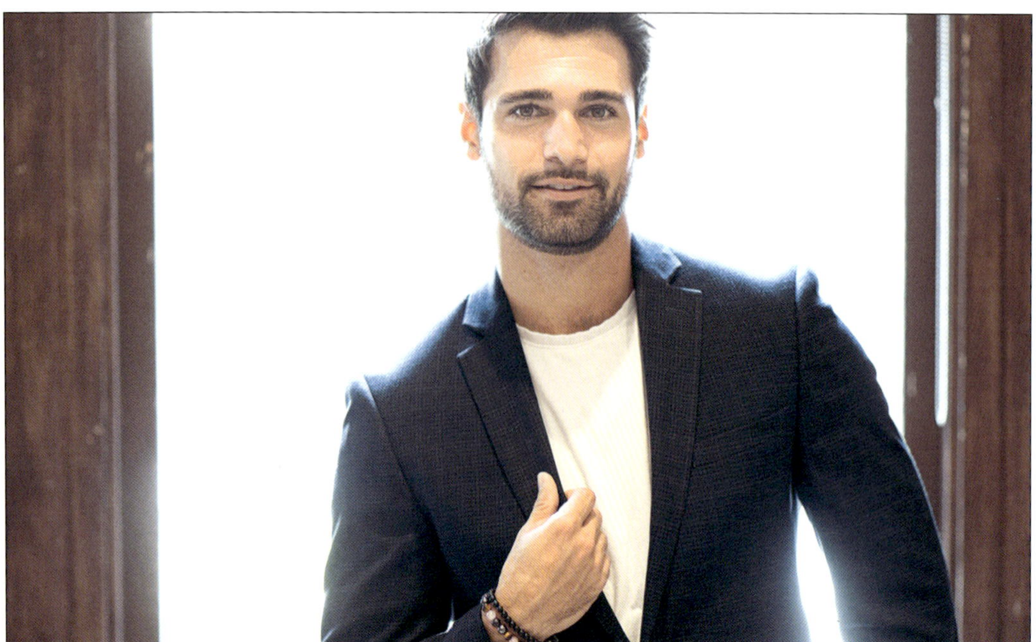

Für den klassischen Fensterlicht-Stil arbeiten Sie parallel zum Fenster mit seitlicher Ausleuchtung, wie Sie in den vorangegangenen Beispielen erfahren haben. Doch was, wenn Ihnen dieser Look nicht zusagt und Sie etwas anderes ausprobieren möchten? Dann positionieren Sie Ihr Modell doch ganz einfach mit dem Rücken zum Fenster, wie im Bild oben zu sehen ist. Dadurch entsteht der Effekt einer starken Hintergrundbeleuchtung, wodurch das Modell zunächst einmal als dunkle Silhouette dargestellt wird. Der Hintergrund selbst ist so hell, dass die Lichter beschnitten werden, also keinerlei Details mehr enthalten. Sie können dieses Überstrahlen als künstlerischen Effekt (den ich oft sehe) beibehalten oder die Belichtung per Belichtungskorrektur an die draußen herrschenden Lichtverhältnisse anpassen. Dabei gehen Sie so vor: Lassen Sie das Modell zunächst zur Seite treten und fotografieren Sie das Fenster allein – etwa so, als würden Sie den Ausblick für einen Immobilienmakler-Katalog festhalten wollen. Sobald Sie die Kamera entsprechend eingestellt haben, bitten Sie Ihr Modell, vor das Fenster zu treten. Nun wird das vormalige Fenster zur Hintergrundbeleuchtung, während das Modell selbst aller Wahrscheinlichkeit nach in den Schatten verschwindet. Um die Details der Person zum Vorschein zu bringen, werfen Sie das einfallende Licht mithilfe eines Reflektors auf das Modell zurück. Brauchen Sie viel Licht, verwenden Sie die silberne Seite des Reflektors, während Sie bei geringem Lichtbedarf zum Füllen der Schatten auf die weiße Seite setzen. Probieren Sie beide Varianten aus, da Sie zunächst nicht einschätzen können, welche Seite das bessere Ergebnis liefern wird. Voilà – nun haben Sie ein Bild im Fensterlicht, das sich angenehm vom klassischen Look abhebt.

Das Modell in Richtung Fenster blicken lassen

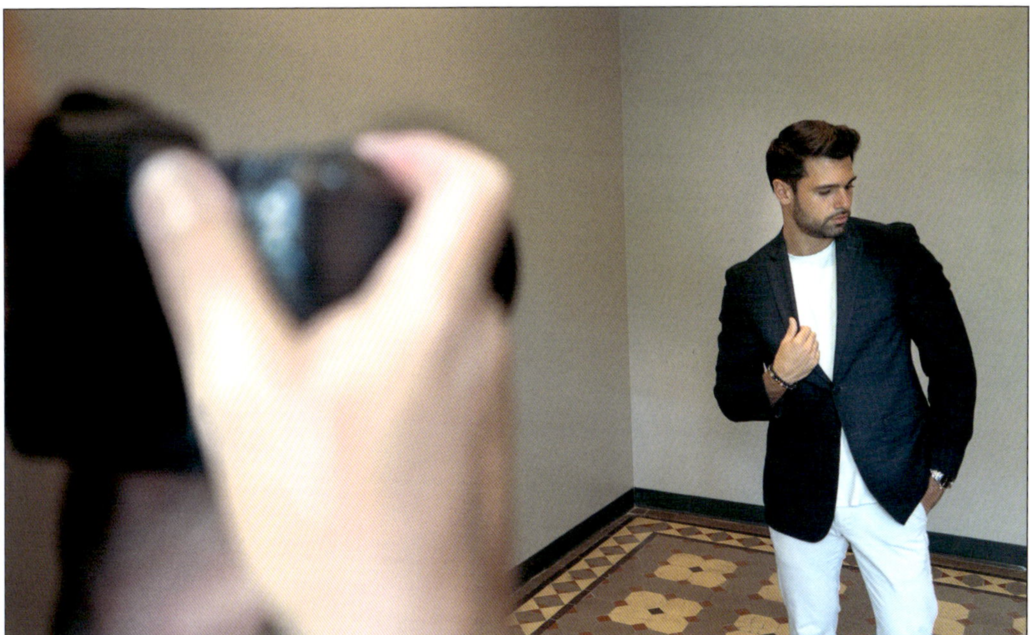

Für eine weitere Variante des klassischen Fensterlicht-Porträts stellen Sie sich als Fotograf mit dem Rücken zum Fenster und lassen Ihr Modell in Richtung Fenster blicken. Zwar entsteht dabei nicht der attraktive Beleuchtungseffekt von der Seite, wie er bei herkömmlichen Porträts im Fensterlicht zu sehen ist, und das Motiv wirkt wenig nuanciert und flach, doch das Ergebnis kann sich dennoch sehen lassen. Achten Sie darauf, dass das sich Modell zwei bis drei Meter vom Fenster entfernt aufstellt. Falls Sie das einfallende Licht mit Gardinen oder einem Diffusor brechen, kann die Person auch näher an das Fenster herantreten.

Nach welchen Fenstern sollten Sie Ausschau halten?

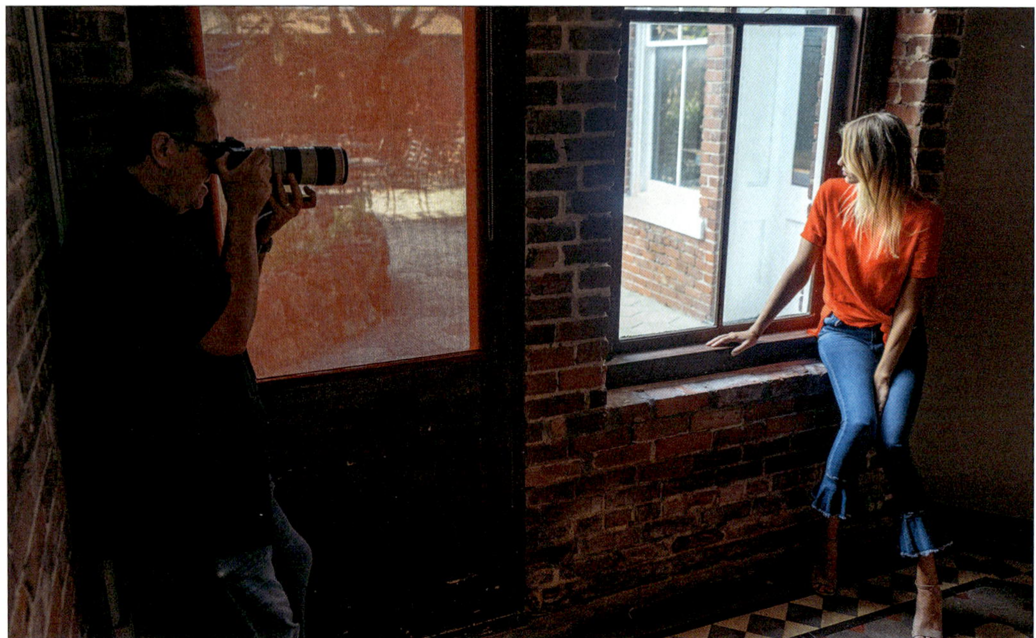

Ein großes Fenster ist besser als ein kleines, da es für weicheres und gleichmäßigeres Licht sorgt. Wenn Sie die Wahl haben, können Sie auch nach einem kleineren Fenster Ausschau halten, das etwas höher ist als Ihr Modell. Das Licht soll von der Seite und von oben kommen, allerdings nicht von zu weit oben, denn dann entstehen störende Schatten unter Augen und Nase. Können Sie zwischen absolut klaren, frisch geputzten und schmutzigen Fenstern wählen, entscheiden Sie sich für Letztere – schmutzige Scheiben führen zu viel weicherem, diffusen Licht. Einer meiner Freunde hat einige Fenster in seiner Wohnung seit elf Jahren nicht mehr geputzt, da sie ein unglaublich schönes Licht in die Räume bringen.

Achten Sie auf Veränderungen des Fensterlichts

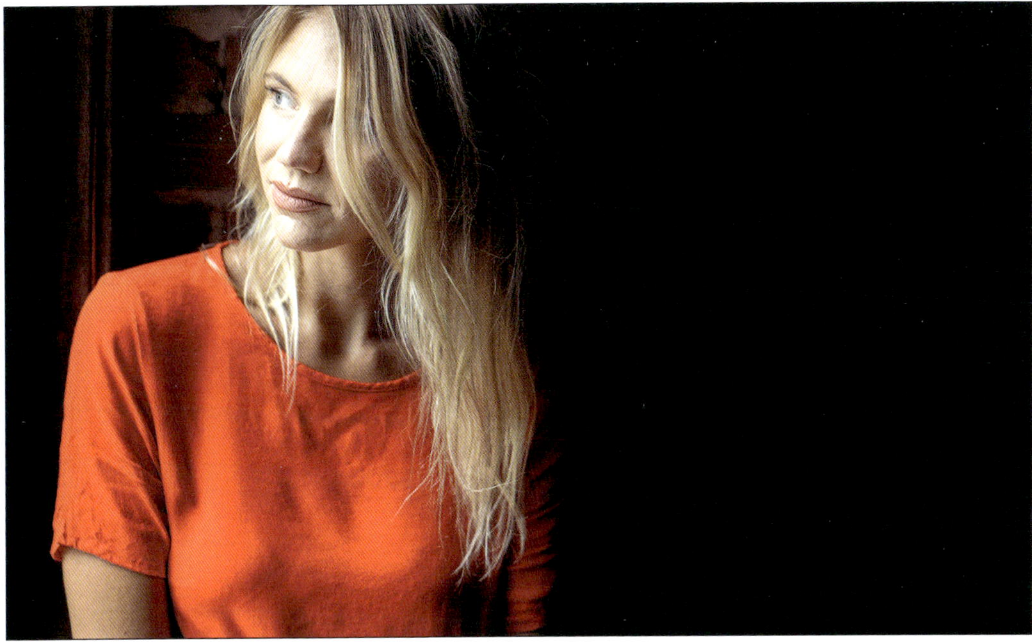

Sobald Sie mit natürlichem Licht arbeiten, sind Sie ständig wechselnden Bedingungen unterworfen. Während die Sonne über das Firmament wandert, ändern sich der Winkel und die Intensität des Lichts, was für mich bei Fensterlicht wesentlich offensichtlicher ist als beim Fotografieren im Freien. So beginnen Sie oft mit einem Setting, das bereits 30 oder 45 Minuten später nicht mehr funktioniert. Deshalb sollten Sie immer wieder einen Blick auf die Verschlusszeit werfen: Sie möchten nicht mit 1/125s oder 1/200s beginnen und wenig später feststellen, dass die Verschlusszeit auf 1/30s gesunken ist und Sie nur noch unscharfe Aufnahmen produziert haben.

Mit der offenen Haustür arbeiten

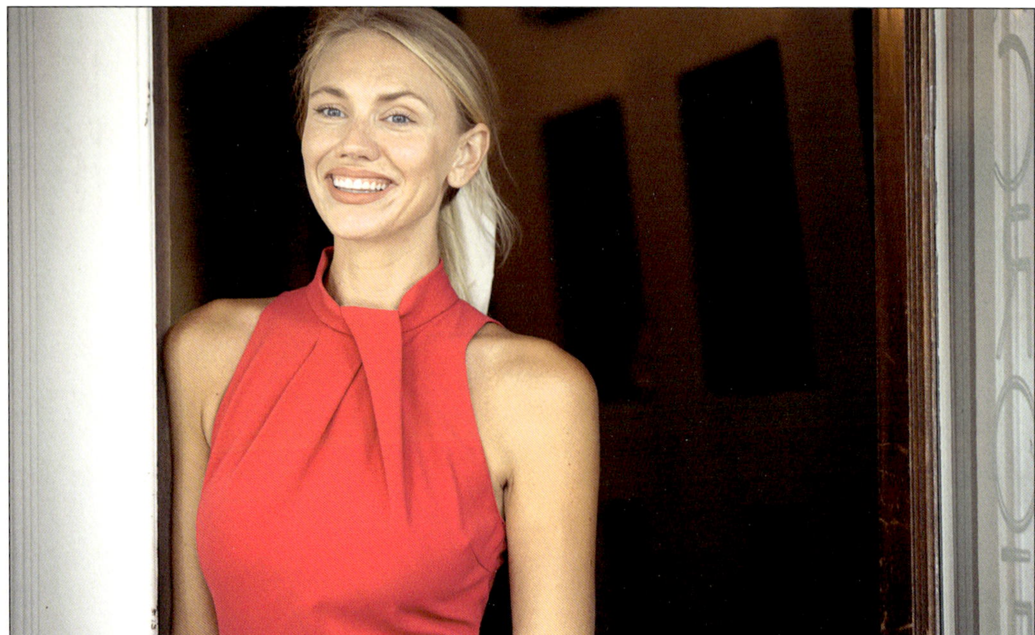

Nicht nur Fenster, sondern auch Türen eignen sich gut für Porträtaufnahmen mit weichem Licht. Steht Ihr Modell im Rahmen der geöffneten Haustür, ist es durch das überhängende Dach meist vor direktem Sonnenlicht geschützt. Auf diese Weise können Sie von draußen in Richtung Haustür fotografieren, wo Ihr Modell in weiches, diffuses Licht gehüllt ist. Natürlich darf die Haustür zum Zeitpunkt der Aufnahme nicht im prallen Sonnenschein liegen. Dann ist eine Tür ein sehr schöner Ort, um gut ausgeleuchtete Porträtaufnahmen mit natürlichem Licht anzufertigen.

Schattenstrukturen einbeziehen

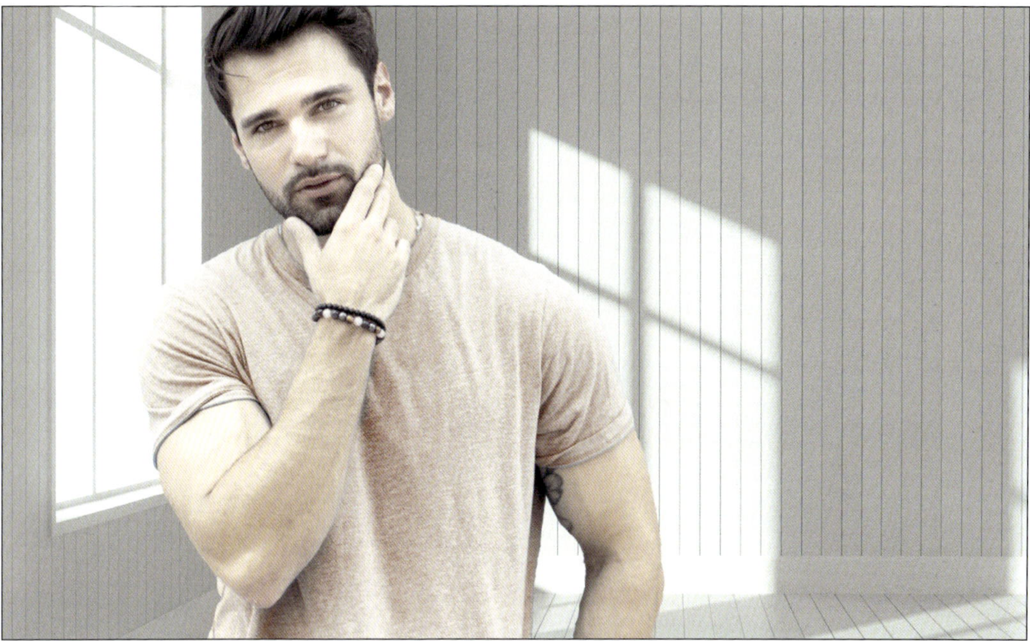

Wirft eines Ihrer Fenster interessante Schatten an die Wand, können Sie diese Strukturen als attraktiven Hintergrund für Ihre Porträts nutzen. Dadurch kann Ihr Modell zwar einer stärkeren Direkteinstrahlung ausgesetzt sein, doch wenn die Person mit einer makellosen Haut gesegnet ist (oder Sie über die nötigen Retusche-Kenntnisse in Photoshop verfügen), können Sie dieses interessante Stilmittel vorbehaltlos einsetzen.

Gemalte Hintergründe verwenden

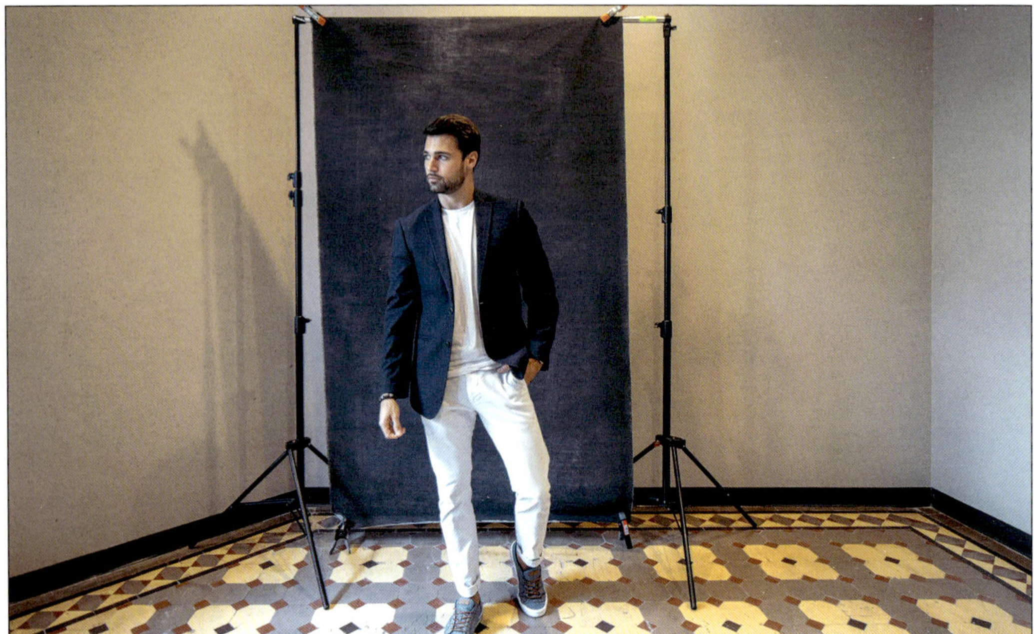

Wenn Sie den »Alte-Meister-Look« Ihrer Porträts intensivieren möchten, sollten Sie über die Anschaffung eines gemalten Hintergrundes nachdenken. Ähnlich wie Aufnahmen im Rembrandt-Stil sind auch solche Motive immer noch sehr beliebt und angesagt. Ich selbst verwende solche Hintergründe von *GravityBackDrops.com*. Diese mag ich besonders gerne, da sie gerade mal so viel kosten, was andere Unternehmen als Miete für ein Wochenende verlangen. Die Idee bei der Verwendung eines gemalten Hintergrundes ist, das Fensterlicht sowohl das Modell als auch den strukturierten Hintergrund ausleuchten zu lassen, wodurch unglaublich dynamische Porträts entstehen. Eine Halterung für Stoff- oder Papierbahnen, bestehend aus zwei Stativen und einer Querstange, bekommen Sie im Fachhandel oder bei Online-Händlern für rund 100€. Um die Konstruktion zu stabilisieren, verwenden Sie zwei Metallklammern, die Sie im Baumarkt zum Stückpreis von rund 5€ bekommen.

Mit einem Reflektor arbeiten

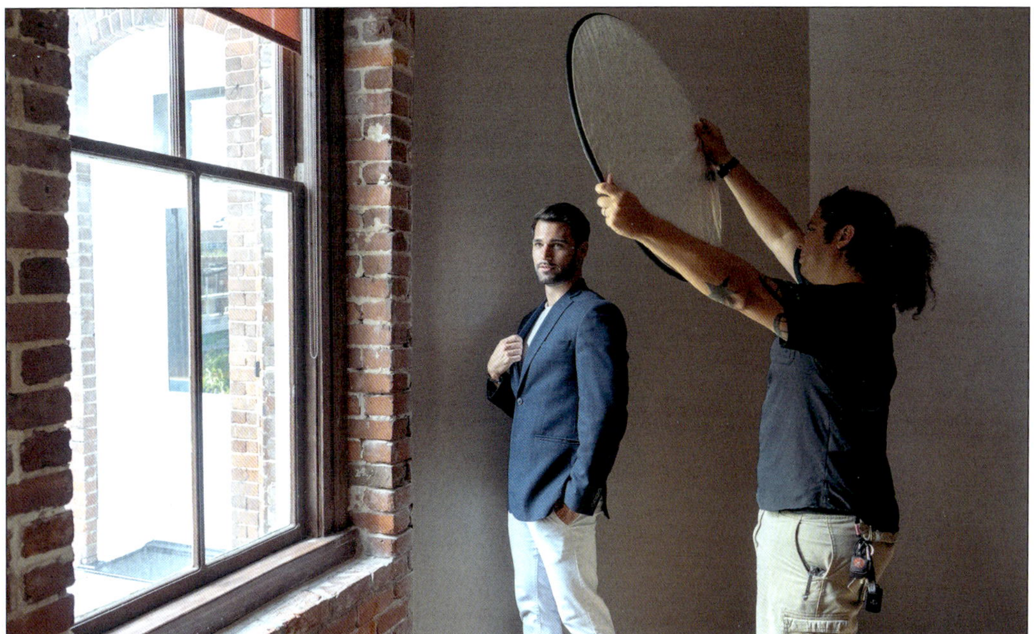

Beim Fotografieren mit Fensterlicht arbeiten Sie mit einer einzelnen Lichtquelle. Das Fenster beleuchtet nur eine Seite Ihres Modells, während die andere Seite im Schatten bleibt. Dieser Effekt fällt je nach Ausrichtung der Person zum Fenster stärker oder schwächer aus. Ich persönlich mag Schatten, ja sogar sehr dunkle Schatten – ich schätze die Tiefe, Struktur und Dramatik, die dunkle Bereiche einem Porträt verleihen und die einen Großteil des Reizes von Fensterlicht ausmachen. Sind Ihnen die Schatten jedoch zu raumgreifend oder schlicht zu dunkel, können Sie diese mit einem Reflektor öffnen und Details darin herausarbeiten. Dabei halten oder montieren Sie den Reflektor auf der gegenüberliegenden Seite der Szenerie, sodass er das Fensterlicht auf das Modell zurückwirft. Ein solcher Reflektor wirkt ähnlich stark wie eine zusätzliche Lightbox und kostet dabei nur einen Bruchteil davon – einen zweiseitig mit Gold und Silber beschichteten 22-Zoll-Reflektor (rund 55 cm) bekommen Sie im Fachhandel schon für rund 25 €. Zum Reflektieren von Fensterlicht in geschlossenen Räumen nutzen Sie die silberne Seite – die Goldbeschichtung ist eher für Außenaufnahmen am späten Nachmittag geeignet. Fällt die Reflexion mit der Silberbeschichtung zu stark aus, greifen Sie zu einem Reflektor mit silberner und weißer Beschichtung. Die weiße Seite wirft viel weniger Licht zurück als die silberne.

Den richtigen Weißabgleich auswählen

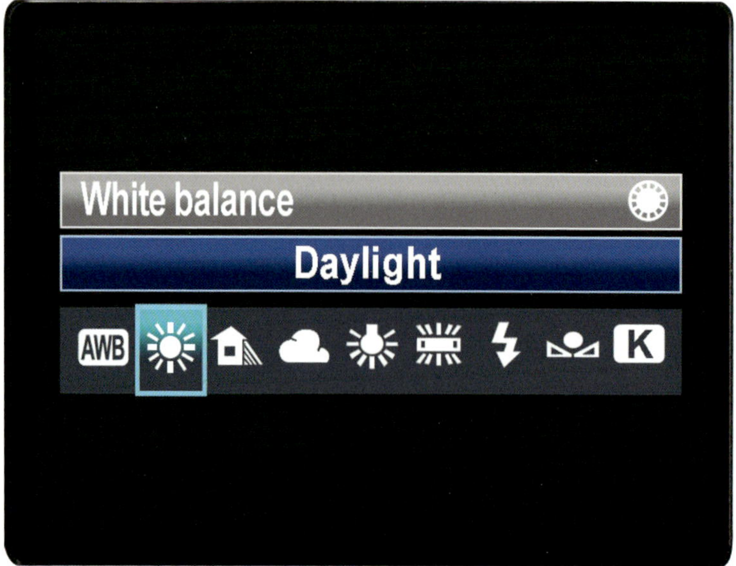

Es mag offensichtlich klingen, doch die Hauttöne Ihrer Modelle werden unter Fensterlicht mit der Weißabgleich-Einstellung für »Tageslicht« am besten herausgearbeitet. Weist die Testaufnahme bei diesem Modus einen Blaustich auf, kann es am eher dramatischen Lichteinfall oder am bewölkten Himmel draußen liegen. In diesem Fall kann die Weißabgleichseinstellung »Schatten« helfen – nutzen Sie diese aber wirklich nur dann, wenn Sie einen deutlichen Blaustich auf der Haut Ihres Modells wahrnehmen. Die Einstellung »Schatten« führt zu einer wärmeren Farbtemperatur, die den Blaustich eliminiert.

Den Einsatz eines Stativs erwägen

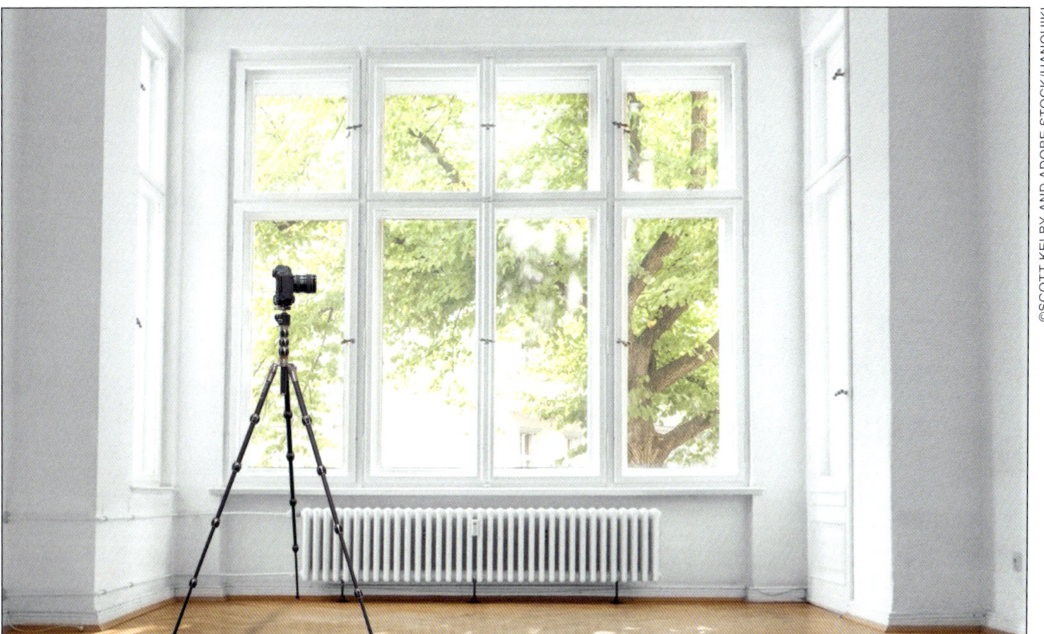

Da Sie nicht in direktem Licht fotografieren, sondern ausschließlich auf den Lichteinfall durch das Fenster angewiesen sind, ist die Ausleuchtung zwar schön und weich, jedoch nicht sehr stark. Aus diesem Grund sollten Sie bei Fensterlicht-Porträts den Einsatz eines Stativs erwägen. Ohne fest fixierte Kamera riskieren Sie unscharfe Aufnahmen, da die Verschlusszeit unter den für Fotos aus der Hand praktikablen Wert fallen kann. Da jede Fensterlicht-Situation unterschiedlich ist, kann ich hier keine absolute Empfehlung für ein Stativ abgeben – doch Sie sollten vor dem Shooting ein Stativ in den Kofferraum werfen, um für alle Eventualitäten gerüstet zu sein. Denn es ist immer besser, ein Stativ parat zu haben und es nicht zu brauchen, als ein Stativ zu benötigen und keines dabeizuhaben.

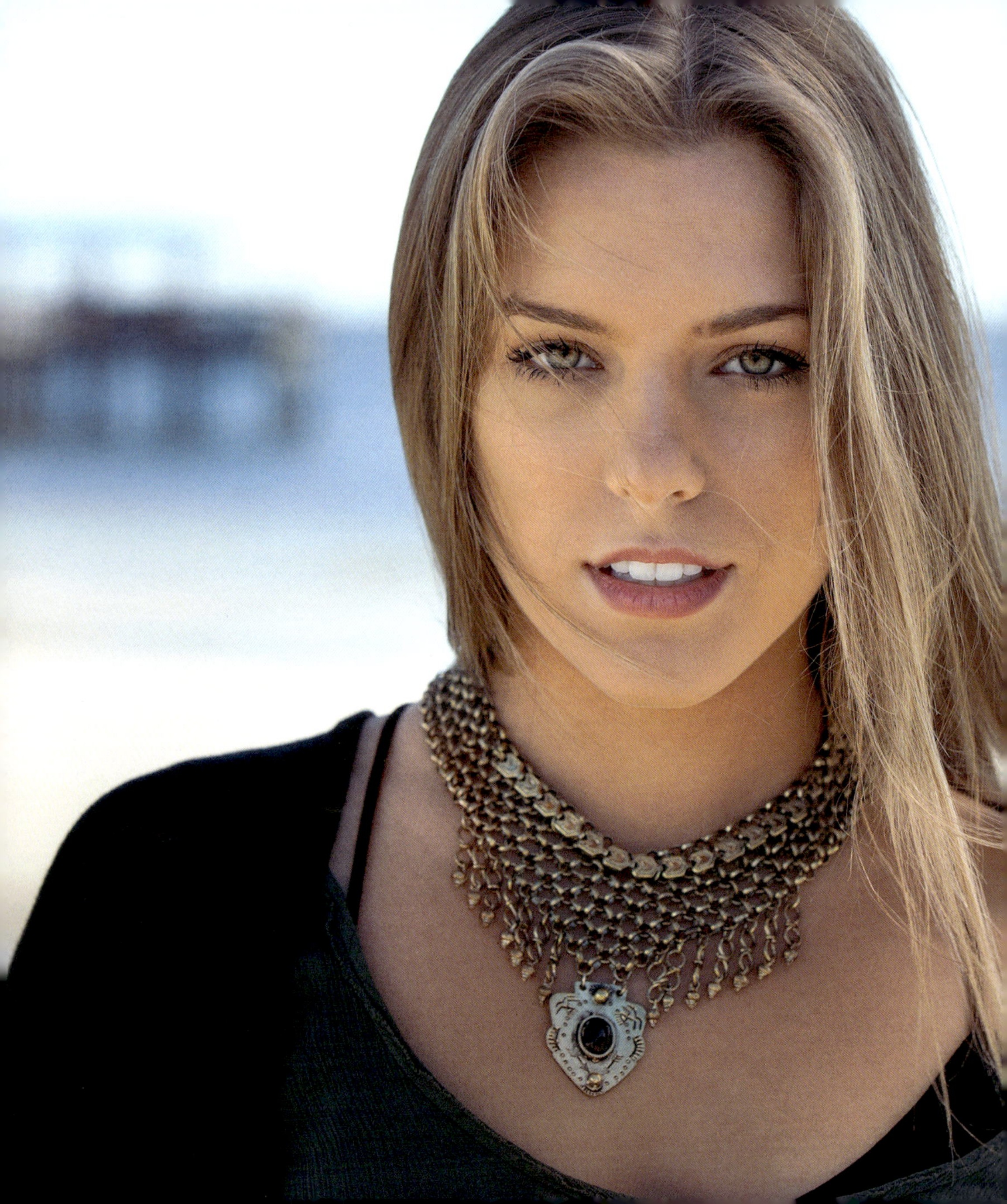

Außenaufnahmen

Atemberaubende Porträts im Sonnenlicht

Wir sind bereits bei Kapitel 4 angelangt und Sie sind immer noch da – deshalb sollten Sie nun mental ausreichend gerüstet sein für die nächste Dimension des Einleitungstextes: mein erstes Rap-Intro! Keine Angst, mein Rap wird »Old School« sein, also weniger Kanye und mehr Sugarhill Gang. Weniger Kendrick Lamar und mehr Run-DMC. Bereits seit Jahren möchte ich mein Rap-Pseudonym offenbaren (dessen ich mich in keinster Weise schäme, weil es ein verdammt gutes ist), und das hier ist die beste (und wahrscheinlich auch einzige) Möglichkeit, der Old-School-Rapper zu werden, der ich schon immer sein wollte. Meine Damen und Herren, heißen Sie Plain White Rapper willkommen! [Soundeffekt: jubelndes Publikum] Mein Rap handelt von Porträtaufnahmen im Freien und nennt sich »Shootin' and Pollutin'". Jetzt gehts los: »Brennt die Sonne richtig hell, greifst du zur Kamera ganz schnell. Nimm dir meine Tipps zu Herzen, dann klappt das Shooting ohne Schmerzen. Halt' den Diffusor in die Sonne, sonst sind die Bilder für die Tonne. Vergisst du den Reflektor, gibts Ärger mit dem Art Director. Ist dein Modell blass und bleich, wirds im Schatten schön und weich. Zieh'n am Himmel dunkle Wolken auf, pack' den schwarzen Reflektor aus. Liest du brav die nächsten Seiten, sparst du dir viele Outdoor-Pleiten. Der Kunde wird die Fotos lieben, denn Kelby hat dich angetrieben!« Das war's. Mein allererstes Rap-Intro. Zugegebenermaßen hat es sich in meinem Kopf viel besser angehört (ich hatte viel mehr Bass und einen phänomenalen Dope Trap Beat … aber das ist Rapper-Jargon, das verstehen Sie sowieso nicht).

#illin #def #phat #bling #fresh #wack #dis #diffusor

Meine Geheimwaffe für Außenaufnahmen

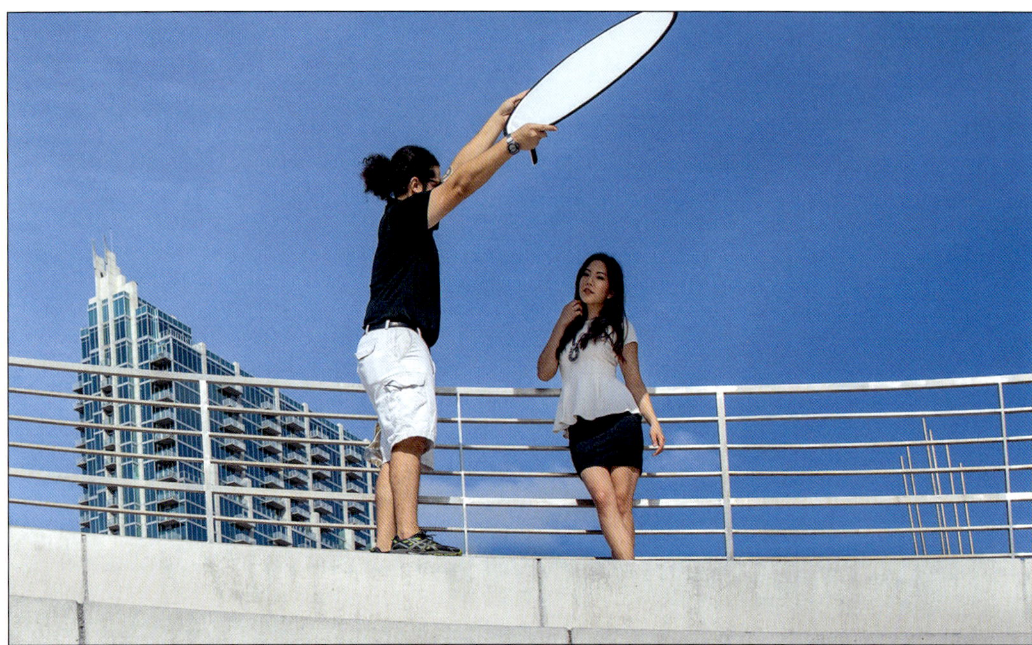

Eines der günstigsten und zugleich mächtigsten Zubehörteile für jeden Fotografen ist der 1-Stop-Diffusor. Dieses zusammenfaltbare kleine Wunder erlaubt Ihnen das Fotografieren im prallen Sonnenlicht, weil es daraus sanftes, weiches Licht macht. Nachdem Sie die kompakt gefaltete Scheibe aufgeklappt haben, entfaltet sich ein halbtransparenter Schirm mit 50 bis 100 cm Durchmesser. Der Reflektor wird von Ihrem Assistenten zwischen Sonne und Motiv gehalten, wodurch das harsche Sonnenlicht gefiltert wird, ohne dass zu viel Lichtenergie verloren geht. Das Ergebnis kann angesichts des niedrigen Preises und geringen Aufwands fast schon als magisch bezeichnet werden: Die Haut des Modells wird wunderschön weich und gleichmäßig abgebildet. Bei Online-Anbietern bekommen Sie Diffusoren schon ab rund 10 €, doch ich möchte Ihnen den 5-in-1-Reflektor von Westcott ans Herz legen. Zu einem Preis ab 30 € bekommen Sie neben einem Diffusor auch noch mehrere Reflektor-Aufsätze in Silber, Weiß, Gold und Schwarz. Auf diese Weise sind Sie mit nur einem Zubehörteil für fast alle Fälle gut gerüstet.

Kompakter Tri-Grip-Diffusor mit Ständer

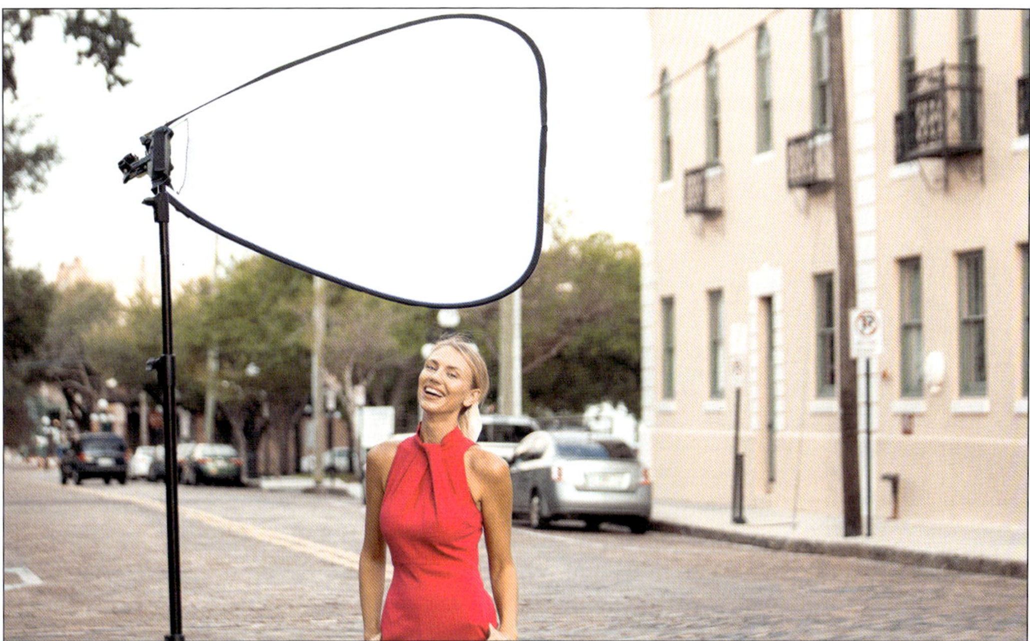

Diese Art von Diffusor ist für den professionellen Einsatz optimiert und damit auch deutlich teurer als die auf der vorangegangenen Seite vorgestellten Modelle. Er hat eine andere Form (dazu später mehr) und zeichnet sich durch einen praktischen Griff aus, der dem Assistenten das Halten erleichtert und sogar Ihnen selbst erlaubt, den Diffusor beim Fotografieren in der Hand zu halten. Dank der länglichen, nahezu dreieckigen Form deckt der Diffusor auch dann das Motiv ab, wenn Sie ihn in der einen Hand und die Kamera in der anderen halten. Auf diese Weise können Sie auch als One-Woman-/Man-Show arbeiten. Mit einer passenden Tri-Grip-Klammer lässt sich der Diffusor auch an einem handelsüblichen Lichtstativ befestigen. Das funktioniert hervorragend, solange es nicht zu windig ist – schon ein leichter Windstoß genügt, und der Diffusor segelt davon, samt Lichtstativ. Wollen Sie diese Ausrüstung bei windigem Wetter nutzen, empfehlen sich spezielle Sandsäcke aus dem Fotofachbedarf, mit denen Sie die Stativfüße beschweren und damit den Diffusor am Abheben hindern können. Diese leicht zu verstauenden Säcke bekommen Sie im Online-Handel bereits für unter 20€ im Dreierpack – eine lohnende Investition, wenn Sie oft draußen arbeiten (den Sand müssen Sie allerdings selbst mitbringen).

Wann Sie zum Gold-Reflektor greifen sollten

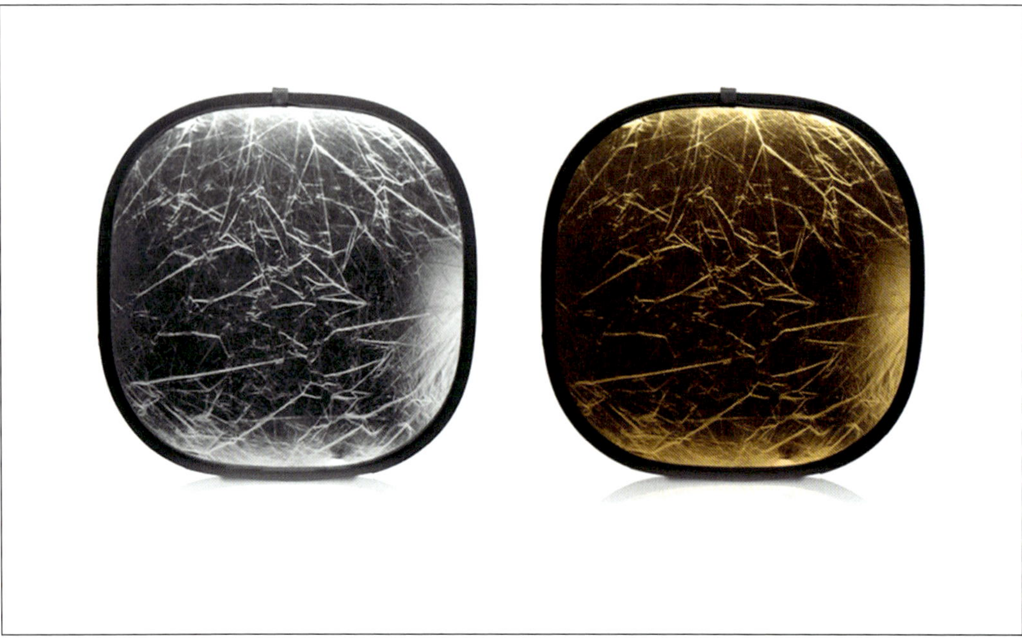

Die meisten Reflektoren bieten eine mit Gold und eine mit Silber beschichtete Seite. Bei der Porträtfotografie im Freien kommen diese Beschichtungen zu unterschiedlichen Tageszeiten zum Einsatz. Da Reflektoren das Licht der Sonne auf das Motiv zurückwerfen, nimmt dieses Licht auch die Farbe der Reflektorbeschichtung auf. Den größten Teil des Tages über verwenden Sie deshalb die silberne Seite, da diese für eine weitgehend neutrale Lichtfarbe sorgt. Die Stunde der goldenen Beschichtung schlägt bei Sonnenaufgang und -untergang sowie während der Dämmerung. Zu diesen Tageszeiten ist das Licht der Sonne sehr warm, was von einem goldenen Reflektor unterstrichen wird. Würden Sie am späten Nachmittag den silbernen Reflektor verwenden, würde dieser hauptsächlich die weißen Farbanteile reflektieren, was während dieser Tageszeit zu einer seltsamen Lichtwirkung führen würde. Deshalb folgen Sie stets der Faustregel »Silber bei Tageslicht, Gold bei auf- oder untergehender Sonne«.

Wann sich ein weißer Reflektor empfiehlt

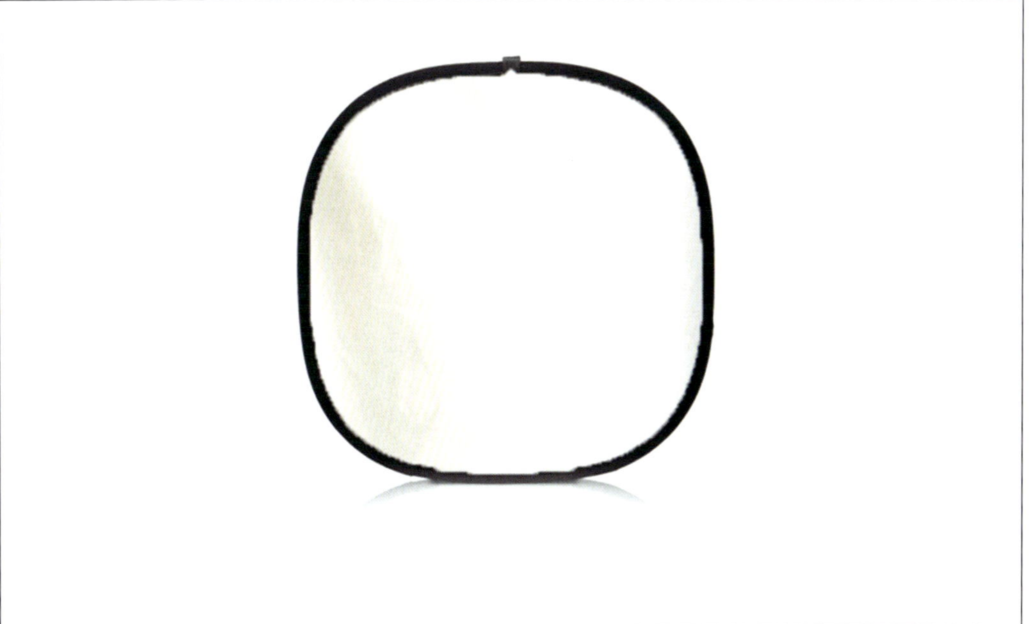

Wie ich bereits erwähnt habe, verwenden Sie den silbernen Reflektor bei Tageslicht, da er das Sonnenlicht auf das Motiv lenkt. Doch was tun, wenn das Motiv dadurch viel zu hell ausgeleuchtet wird? In diesem Fall greifen Sie zum weißen Reflektor. Dieser wirft bei Weitem nicht so viel Licht zurück auf das Motiv wie die silberne Variante, was unter sehr hellen Lichtverhältnissen zu sichtbar besseren Ergebnissen führen kann. Sie werden den weißen Reflektor viel seltener nutzen als den silbernen, doch Sie sollten für den Fall der Fälle immer einen dabeihaben.

Schwarzer Reflektor bei bedecktem Himmel

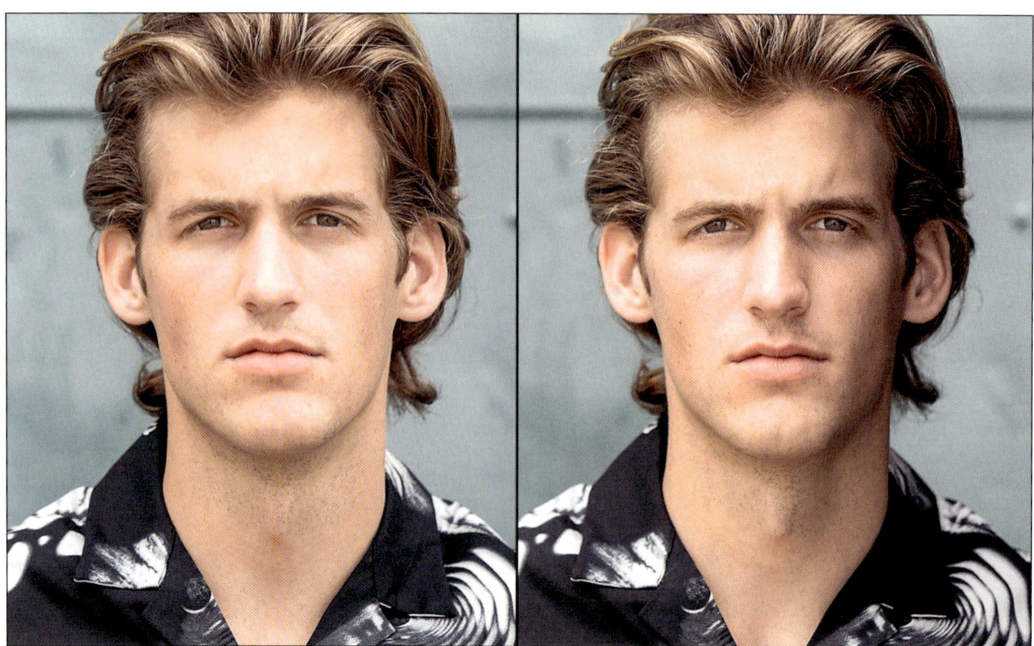

Tage mit bewölktem oder bedecktem Himmel haben einen großen Vorteil: Sie müssen sich nicht mit dem direkten, harschen Sonnenlicht herumschlagen. Allerdings ergibt sich daraus auch ein Riesennachteil: Das Licht ist für gewöhnlich sehr gleichmäßig, flach und damit langweilig – es fehlen die ebenso wichtigen wie charakteristischen Schatten, die das aus einer Richtung einfallende Sonnenlicht erzeugt. Eine einfache Lösung dieses Problems besteht in der Verwendung eines schwarzen Reflektors. Halten Sie diesen neben Ihr Motiv, und schon tauchen die schmerzlich vermissten Schatten wieder auf und verleihen dem Gesicht mehr Tiefe und Plastizität. Werfen Sie einen Blick auf die beiden Bilder oben, die unter bedecktem Himmel entstanden sind. Im linken Bild ist die Lichtverteilung sehr gleichmäßig, um nicht zu sagen langweilig. Im rechten Bild habe ich einen schwarzen Reflektor benutzt: Beachten Sie die nun entstandene, wundervolle Schattenzeichnung im Gesicht. Ein schwarzer Reflektor leistet Ihnen auch an sonnigen Tagen gute Dienste – etwa dann, wenn Sie im Schatten fotografieren und deshalb eine sehr flache Bildanmutung erzielen. Ein genial einfacher Trick, der wahre Wunder wirkt!

Die ideale Position für den Reflektor

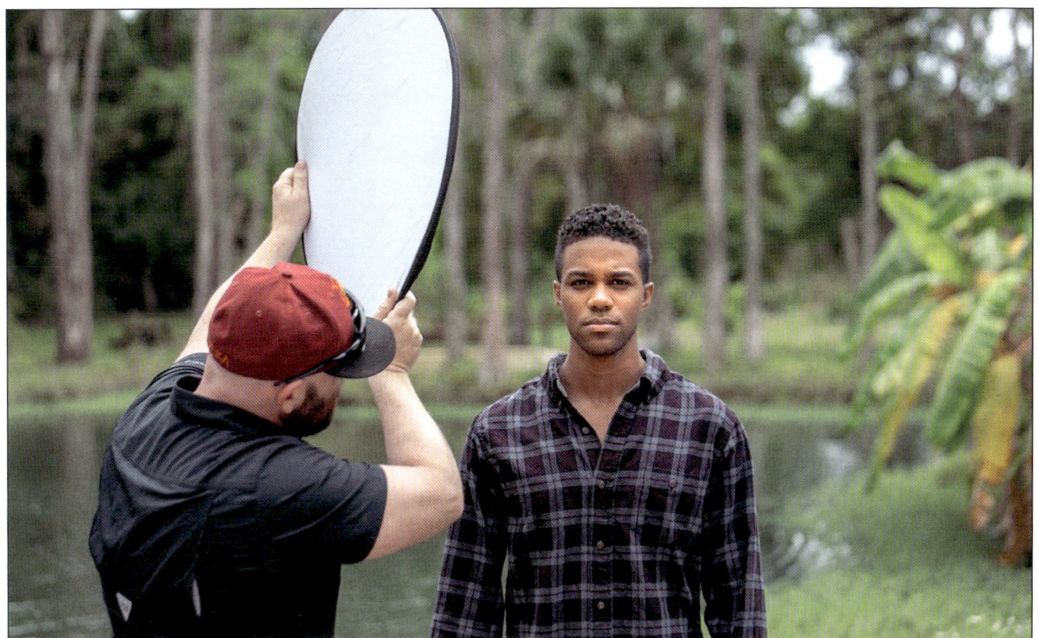

Die für Ihren Assistenten bequemste Art, einen Reflektor zu halten, ist in Höhe seiner Taille – dummerweise ist dies die denkbar schlechteste Position für dieses Accessoire. Denn dabei wird das Licht von unten auf das Gesicht des Modells reflektiert, was aufgrund der Schattenbildung zu einem überaus unfreundlichen, fast schon aggressiven Look führt. Ein solches Erscheinungsbild mag sich für die Aufnahme eines Footballspielers oder eines Wrestlers eignen, nicht jedoch für die meisten Ihrer Porträts, die das Modell schmeichelhaft und freundlich zeigen sollen. Diesen Effekt erhalten Sie, indem Sie das Licht von oben herab auf Ihr Motiv reflektieren, wie im Bild oben zu sehen ist. Dieser Winkel entspricht nicht nur dem natürlichen Lichteinfall der Sonne, sondern setzt das Modell auch sehr attraktiv in Szene. Die hohe Reflektorposition erfordert von Ihrem Assistenten ein gewisses Maß an Anstrengung, doch die Ergebnisse sind so viel besser, dass Sie ihm freiwillig einen Bonus für seine Bemühungen gönnen werden.

Reflektoren als Schattenspender

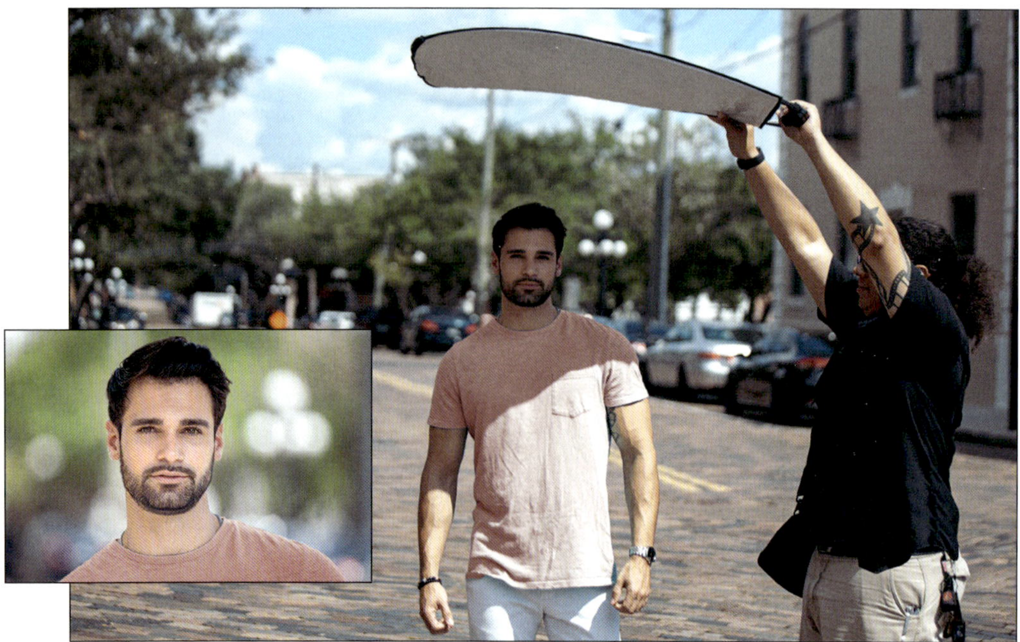

Ist weit und breit kein schattiges Plätzchen zu finden und haben Sie keinen 1-Stop-Diffusor dabei (hey, das kann durchaus vorkommen), dann nutzen Sie einfach einen Reflektor als Schattenspender. Dabei wird der Reflektor zweckentfremdet und dient nicht zum Reflektieren, sondern zum Abschirmen von Licht – genau so, wie es ein Vordach oder ein Baum tun würde. Auf diese Weise fotografieren Sie an jedem gewünschten Ort außerhalb des direkten Sonnenlichts – sozusagen »Schatten auf Abruf«. Doch worin besteht in diesem Fall der Unterschied zwischen Reflektor und Diffusor? Ein Diffusor lässt Teile des Lichts zum Motiv vordringen und sorgt damit für weiches Licht und akzentuierte Schatten. Ein Reflektor ist lichtundurchlässig und taucht das Motiv in reinen Schatten. Da die Ergebnisse dadurch etwas flach werden können, sollten Sie diesen Trick nur dann anwenden, wenn sich absolut kein schattiger Ort in der näheren Umgebung finden lässt.

Diffusoren für Gruppenaufnahmen

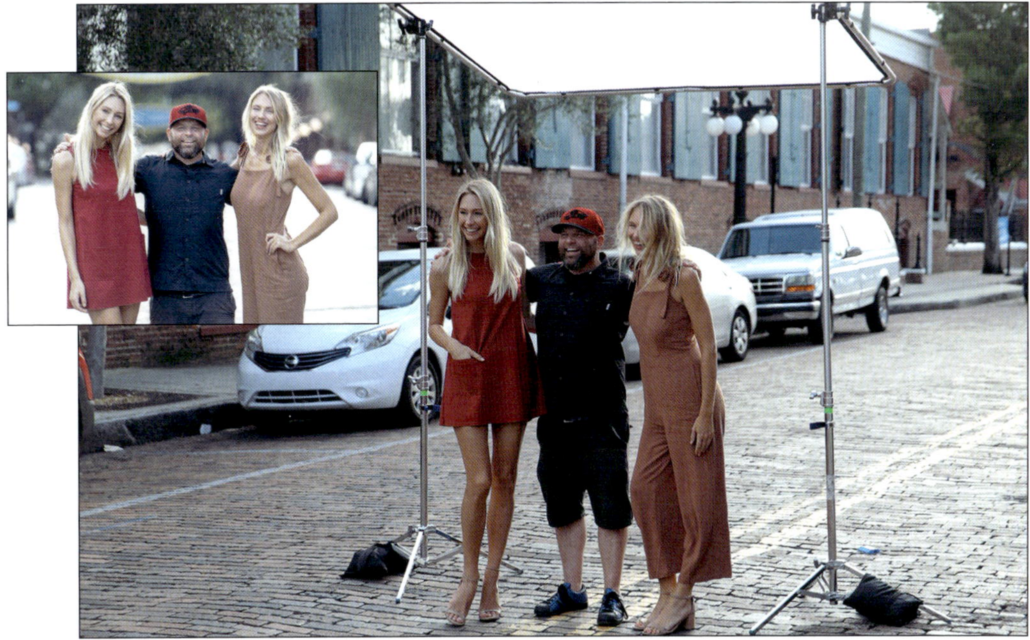

Wenn Sie Gruppenaufnahmen im Freien machen wollen – zum Beispiel ein Familienporträt oder Fotos von Klassentreffen oder Hochzeiten –, kommen Sie mit einem runden 70-Zentimeter-Diffusor nicht mehr hin. Sie brauchen etwas Größeres: eine Konstruktion aus Aluminiumstreben mit einem aufspannbaren Bezug, die im Fachjargon als »Scrim« bezeichnet wird. Zur Befestigung der Konstruktion brauchen Sie mehrere Lichtstative und einige Sandsäcke, damit Ihr Scrim bei Wind nicht den Abflug macht. Abhängig davon, was Sie vorhaben, empfiehlt sich ein drehbares Lager für den Rahmen, sodass Sie die Neigung des Diffusors an den Lichteinfall anpassen können. Das klingt nach viel Arbeit, doch in der Praxis ist ein solches Konstrukt in wenigen Minuten einsatzbereit. Es lässt sich für den Transport klein zusammenfalten und wiegt auch nicht viel – abgesehen von den Sandsäcken zum Stabilisieren der Stative. Im Bild oben verwende ich den *Lastolite Skylite* 6x6' (2x2m) zum Preis von rund 380€ für Rahmen und Bespannung. Ein weiterer beliebter Diffusor dieser Größenordnung ist der 6x6' *Scrim Jim* von F. J. Westcott für etwas mehr als 400€ für den Rahmen und die 1-1/4-Stop-Bespannung.

Gesprenkeltes Licht vermeiden

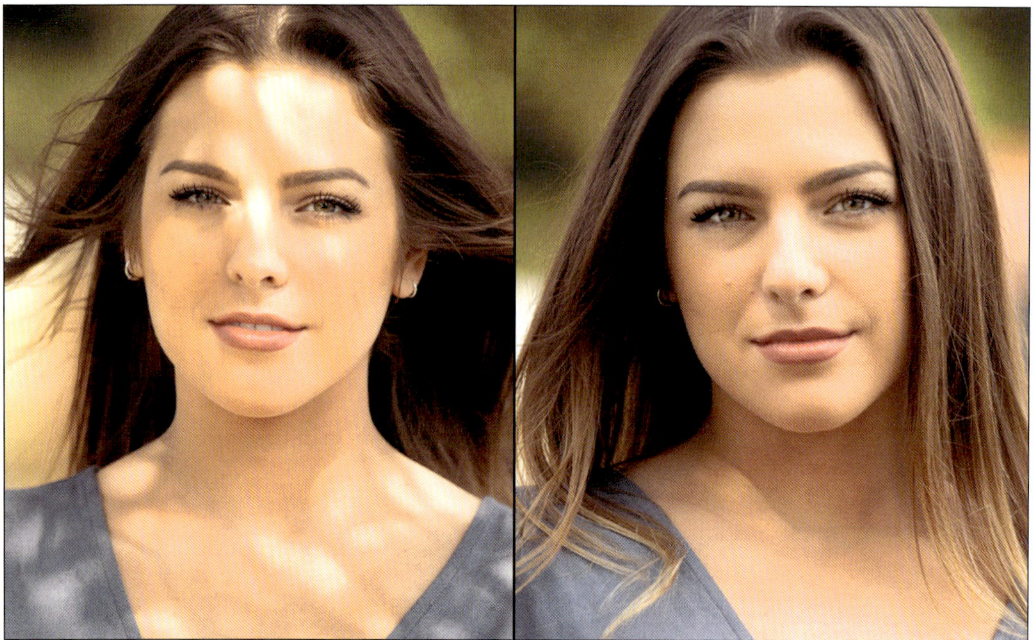

Unregelmäßig verteilte Lichtflecken entstehen immer dann, wenn Sie beispielsweise unter einem Baum stehen und direktes Sonnenlicht an bestimmten Stellen durch das Geäst hindurch auf die Haut Ihres Modells fällt. Solche unansehnlichen Flecken ruinieren das Bild, wie oben links gut zu sehen ist. Dieses Problem lässt sich in den meisten Fällen schnell beheben: Sobald Sie Lichtflecken im Sucher erkennen, bitten Sie Ihr Modell, einen Schritt nach vorne, hinten oder zur Seite zu machen. Mit großer Wahrscheinlichkeit finden Sie nach mehreren Positionsänderungen einen Platz, der eine gleichmäßige Ausleuchtung ohne jegliche Flecken bietet (Bild oben rechts).

Suchen Sie nach Übergängen zwischen Licht und Schatten

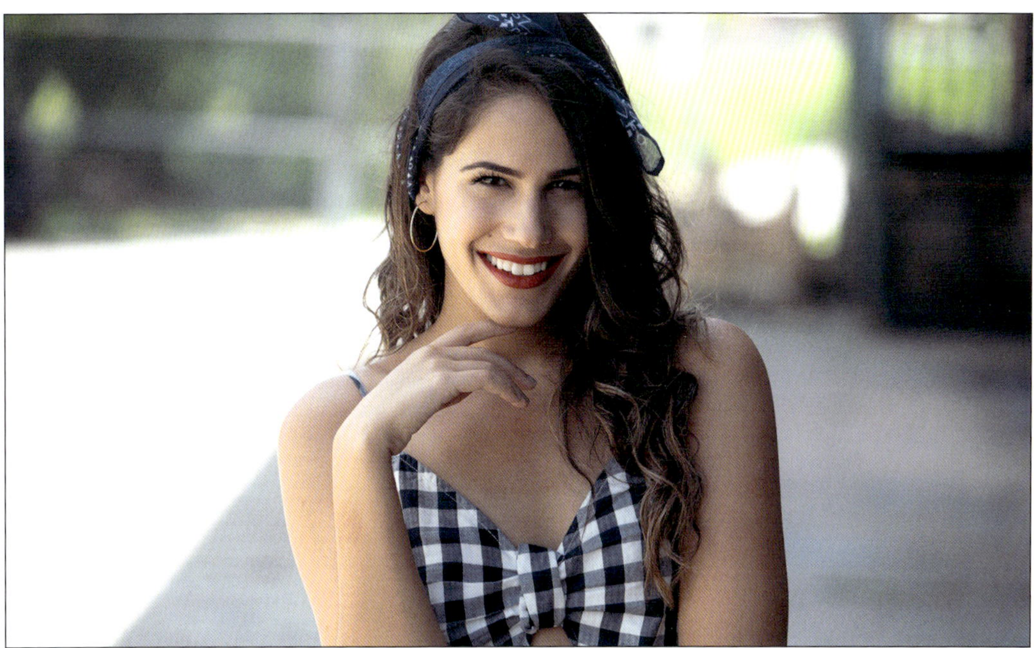

Wenn Sie partout keine gut ausgeleuchtete Location für Ihre Außenaufnahmen finden, sollten Sie Ausschau halten nach einem Bereich, in dem Licht und Schatten aufeinandertreffen. Dabei muss es sich nicht um tiefe Schatten handeln, denn Sie wollen das Modell an der Grenze zwischen Licht und Schatten positionieren. Die Nähe zum direkten Sonnenlicht sorgt für eine sehr schöne, weiche Ausleuchtung, die Aufnahmen mit niedrigen ISO-Werten und vergleichsweise schnellen Verschlusszeiten ermöglicht. Stellen Sie während der Aufnahme sicher, dass kein direktes Sonnenlicht auf Ihr Modell fällt – die Person sollte sich in unmittelbarer Nähe zur Lichtgrenze vollständig im Schatten befinden. Denken Sie immer daran – solche Übergänge zwischen Licht und Schatten bergen das Potenzial für richtig gut ausgeleuchtete Porträts.

Eine weitere gute Alternative: in vollem Schatten fotografieren

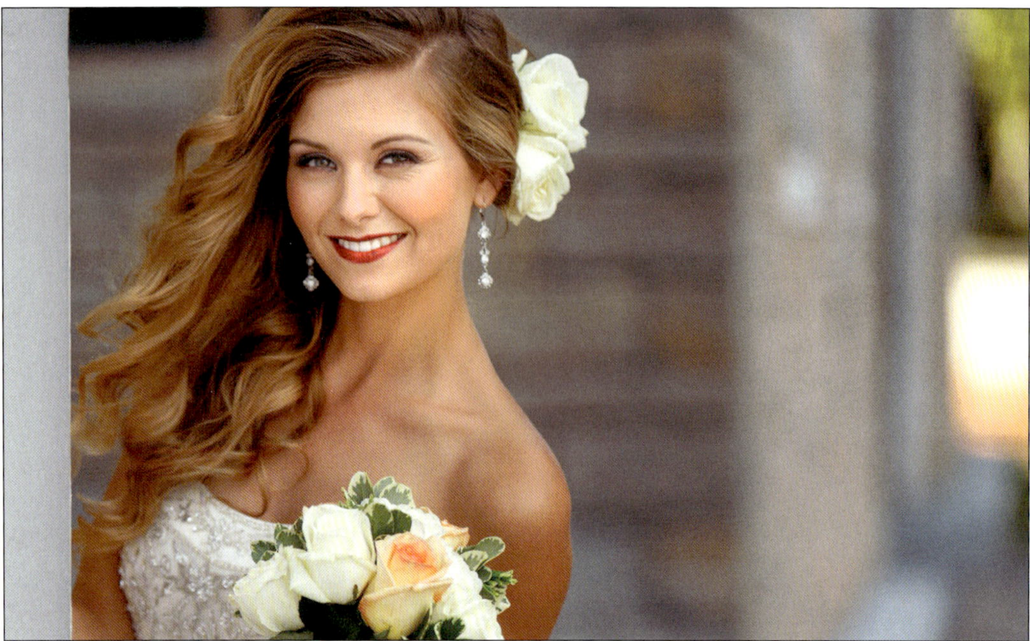

Eine weitere sinnvolle Alternative bei der Suche nach der richtigen Location kann ein vollkommen im Schatten liegender Bereich sein – eine Veranda, ein Vordach oder ein Baum mit sehr dichter Krone. Im Beispiel oben steht die Braut unter dem Vordach einer Kirche. An einem sonnigen Tag eignet sich auch das Licht im Schatten gut für Porträtfotografie. Das Licht ist schmeichelhaft und weich, und es gibt keine Lichtsprenkel auf Schultern oder Kleidung (mehr über gesprenkeltes Licht lesen Sie auf Seite 64). Wie auf Seite 60 beschrieben, ist das Licht im vollen Schatten sehr gleichmäßig verteilt, sodass das Motiv unter Umständen sehr flach und eindimensional wirkt (es gibt nur wenige bis gar keine Schatten im Gesicht). Je nach Stand der Sonne können Sie Ihr Modell darum bitten, die Stellung oder Blickrichtung geringfügig zu ändern, wodurch in vielen Fällen die Durchzeichnung des Gesichts verbessert wird und die Schatten für mehr Tiefe und Plastizität sorgen.

Bei bewölktem Himmel fotografieren

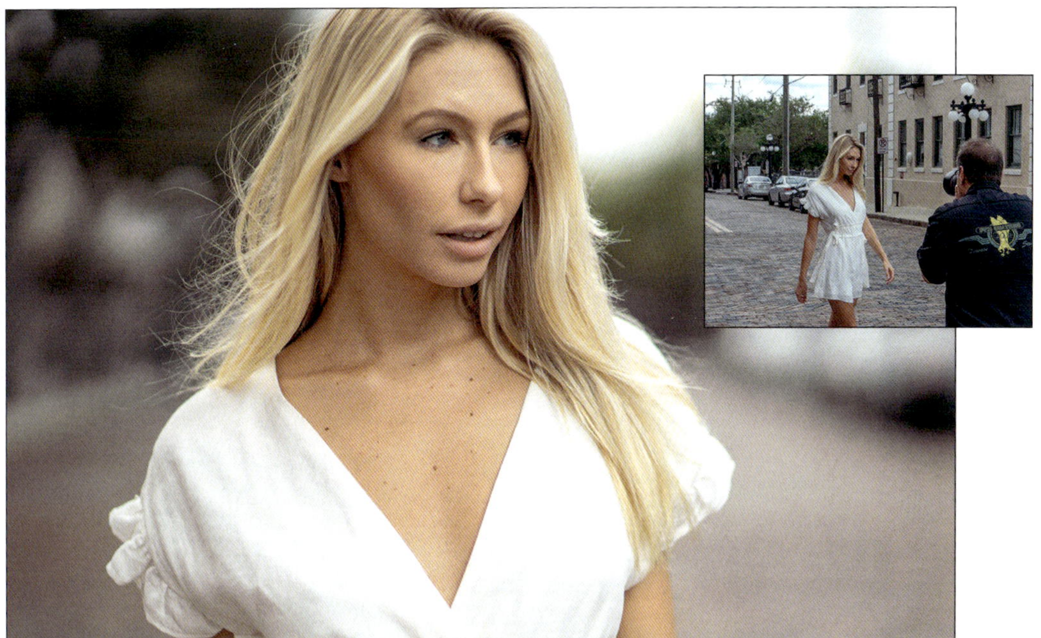

Zögern Sie nicht, auch bei schlechtem Wetter zum Fotografieren nach draußen zu gehen. Wolken wirken wie ein natürlicher Diffusor – sozusagen die riesige Softbox von Mutter Natur. So bleiben Sie vom direkten Sonnenlicht mit seiner harschen Lichtstimmung verschont und können an nahezu jedem beliebigen Ort gelungene Porträts ohne Hilfsmittel wie Diffusoren machen. In der Tat bevorzugen viele professionelle Porträtfotografen wolkige Tage für ihre Shootings. Dabei sollten Sie aber stets im Hinterkopf behalten, dass aus dem Fehlen gerichteten Lichts eine vergleichsweise flache Bildanmutung folgt. Je nachdem, wie stark die Bewölkung ist, kann dies schnell zu langweilig ausgeleuchteten Porträts ohne räumliche Tiefe führen. *Anmerkung:* Im Beispielbild konnte ich dennoch einige Schatten im Gesicht des Modells herausarbeiten. Im kleinen Bild ist gut zu sehen, dass die Aufnahme mitten auf der Straße ohne jegliche Diffusion entstand und wir die kurze Zeit nutzten, in der sich ein paar Sonnenstrahlen den Weg durch die Wolkendecke bahnten. Stellen Sie unter solchen Bedingungen unbedingt den Weißabgleich auf »Wolkig« ein, da sich Ihr Motiv sonst einen unschönen Blaustich einfängt (bläuliche Haut wird in Film und Fernsehen für Tote verwendet, sodass sich das Ändern dieser Einstellung auf jeden Fall lohnt!). Fotografieren Sie häufig unter solchen Lichtbedingungen, sollten Sie über den Einsatz eines schwarzen Reflektors nachdenken, wie ich ihn auf Seite 60 beschrieben habe.

Mehr Tiefe erzeugen mit gerichtetem Licht

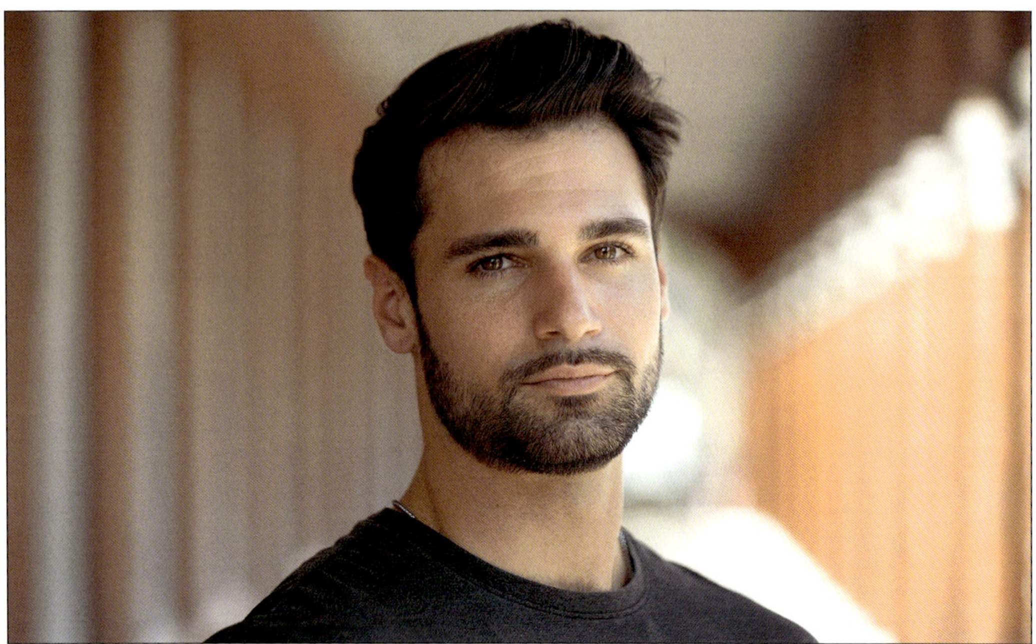

Die Schatten auf dem Gesicht Ihres Modells sorgen für einen plastischen Look, der sich von flachen zweidimensionalen Bildern abhebt. Deshalb stellt die Entscheidung zwischen direktem und indirektem Lichteinfall stets einen Balance-Akt dar. Das Modell soll nicht im harschen Sonnenlicht stehen, wo harte Schatten das Gesicht verunstalten und es zudem ständig blinzeln muss. Andererseits ist reiner Schatten auch nicht wünschenswert, da dann jene Schatten im Gesicht fehlen, die für mehr Tiefe sorgen. Im Bild oben wurde ein guter Kompromiss zwischen beiden Extremen gefunden. Das Licht ist weich, die Schattenzeichnung im Gesicht sorgt für Räumlichkeit und Tiefe – obwohl der Mann komplett im Schatten steht. Dafür verantwortlich ist das gerichtete Licht, das von vorne rechts auf das Modell trifft. Beachten Sie deshalb bei der Ausrichtung des Modells stets den Wechsel zwischen Licht und Schatten, und dirigieren Sie die Person vorsichtig an die richtige Stelle, wo die sanften Schatten auf der Haut sichtbar werden.

Den idealen Weißabgleich für Außenaufnahmen vornehmen

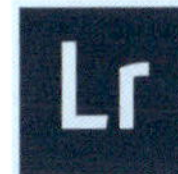

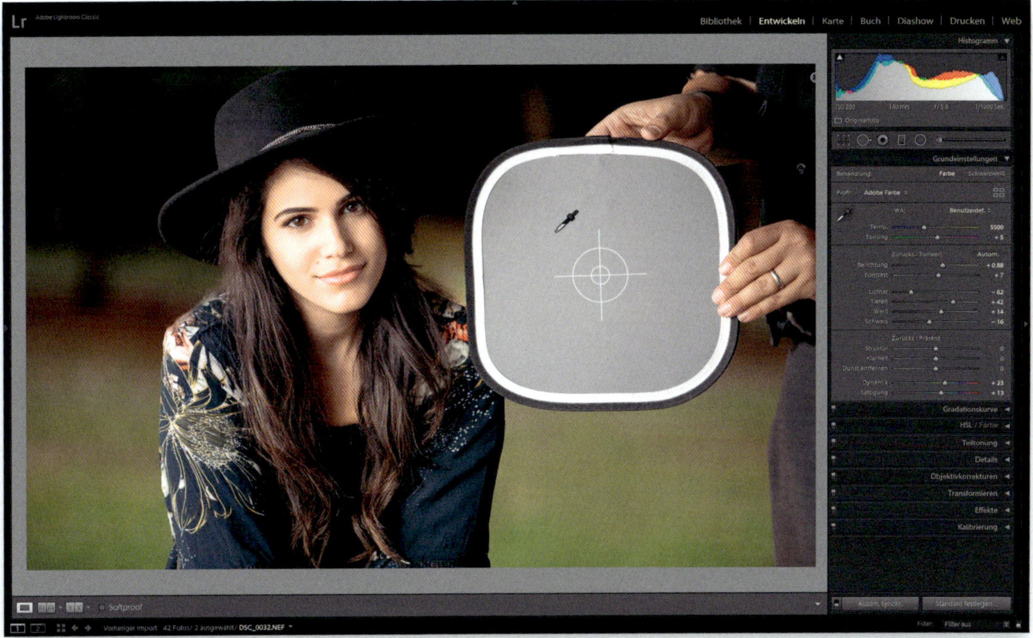

Wenn Sie sich bei Außenaufnahmen um die farblich korrekte Darstellung der Hauttöne sorgen, sollten Sie eine Graukarte in Ihre Ausrüstung aufnehmen. Solche in einem neutralen Grauton gehaltene Karten bekommen Sie im Fotofachhandel oder bei Online-Händlern. Im Bild sehen Sie die *Lastolite EZYBalance Collapsible 18%*-Grauwert-Karte. Halten Sie die Karte einfach in eine Testaufnahme zu Beginn Ihrer Serie, um später bei der Nachbearbeitung diesen Grauwert als Referenz für alle nachfolgenden Bilder zu verwenden. So geht's:

In Lightroom: Im Modul »Entwickeln« klicken Sie auf das Bild mit der Graukarte und markieren dann alle nachfolgenden, am selben Ort entstandenen Aufnahmen. In der rechten Seitenleiste klicken Sie ganz unten auf die Schaltfläche *Autom. synchr.*, sodass die nachfolgenden Änderungen am Graukarten-Bild auf alle markierten Bilder übertragen werden. (Wenn auf der Schaltfläche nur *Synchronisieren...* steht, müssen Sie erst den kleinen Schalter links daneben nach oben klicken.) Nun aktivieren Sie mit der Taste **W** die *Weißabgleich-Pipette* und klicken damit in die Graukarte (siehe Bild oben). Schon wird der korrekte Weißabgleich auf alle zuvor ausgewählten Aufnahmen angewendet.

In Photoshop: Öffnen Sie in »Camera Raw« alle zu korrigierenden Bilder gemeinsam. Klicken Sie auf das Bild mit der Graukarte, gefolgt von **Command-A** (PC: **Strg-A**), um alle Bilder aus dem linken Filmstreifen auszuwählen. Nun werden alle Änderungen für die ausgewählten Dateien vorgenommen. Aktivieren Sie mit der Taste **I** die *Weißabgleich-Pipette* und klicken Sie in die Graukarte, um den Weißabgleich für alle Aufnahmen in einem Rutsch durchzuführen.

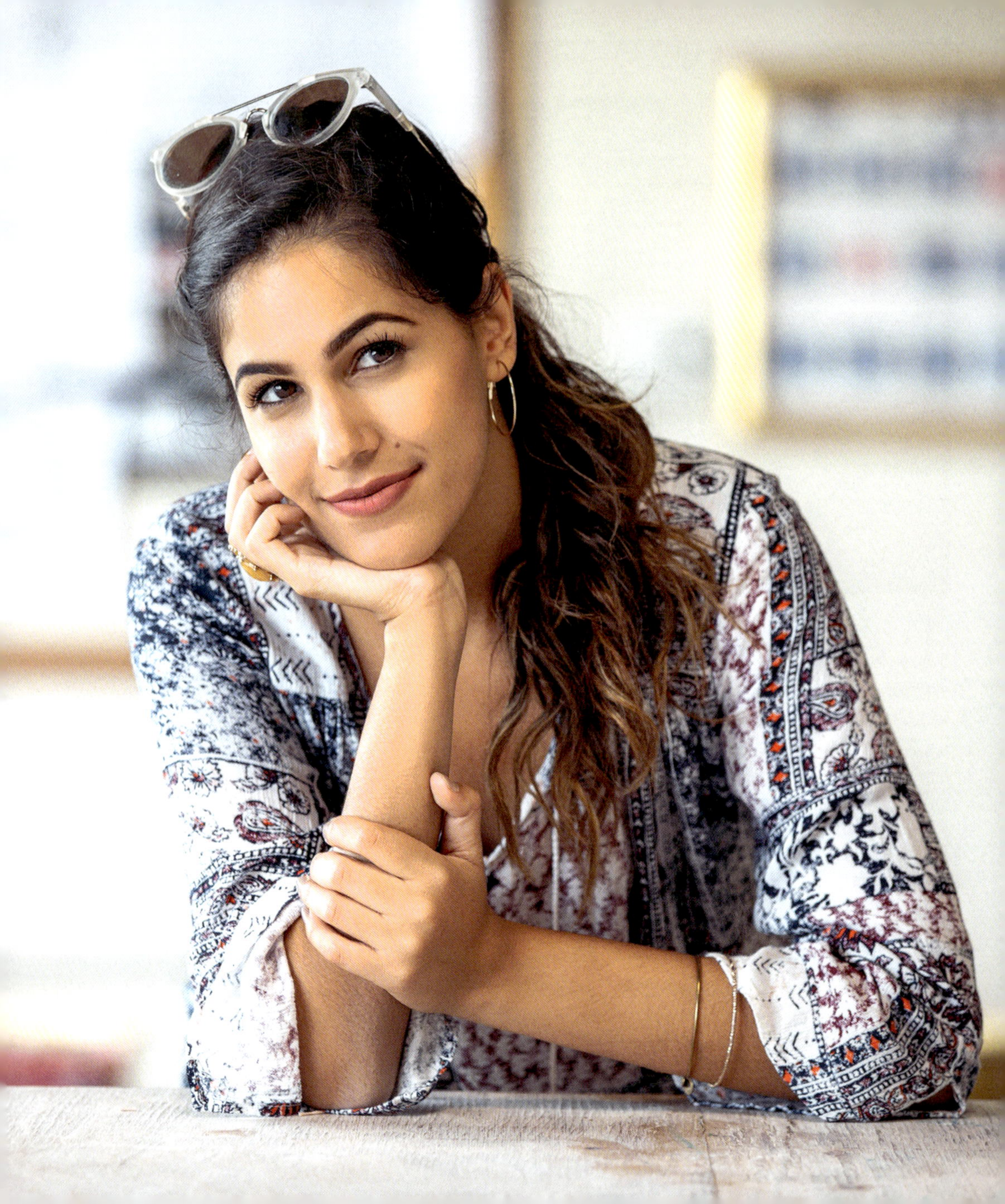

Fotografieren in direktem Licht

Das Biest zähmen

Wahrscheinlich denken Sie jetzt: »Menno, Scott, warum hast du dieses Kapitel nicht mit dem vorangegangenen Kapitel zum Thema Außenaufnahmen kombiniert?« Jaja, das hätte ich schon machen können, doch dann würden Sie als Nächstes fragen: »Menno, Scott, könntest du nicht all die kleinen Kapitel in ein einziges großes Super-Kapitel packen? Wobei das Fensterlicht ganz gut in ein eigenes Kapitel passt. Und das mit den Objektiven. Und auch das zu den Kameraeinstellungen.« Auch das hätte ich tun können, aber ich frage sie: wer will denn schon ein gigantisches, 100 Seiten langes Kapitel lesen? Denken Sie doch mal nach! Wahrscheinlich würden Sie dann sagen: »Oh, ich kann es kaum erwarten, bis ich zu diesem riesigen Kapitel komme, an dem ich eine halbe Ewigkeit lesen werde. Ich hätte mir gewünscht, dass Scott das ganze Thema in kleine, mundgerechte Häppchen aufgeteilt hätte – inklusive leckerer Soßen wie Sriracha, Knoblauch, Kräuter oder Bärlauch-Honig. Menno!« Sie sehen, wir Autoren müssen uns jeden Tag mit solch weitreichenden Entscheidungen herumschlagen. Ok, vielleicht nicht jeden Tag, weil wir nicht täglich die Anzahl der Kapitel unserer neuen Bücher festlegen. In der Praxis tun wir dies an einem ganz besonderen Tag, der vom großen Verlagskartell bestimmt wird. Dieses Kartell ist eine geheime, zwielichtige Organisation, deren einziges Ziel es ist, die Hoffnungen und Träume aller Autoren zunichtezumachen – mit Ausnahme von J. K. Rowling, James Patterson und irgendeinem Typ namens Hubert aus Neuendettelsau. Was Sie aus dieser Einleitung mitnehmen können: a) Dieses Kapitel enthält keine Witze mit Akronymen, b) es kommen keine fragwürdigen lateinischen Phrasen vor und c) Sie kennen jetzt die richtige Aussprache von »Neudettelsau«.

Schönere Bilder mit der Sonne im Rücken Ihres Modells

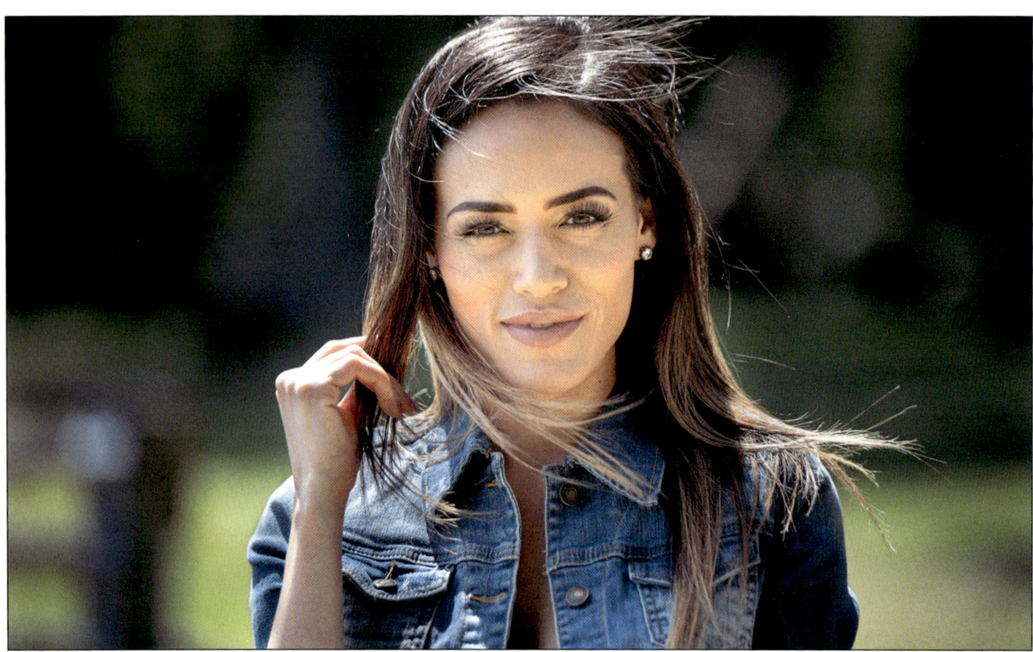

Wenn Sie draußen fotografieren, dann vorwiegend mit der Sonne im Rücken Ihres Modells. Das hat mehrere Gründe: 1) Die Sonne wirkt zusätzlich wie ein Haar- oder Kantenlicht. Das sieht nicht nur interessant aus, sondern verstärkt auch die Trennung zwischen Motiv und Hintergrund. 2) Wenn Sie am späten Nachmittag fotografieren (was ich wärmstens empfehle), steht die Sonne tief am Firmament und sorgt nicht nur für einen warmen, weichen Look in Ihren Bildern, auch die Qualität des Lichts ist viel besser. Es ist weicher und rundherum schöner und scheint nicht mehr so kräftig und aus einem so hohen Winkel, dass die Haarlichter ausfressen. 3) Befindet sich die Sonne zu später Stunde hinter Ihrem Modell, senkt das außerdem die Kontraste, was zu einem verträumten Look führt. 4) Arbeiten Sie mit weit geöffneten Blenden wie f/2.8 oder f/1.8, sorgt das verfügbare Licht für eine gleichmäßige, weiche Ausleuchtung des Gesichts, und das ist ein großes Plus. Sie müssen dazu weder überbelichten noch einen Reflektor nutzen – es kommt auch ohne diese Hilfsmittel ausreichend Licht auf den Sensor Ihrer Kamera.

Lichtstreuung vermeiden

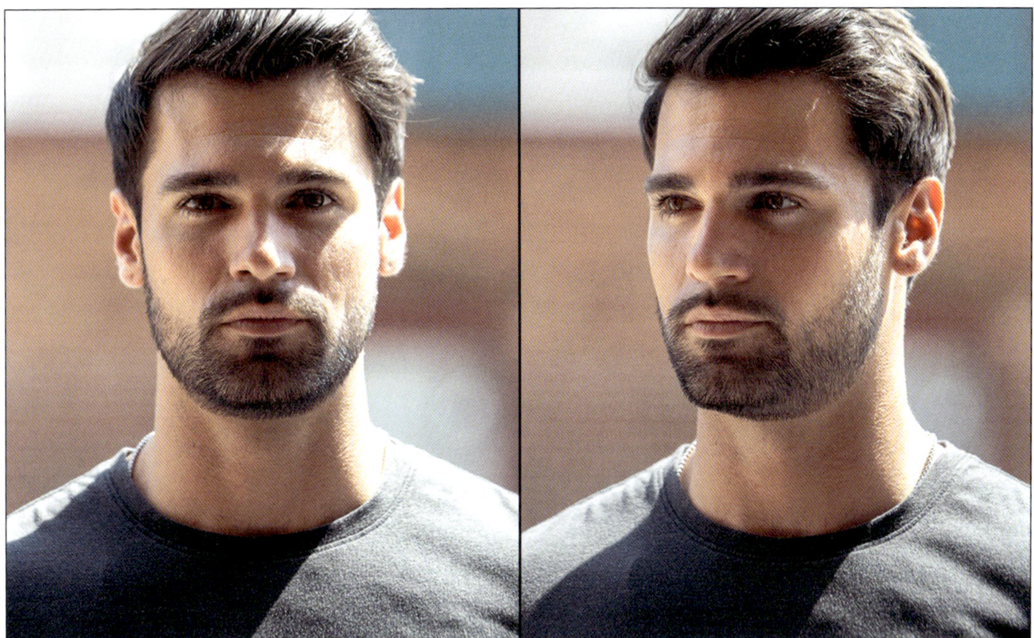

Wenn Sie Ihr Modell in direktem Sonnenlicht mit dem Rücken zur Sonne positionieren (die empfohlene Herangehensweise, außer die Sonne geht gerade auf bzw. unter), achten Sie auf Lichtstreuung im Gesicht Ihres Modells (gut zu sehen im linken Bild). Strahlende Konturen können gut aussehen, doch das gesamte Gesicht sollte sich für eine homogene Ausleuchtung im Schatten befinden. Ein Haarlicht geht ebenfalls in Ordnung und kann fantastisch aussehen, doch Lichtstreuungen im Gesicht sollten Sie vermeiden. Dazu bitten Sie Ihr Modell, den Kopf ein wenig zur Seite zu drehen, was im rechten Bild zum gewünschten Ergebnis führte. Auch ein Wechsel an einen anderen Ort in der näheren Umgebung kann hier Abhilfe schaffen.

Die Sonne als Kanten- und Haarlicht

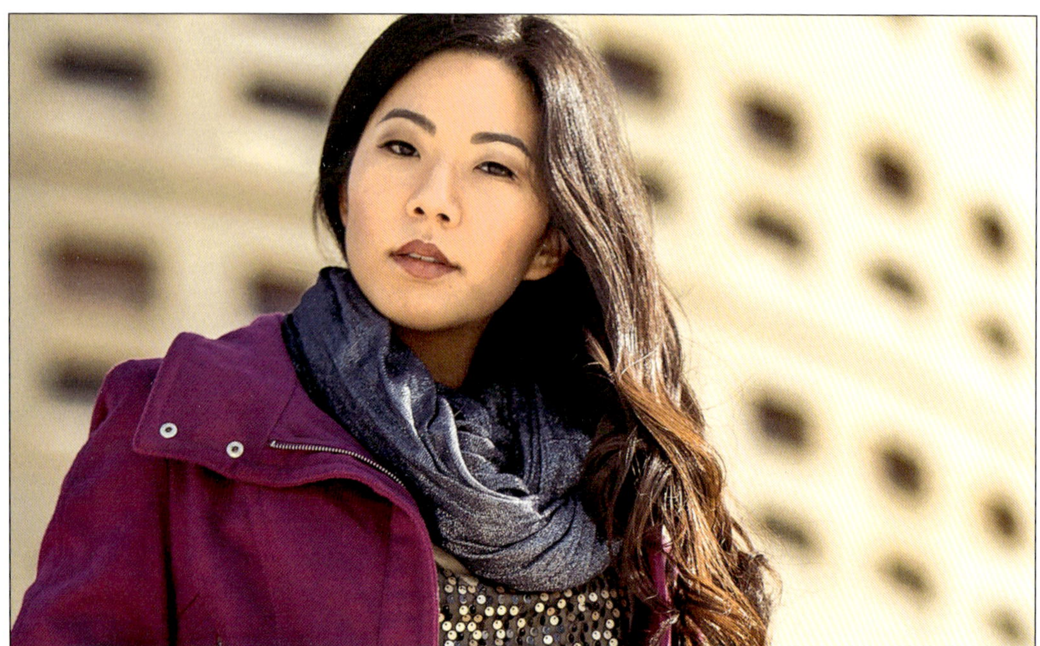

Später am Tag, wenn die Sonne tiefer am Himmel steht, können Sie die Sonne als Haarlicht nutzen, wie im Bild oben zu sehen ist. Im Fotostudio bezeichnen wir so ein helles, von der Seite kommendes Licht als *Streiflicht*, und wenn es weiter hinter dem Modell steht, als *Kantenlicht*. Um die Sonne als zusätzliches Licht zu nutzen, drehen Sie Ihr Modell mit dem Rücken zur Sonne – allerdings nur so weit, dass sich die Sonne nicht direkt hinter, sondern leicht seitlich von ihm befindet. Durch langsames Drehen des Modells finden Sie ganz schnell die richtige Ausrichtung für den besten Effekt heraus. Die Härte des direkten Sonnenlichts stellt hierbei kein Problem dar, sondern kontrastiert sehr schön mit dem weich ausgeleuchteten Gesicht (hartes Licht für Haare, weiches Licht für's Gesicht). Das einzige Problem bei dieser Aufnahmetechnik ist, dass die Belichtungsmessung Ihrer Kamera sich vom hellen Hintergrund irritieren lassen und Ihr Hauptmotiv unterbelichten wird. Auf Seite 76 finden Sie dafür eine Lösung, aber für's Erste können Sie Folgendes tun: a) Setzen Sie die Belichtungsmessung auf mittenbetonte Spotmessung. Dann ignoriert Ihre Kamera den hellen Hintergrund und misst nur in der Mitte des Bildes. Alternativ b) gehen Sie sehr nah ans Modell heran, bis der Sucher vom Gesicht ausgefüllt wird. Lesen Sie die von der Kamera vorgeschlagenen Belichtungswerte ab, schalten Sie in den manuellen Modus und stellen Sie die ermittelten Werte ein. Auf diese Weise erhalten Sie ausgewogen belichtete Bilder statt viel zu dunkler Aufnahmen.

Blendenflecke mit Sonnenlicht erzeugen

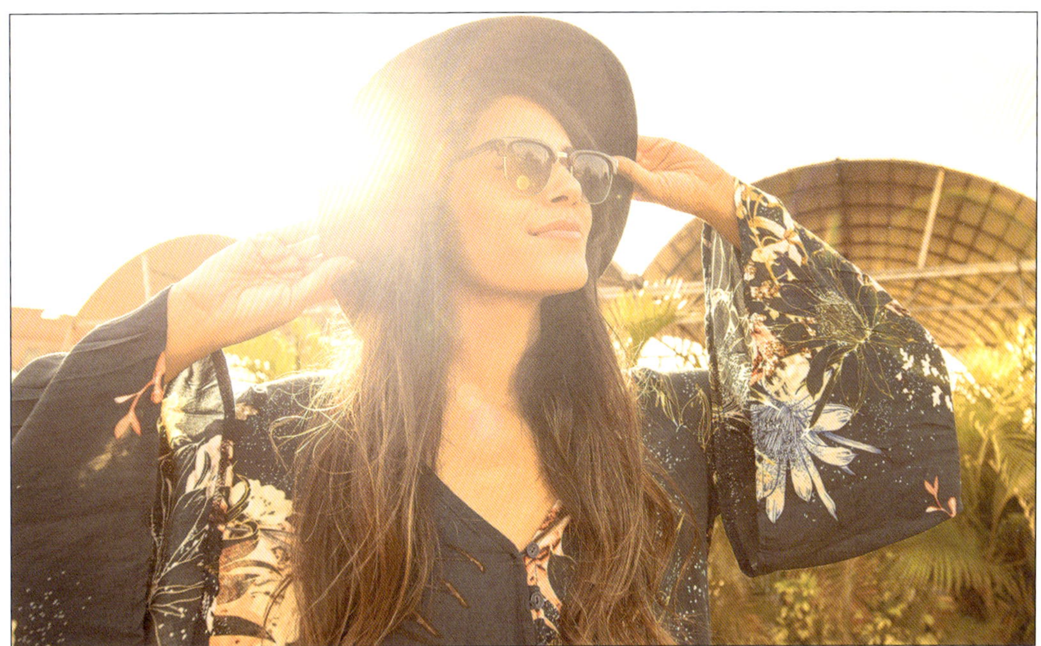

Wir investieren sehr viel Geld in Objektive mit nanobeschichteten Linsen und laufen ständig mit aufmontierten Gegenlichtblenden herum, um die im Fachjargon als »Blendenflecke« bezeichneten Lichtreflexe zu unterbinden. Und nun komme ich und erkläre Ihnen, wie wir eben diese unerwünschten Effekte in unsere Porträts bringen. Warum ich das mache? Ganz einfach: Dieser ganz spezifische Look mit niedrigen Kontrasten und dezent nebliger Anmutung ist angesagt, und über kurz oder lang wird jemand mit dem Wunsch nach einer Porträtserie mit diesem künstlerisch wirkenden Effekt auf Sie zukommen. Dann entfernen Sie als Erstes die Gegenlichtblende von Ihrem Objektiv. Greifen Sie zu einem Weitwinkel-Objektiv – bei längeren Brennweiten lässt sich der gewünschte Effekt viel schwieriger erzielen. Positionieren Sie Ihr Modell mit dem Rücken zur Sonne und vermeiden Sie dabei, dass die Sonne als Ganzes im Sucher zu sehen ist (Sie sollten ohnehin niemals durch den Sucher in die Sonne schauen – wenn es sich nicht vermeiden lässt, arbeiten Sie mit dem Kameradisplay im Live-View). Ich stelle dabei gern eine geringe Überlappung zwischen der Sonne und einem Bildelement her – im Beispiel mit dem Hut, den das Modell trägt. Ansprechende Blendenflecke bekommen Sie abends, wenn die Sonne tief steht. Tagsüber zwischen 11 und 15 Uhr lässt sich die Sonne nur unter nahezu unmöglichen Aufnahmewinkeln ins Bild bekommen. Gelingt es Ihnen nicht, während des Shootings einen solchen Effekt einzufangen, können Sie bei der Nachbearbeitung nachhelfen: Auf Seite 132 und 134 erfahren Sie, wie Sie mit Lightroom oder Photoshop realistisch wirkende Blendenflecke in Ihre Bilder einarbeiten.

Der Trick mit der Überbelichtung

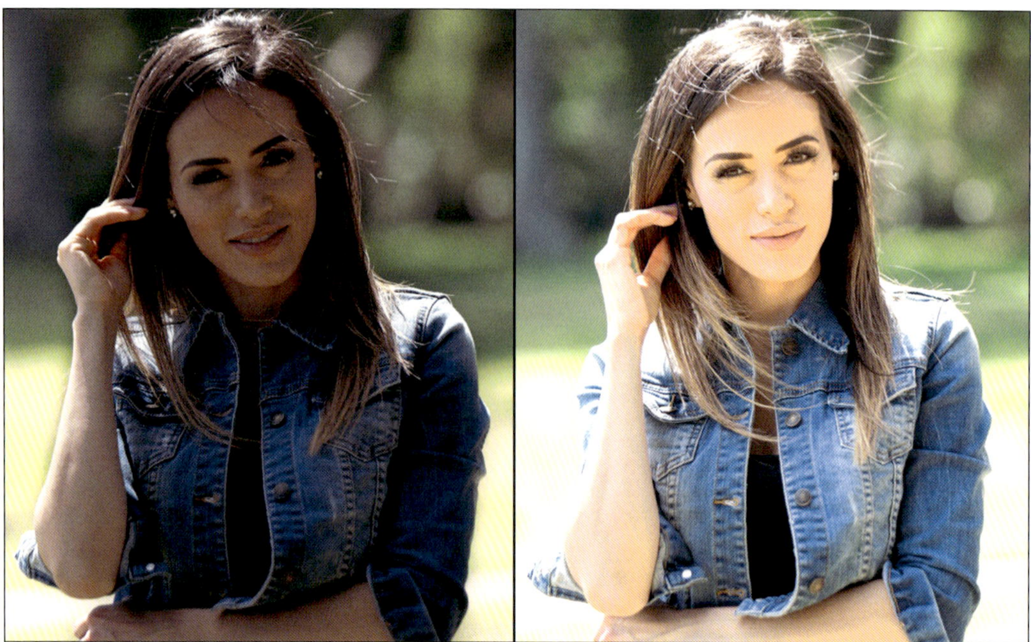

Dieser Trick funktioniert so gut, dass er Ihnen völlig neue Möglichkeiten beim Fotografieren mit natürlichem Licht eröffnet. Zunächst einmal positionieren Sie Ihr Modell mit dem Rücken zur Sonne (Bild oben links). Dann machen Sie eine um 1 bis 1,5 Blendenstufen überbelichtete Aufnahme. Dadurch wird zwar der Hintergrund viel heller abgebildet, doch im Gegenzug öffnen sich die Schatten im Gesicht auf nahezu dramatische Weise (Bild oben rechts). Für diese Technik nutzen Sie am besten die Belichtungsvorwahl Ihrer Kamera und machen erst einmal eine Testaufnahme. Mit der Belichtungskorrektur (dem besten Freund des Porträtfotografen bei natürlichem Licht) geben Sie dann rund 1,5 Blendenstufen hinzu. Um den hellen Hintergrund nicht dominieren zu lassen, können Sie Ihr Modell vor eine vergleichsweise dunkle Szenerie wie eine dichte Baumgruppe oder eine Wand stellen. Dadurch wird der Hintergrund zwar immer noch viel heller, stiehlt dem Motiv jedoch nicht mehr die Schau.

Die beste Zeit für Aufnahmen bei Tageslicht

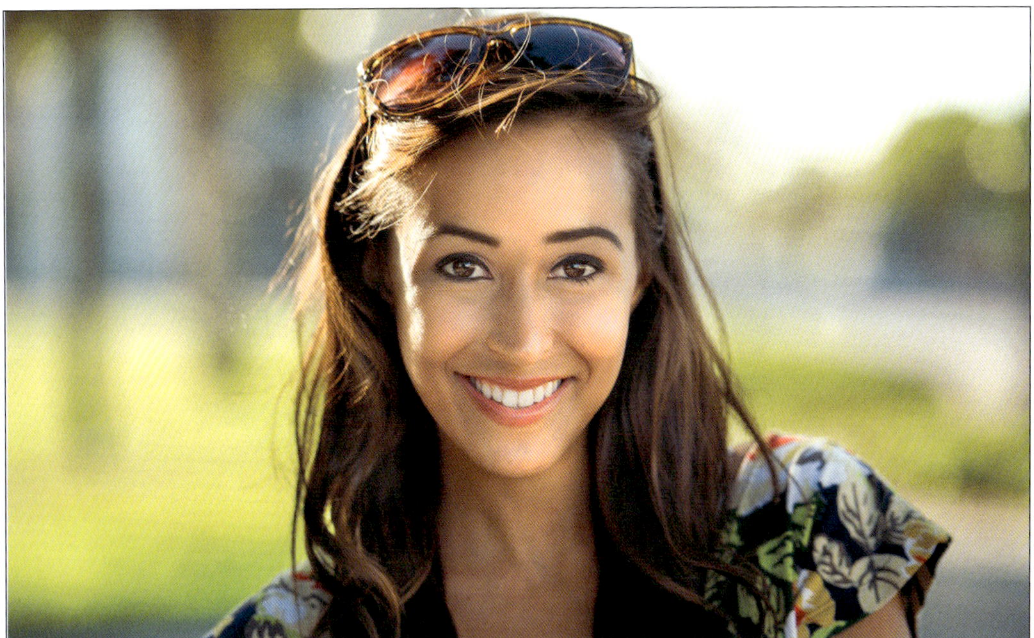

Dank der in diesem Buch vorgestellten Tricks und Hilfsmittel können Sie zu jeder Tageszeit gute Bilder machen. Wenn Sie jedoch die Wahl haben, sollten Sie Ihr Shooting in die späten Nachmittagsstunden legen (etwa eine Stunde vor Sonnenuntergang) oder in den frühen Morgen (kurz vor Sonnenaufgang). Vom Frühjahr bis zum Herbst findet der Sonnenaufgang sehr früh statt, weshalb wir uns in diesen Jahreszeiten besser auf eine Stunde vor Sonnenuntergang einigen sollten.

Kontrastreiche Hintergründe suchen

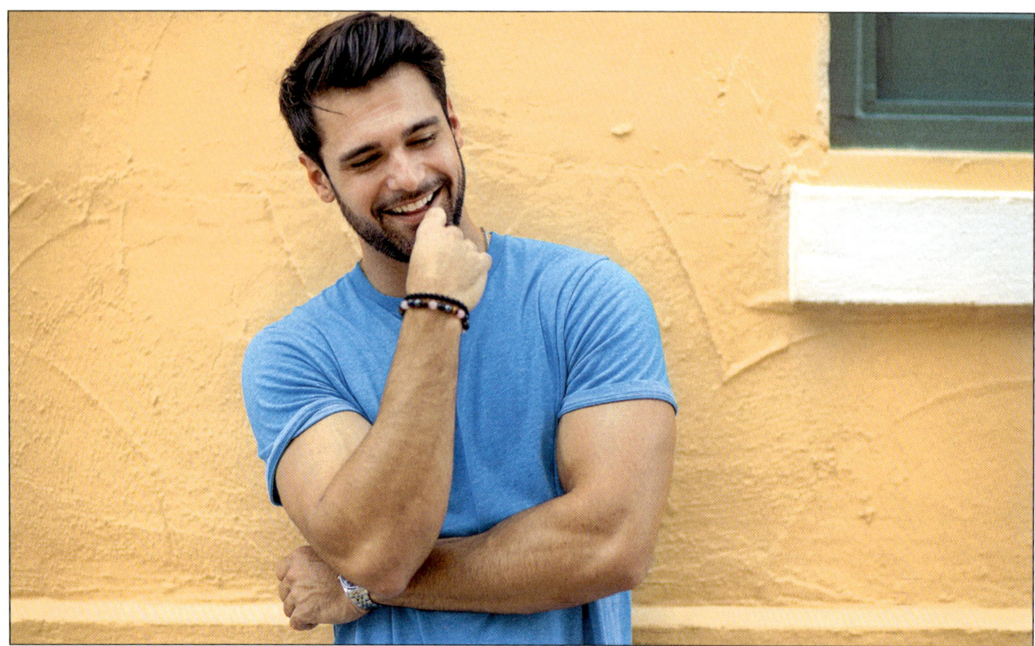

Damit sich Ihr Motiv klarer von seiner Umgebung abhebt, sollten Sie nach Hintergründen suchen, die starke Farbkontraste erlauben. Im besten Fall finden Sie einen Hintergrund in der Komplementärfarbe zur Kleidung des Modells. Trägt die Person beispielsweise ein blaues Hemd, eignet sich eine gelbe Wand sehr gut als Hintergrund. Ihr Modell trägt einen orangen Mantel? Suchen Sie nach einer blauen Wand. Natürlich bieten sich solche Gelegenheiten eher selten, sodass Sie alternativ über stark differierende Helligkeitswerte den gewünschten Kontrast erzielen können – beispielsweise helle Kleidung vor dunkler Wand oder umgekehrt.

Wie sollte sich Ihr Modell kleiden?

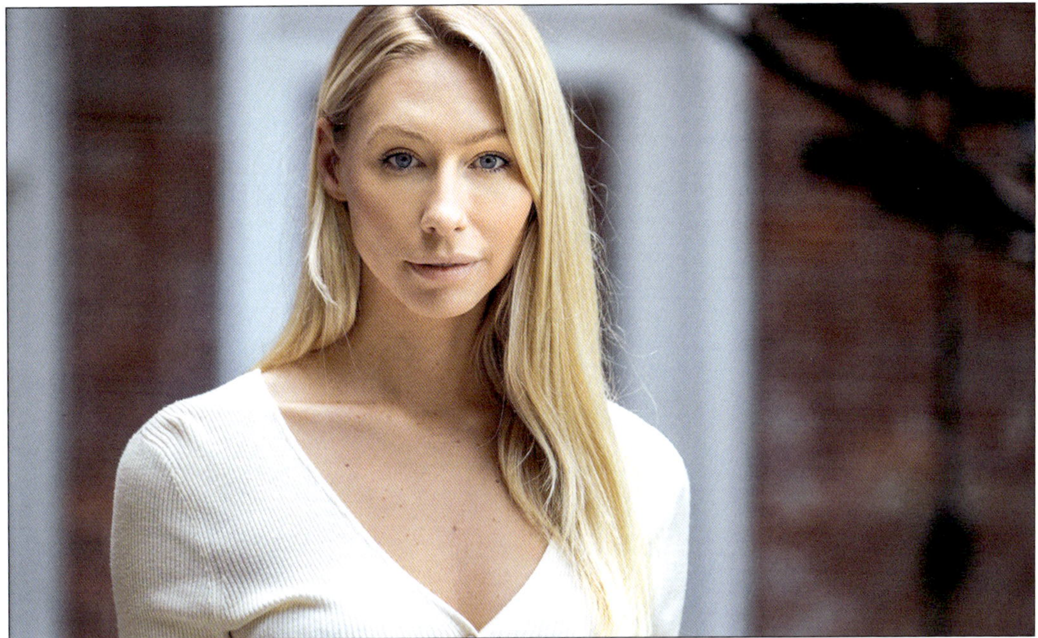

Besonders bei Außenaufnahmen mit natürlichem Licht spielt die Kleidung Ihres Modells eine entscheidende Rolle. Generell sollte Ihr Modell bei solchen Aufnahmen zu heller Kleidung greifen, da diese für einen erfrischenden Look sorgt. Die Kleidung sollte einfarbig sein, vermeiden Sie Muster oder Drucke. Dezente Farben machen sich sehr gut in Kombination mit natürlichen Hintergründen, während leuchtende Farben eher ungeeignet sind. Das Outfit sollte einfach und klar sein – Weiß und helle Beigetöne, pastellfarbeneTops und Jeans sehen großartig aus. Indem Sie auf dunkle und grelle Farben verzichten, verleihen Sie Ihren Porträts ein Plus an Natürlichkeit.

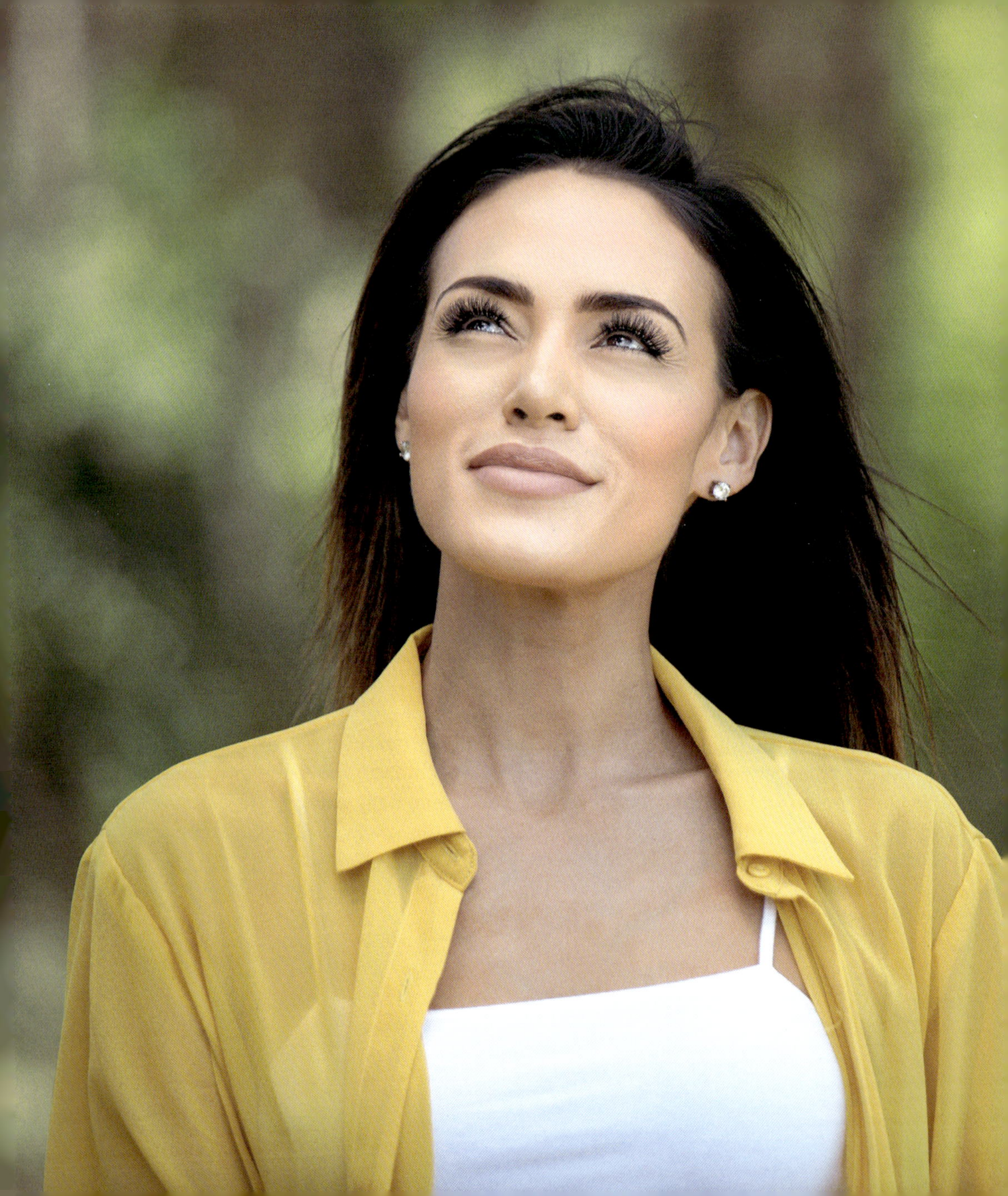

Komposition

Der perfekte Rahmen für Ihr Motiv

Um das Thema »Bildkomposition« wirklich zu verstehen, sollten Sie das Wort »Komposition« in seine Bestandteile zerlegen: Kom-po-si-tion. Wir beginnen also mit »Kom«, was vom lateinischen Wort *caceus* abgeleitet ist und für »blind« steht. Es folgt »po« vom englischen Begriff »poor«, zu Deutsch »arm«. Wir sind nun auf halbem Weg zu einem großartigen Namen für einen alten Blues-Gitarrenspieler. Es folgt die Silbe »si«, was im Spanischen »Tee trinken und Marmeladenbrote essen« bedeutet. Das bringt uns zum letzten Bestandteil des Worts, »tion«. Dieser ist abgeleitet vom lateinischen *talus*, was anatomisch den Knöchel bezeichnet. Fügen Sie all diese Begriffe zusammen, eröffnet sich Ihnen die kristallklare und mächtige Bedeutung dieses Worts. Es ist die allumfassende Grundlage für die Komposition Ihrer Bilder. Können Sie dieses fundamentale Konzept nicht nachvollziehen, sollten Sie Ihre Fotoausrüstung auf eBay verkaufen. Haben Sie noch kein Foto-Equipment, erwerben Sie welches und verkaufen es gleich wieder. Verstehen Sie mich nicht falsch: Ich will Ihnen nicht wehtun, ich will nur Ihr Bestes. Ähnlich wie Nick Saban, der Football-Trainer der Universität von Alabama, der seine Spieler so lange anschreit, bis eine Vene an seiner Stirn pulsiert. Und wenn ich Sie hier immer aufs Neue verkohle, dann nur, weil ich will, dass Sie gute Porträts schießen, egal, ob Sie blind oder arm sind oder ob Sie Tee trinken, Marmeladenbrote verspeisen oder sich gerade irgendwo den Knöchel angehauen haben. Glauben Sie mir, mich schmerzt das mehr als Sie.

Bildkomposition für intime Porträts

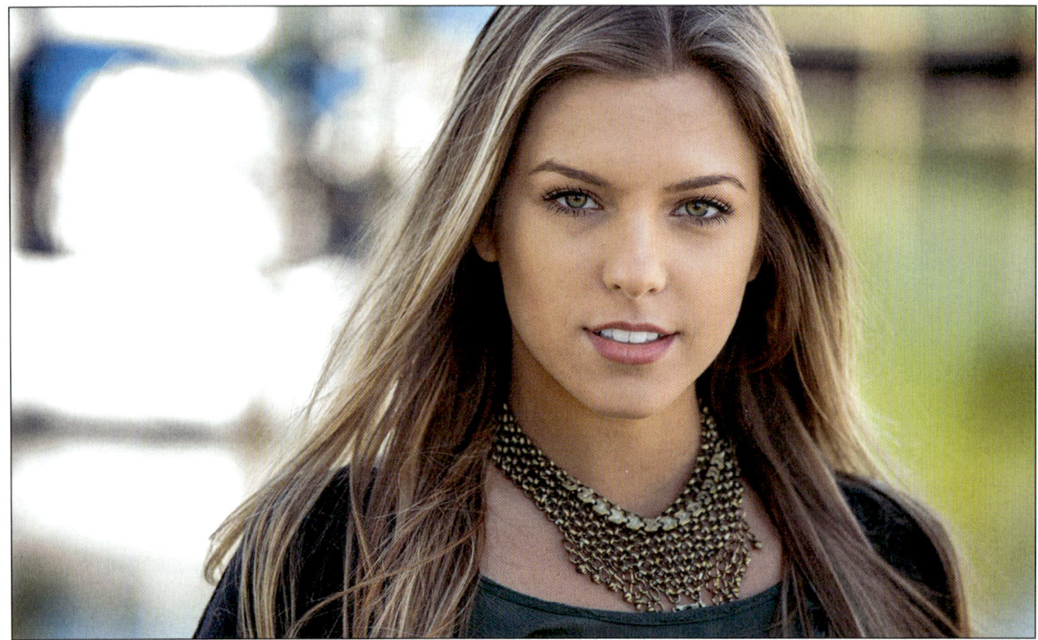

Eine der einfachsten und zugleich effizientesten Porträt-Techniken ist, Nähe zum Modell zu zeigen. Dazu nutzen Sie beispielsweise ein Zoom-Objektiv, um die Person wie im Bild oben ganz nah heranzuholen und damit fast formatfüllend abzubilden. Dadurch entsteht eine intime Nähe zwischen Motiv und Betrachter. Sie erzielen diesen Effekt entweder mit einer großen Brennweite ab 85 mm oder durch das Zuschneiden des Fotos bei der Nachbearbeitung in Photoshop oder Lightroom.

Augen im oberen Drittel des Bilds

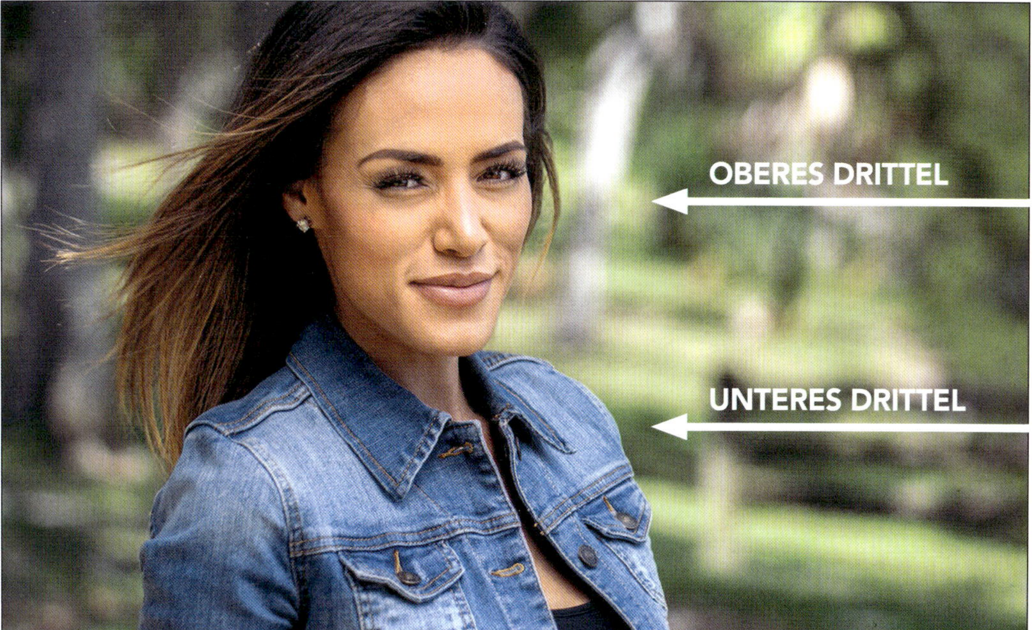

Hier eine weitere Kompositionsregel, die Sie stets im Hinterkopf behalten sollten: Positionieren Sie die Augen des Modells im oberen Drittel des Rahmens. Allein durch Befolgen dieser Regel schließen Sie von vornherein einige typische Fehler bei der Komposition von Porträtfotos aus.

Nie das Motiv in die Bildmitte setzen

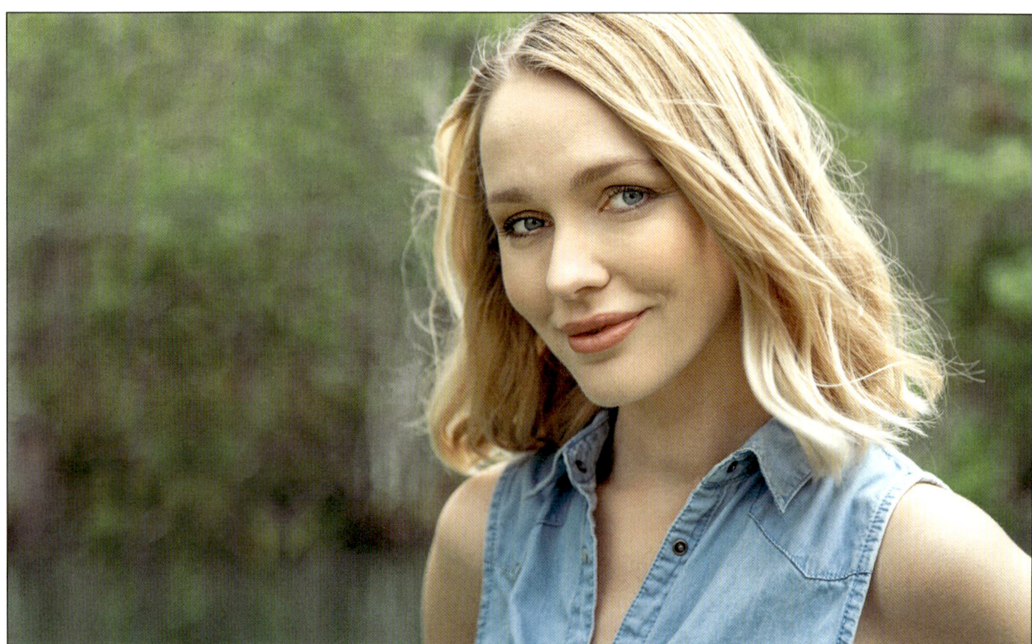

Eine der wichtigsten Regeln betrifft die Position des Motivs innerhalb des Bildrahmens: Vermeiden Sie es auf jeden Fall, die Person exakt in die Bildmitte zu setzen. Wenn wir unseren Kindern zum ersten Mal eine Kamera in die Hand drücken, geben wir Anweisungen wie: »Schau durch den Sucher und achte darauf, dass sich Mami genau in der Mitte befindet!« Diese Anweisung ist zwar leicht nachvollziehbar für die Kleinen, führt aber nicht unbedingt zu einer dynamisch wirkenden Bildkomposition. Wenn Sie das Motiv aus der Mitte heraus zum Bildrand hin rücken, wirkt das gesamte Bild viel interessanter, professioneller und vor allem dynamischer.

Den Kopfbereich anschneiden

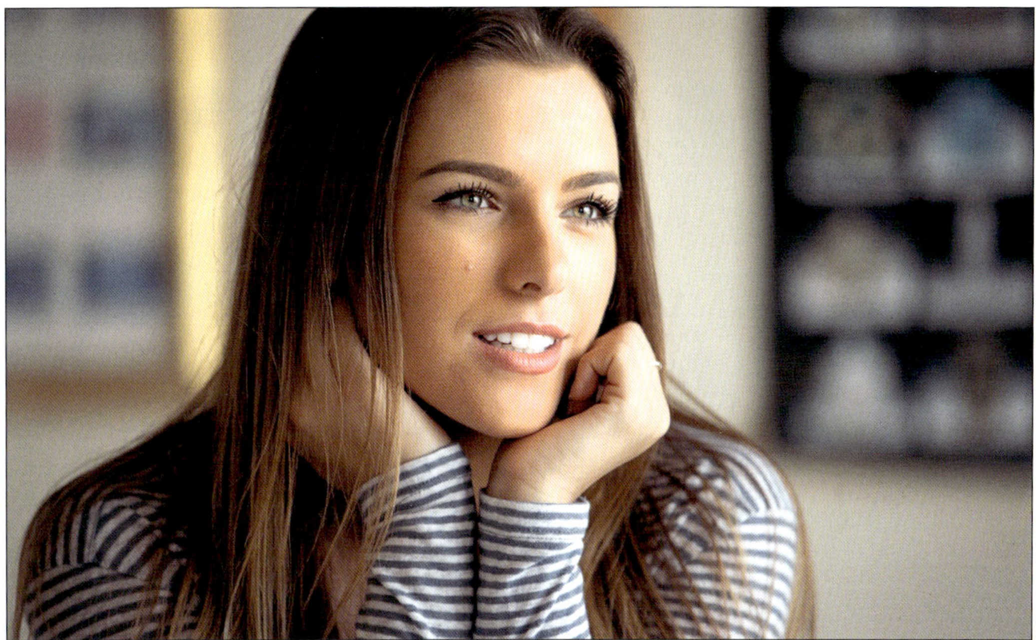

Eine der beliebtesten Kompositionstechniken für einen modernen Look besteht im Anschneiden des Kopfbereichs um ein oder zwei Drittel – gut zu sehen im Beispielbild oben. Der Schlüssel zu einer gelungenen Komposition ist ein ausreichend großflächiger Anschnitt, also nur Mut! Beschneiden Sie nämlich nur einige Härchen an der Oberseite des Kopfs, entsteht schnell der Eindruck eines Fehlers bei der Bildkomposition. Das Letzte, was Sie hören möchten, ist: »Eigentlich ein wirklich schönes Foto – aber leider hast du das Motiv oben abgeschnitten!« Es soll offensichtlich sein, dass Sie den Anschnitt bewusst gewählt haben. Deshalb sollten Sie gut ein bis zwei Drittel des oberen Kopfbereichs beschneiden – damit wird jedem Betrachter auf den ersten Blick klar, dass es sich nicht um einen Fehler Ihrerseits bei der Komposition des Bildes im Kamerasucher handelt, sondern um ein absichtlich eingesetztes Gestaltungsmerkmal.

Das Motiv an den oberen Bildrand rücken

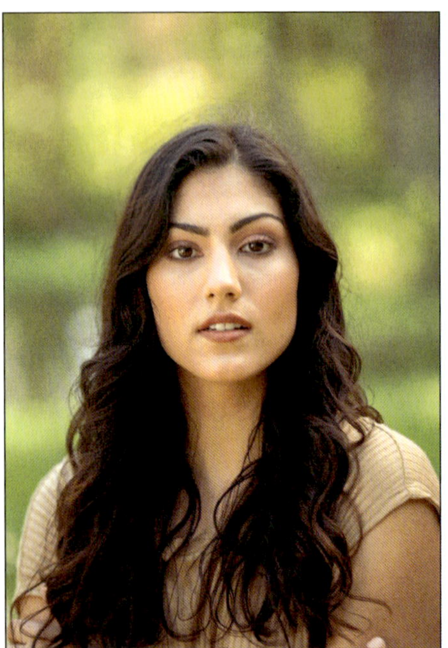

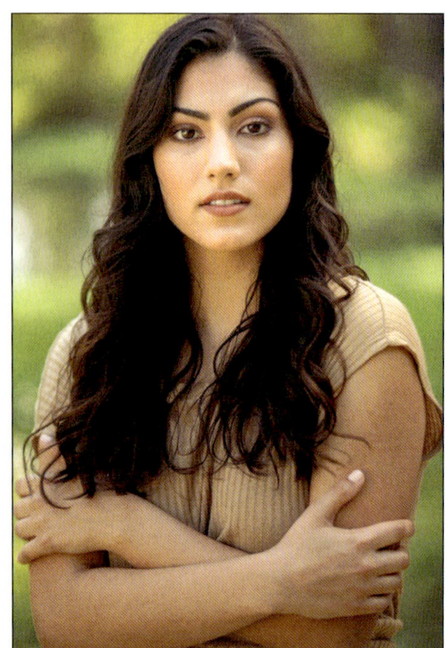

Einer der am häufigsten vorkommenden Fehler bei der Komposition ist zu viel Abstand zwischen dem Motiv und dem oberen Bildrand. Sie sollten den Kopf stets weit oben im Bild positionieren oder auch anschneiden, wie auf der vorangegangenen Seite beschrieben. Die einzige Rechtfertigung für einen solchen Leerraum wie im linken Bild ist die nachfolgende Integration eines Textes oder eines Logos für eine Broschüre, eine Anzeige, einen Magazin-Aufmacher oder ein Buchcover. Meiner Meinung nach kommt es zu diesem Fehler, weil viele weniger erfahrene Fotografen den Kopf und/oder die Augen instinktiv in der Bildmitte platzieren möchten. Das sollten Sie generell vermeiden – die Augen sollten sich immer im oberen Bilddrittel befinden, wie Sie auf Seite 83 erfahren haben. Wenn Sie das Motiv richtig positionieren, wie im Bild oben rechts, zeichnen sich Ihre Porträts durch einen professionellen Look aus.

Schaffen Sie Raum für die Blicklinie

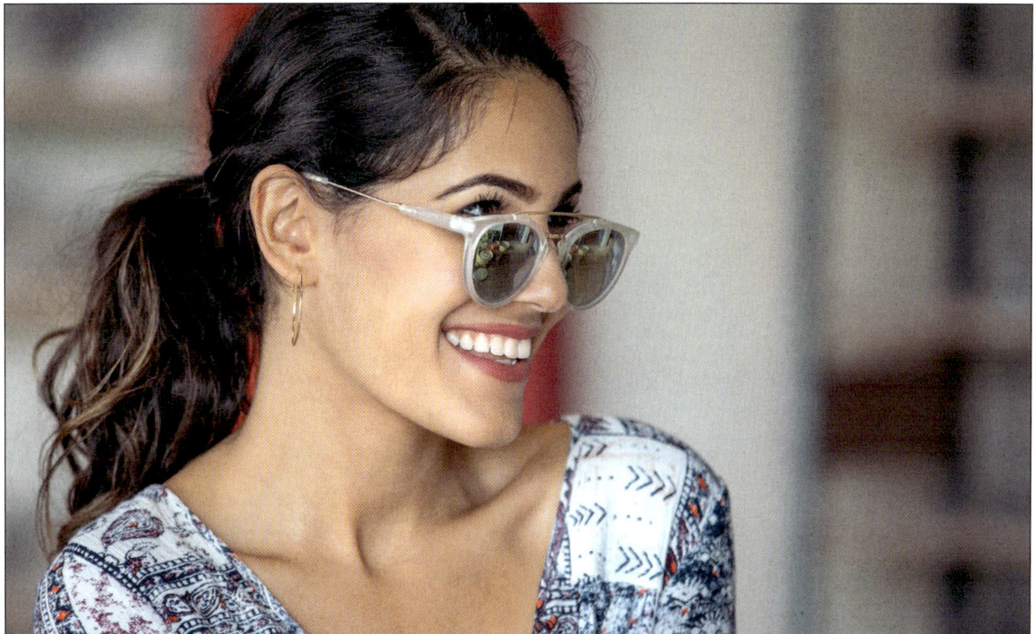

Wenn Ihr Modell aus dem Bild hinaus blickt, sollten Sie es keinesfalls an den Rand rücken. Geben Sie der Blicklinie genug Raum zur Entfaltung, wie im Bild oben gut zu sehen ist. Befinden sich die Augen zu nah am Bildrand, blicken sie gegen eine imaginäre Wand, was Unbehagen beim Betrachter erzeugen kann. Gleiches gilt für Sportler, Wildtiere oder Fahrzeuge in Bewegung: Lassen Sie in Lauf- oder Fahrtrichtung ausreichend Platz im Rahmen, da ansonsten die Dynamik durch die imaginäre Mauer des Bildrands verloren geht und sich beim Betrachter das Gefühl einschleicht, dass irgendetwas mit dem Bild nicht stimmt.

Glanzlichter in den Augen für eine lebendige Bildwirkung

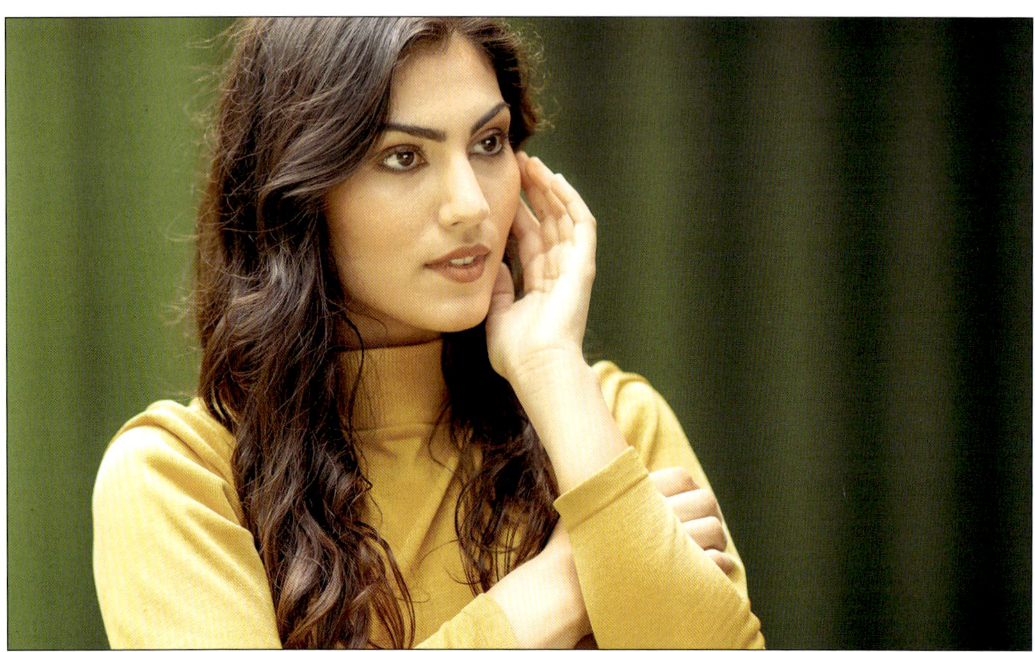

In den meisten Fällen reflektieren die Augen des Modells die Lichtquelle, mit der die Szene ausgeleuchtet wurde (wie Sie im Bild oben gut sehen können). Normalerweise handelt es sich um einen sehr kleinen, weißen Kreis auf oder nahe der Pupille. Auch bei Aufnahmen mit natürlichem Licht entstehen solche Reflexionen – sie stammen dann entweder von der Sonne oder von einem Reflektor, wenn die Person mit dem Rücken zur Sonne steht. Die winzigen weißen Punkte sind entscheidend für die Anmutung eines Porträts und seine Wirkung auf den Betrachter (im Englischen werden Glanzlichter treffend als »Catchlights« bezeichnet). Fehlen diese Reflexionen, wirken die Augen nicht lebendig. Sie sind so entscheidend für die Bildwirkung, dass ich sie bei Bedarf in Photoshop mit einem kleinen, weichen Pinsel nachretuschiere. Ich erzähle Ihnen das alles aus folgenden Gründen: a) damit Sie sich der enormen Bedeutung von Glanzlichtern beim Fotografieren auch bei natürlichem Licht bewusst werden, b) damit Sie während des Shootings auf Glanzlichter achten und das Modell bei Bedarf neu positionieren, bis die Lichtpunkte in den Augen erscheinen, und c) damit Sie fehlende Glanzlichter während der Nachbearbeitung hinzufügen. Einige Fotografen greifen sogar zu Reflektoren, auch wenn diese für die Ausleuchtung gar nicht nötig sind – allein deshalb, um damit Glanzlichter in den Augen zu erzeugen.

Ablenkende Hintergrundelemente vermeiden

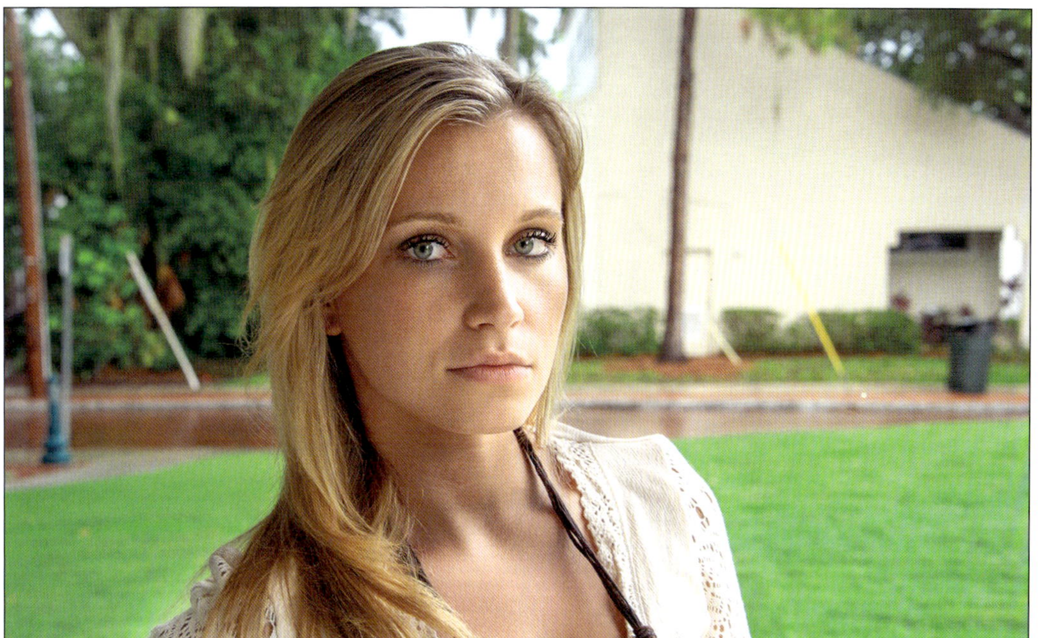

Sehen Sie im Bild oben die Mülltonne ganz rechts, den Telefonmast in der Mitte und das Schild ganz links? All dies zusammen ist ein unsauberer, vom Motiv ablenkender Hintergrund, wie er im Buch steht. Der berühmte Maler Henri Matisse hat es einmal so oder ähnlich auf den Punkt gebracht: Wenn etwas in einem Bild nichts zur Aussage des gesamten Bilds beiträgt, ist es lediglich dazu da, aus dem Bild entfernt zu werden. Der große Meister hat dies viel eloquenter ausgedrückt, doch die grundsätzliche Aussage trifft den Nagel auf den Kopf. Dieses »Zeug« im Hintergrund lenkt nur vom eigentlichen Motiv ab und sollte deshalb entfernt werden. Dazu haben Sie zwei Möglichkeiten: Entweder a) Sie positionieren das Modell an einer anderen Stelle oder b) Sie zoomen es bei weit geöffneter Blende heran, sodass sich die Objekte dank der Unschärfe in Farbflecke und Hell-Dunkel-Kontraste auflösen. Ein unruhiger Hintergrund mit klar erkennbaren Objekten kann ein Bild zerstören – deshalb rücken Sie ihn sprichwörtlich in den Hintergrund, sodass er auf visueller Ebene die Rolle spielt, die er verdient.

Halten Sie die Szene so einfach wie möglich

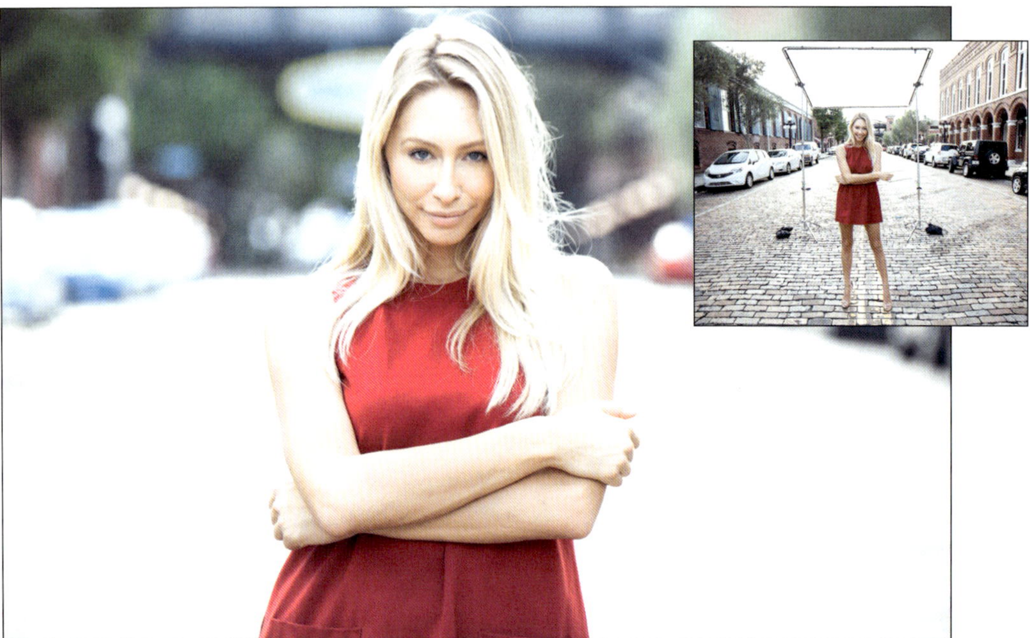

Der Grundsatz »Weniger ist mehr« gilt ganz besonders in der Porträtfotografie. Indem Sie eine Szene klar und einfach halten, schießen Sie bessere Porträts. Dabei spielt der Hintergrund, wie bereits auf der vorangegangenen Seite erwähnt, eine entscheidende Rolle: Zu viele eindeutig erkennbare Elemente sorgen für Unruhe im Bild und lenken den Blick des Betrachters weg vom Motiv. Dieser potenziellen Einsteiger-Falle wirken Sie am besten durch unscharfe Hintergründe mit Blende f/2.8, f/1.8 oder größer entgegen. Nicht das, was Sie einem Porträt hinzufügen, macht es zu einem guten Porträt, sondern das, was Sie weglassen. *Anmerkung:* Wie Sie im kleinen Szenenfoto rechts oben sehen können, fand das Shooting auf einer Straße mit vielen ablenkenden Elementen (Häusern, Pflastersteinen und Autos) statt. Deshalb habe ich die Aufnahme mit Blende f/2.8 und großer Brennweite gemacht, um den Hintergrund extrem abzusoften. Die wunderschöne, weiche Ausleuchtung entstand mithilfe eines großen Diffusors – mehr zu diesem sogenannten »Scrim« erfahren Sie auf Seite 63.

Helle Stellen im Hintergrund vermeiden

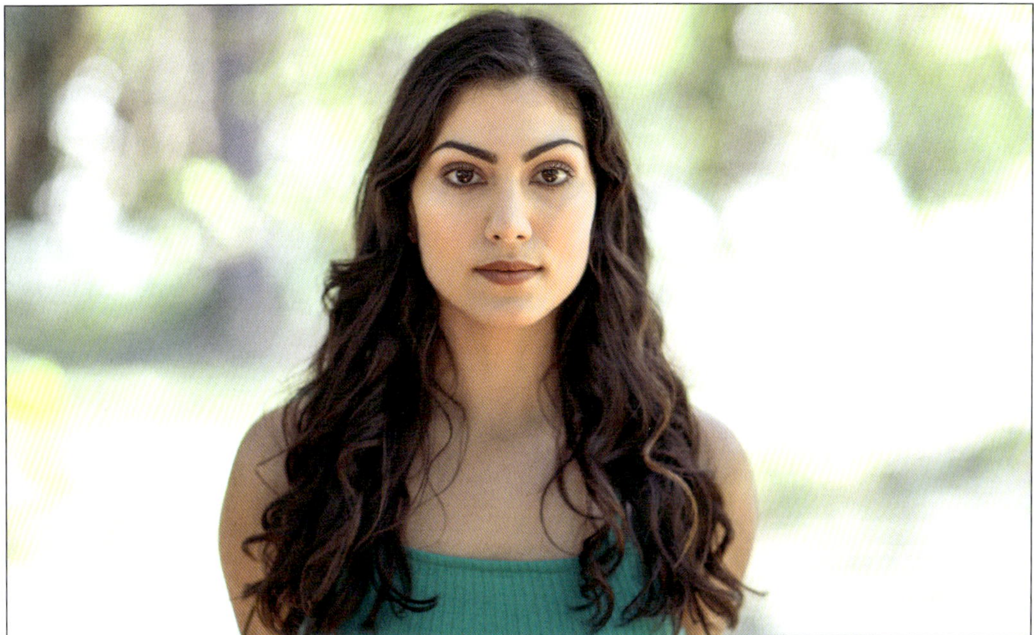

Ein häufig gemachter Fehler bei der Komposition eines Porträts sind viel zu helle Stellen im Hintergrund – auch dann, wenn dieser unscharf ist. Unser Auge wandert automatisch zunächst zur hellsten Stelle in einem Bild, bevor sich der Blick dem eigentlichen Motiv zuwendet. Diese unbewusste Ablenkung sollten Sie unbedingt verhindern.

Ganzkörperaufnahmen aus Unterperspektive

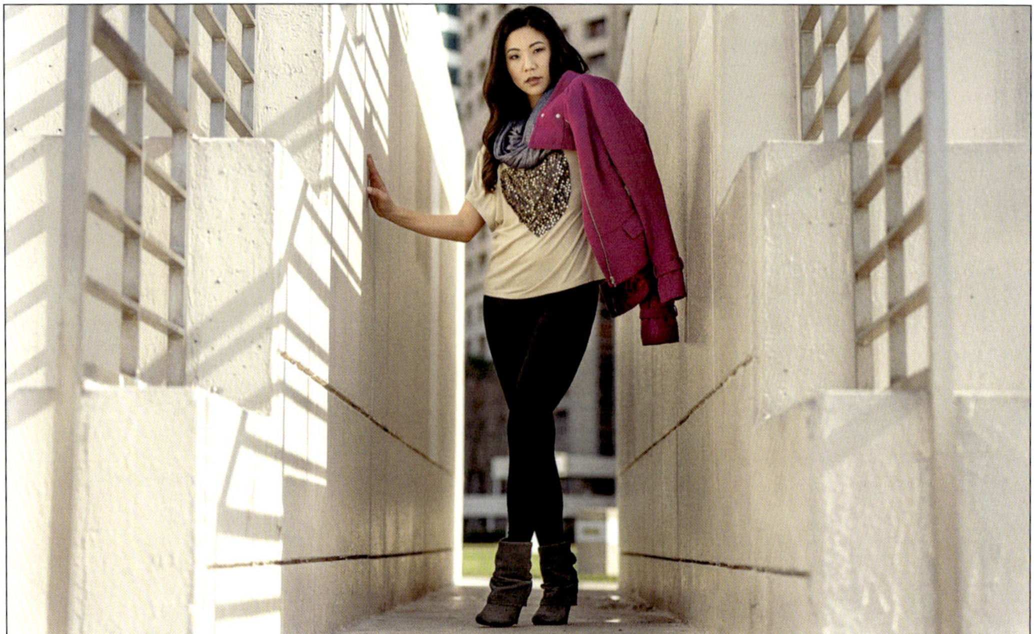

Für die richtige Perspektive und einen ansprechenden Look bei Ganzkörperaufnahmen empfiehlt sich ein niedriger Betrachtungswinkel. Diesen erhalten Fotografen, indem sie in die Hocke gehen, knien, sitzen oder sich im Schneidersitz auf den Boden hocken. Ich habe schon gesehen, dass Fotografen bäuchlings auf dem Boden fläzen, um aus diesem Winkel fotografieren zu können – so einen großen Unterschied macht er aus.

Aus etwas erhöhter Perspektive fotografieren

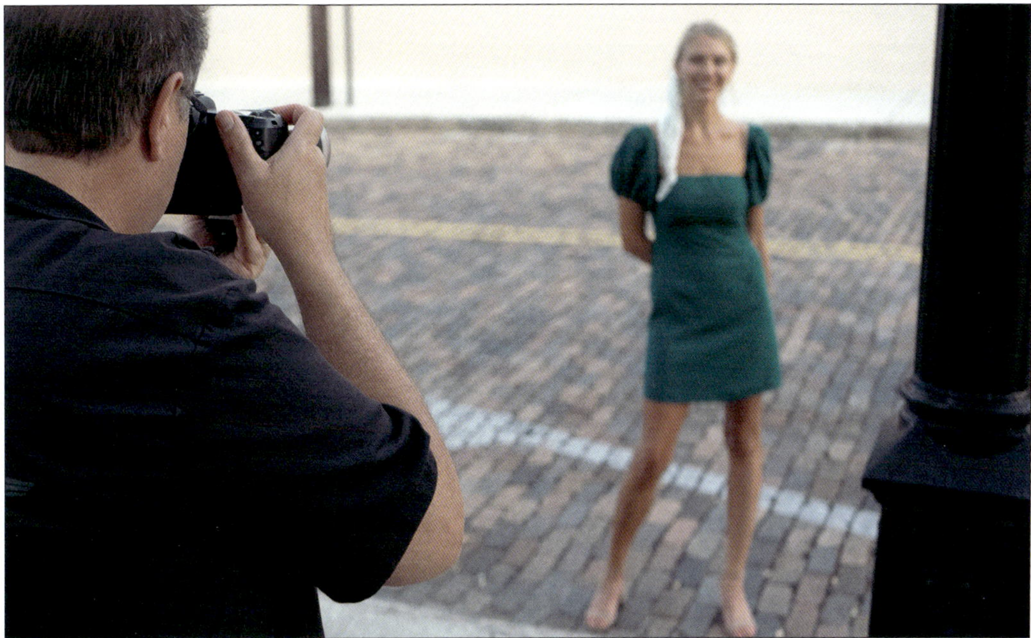

Ist Ihnen schon einmal aufgefallen, dass die besten Selfie-Fotografen ihr Handy bei der Aufnahme immer nach oben halten und zum Objektiv hinaufschauen? Der Grund hierfür ist ganz einfach: Sie sehen dadurch besser aus. Der geringfügig höhere Standpunkt der Kamera über Augenhöhe schmeichelt dem Motiv und akzentuiert die Kieferpartie. Darüber hinaus wird durch das Strecken des Kopfes nach oben die Haut in Gesicht und Hals geglättet. Der Unterschied ist deutlich sichtbar, weshalb viele Fotografen für Porträts einen etwas höheren Standpunkt bevorzugen. Steht das Modell, nutzen Fotografen diverse Hilfsmittel, um die Aufnahme von oben herab zu machen. Der Zubehörhersteller Matthews bietet beispielsweise überaus stabile Holzpodeste in verschiedenen Höhen an, die als *Apple Boxes* bezeichnet werden und auch bei großen Modellen einen erhöhten Blickwinkel ermöglichen. In der Szene oben stehe ich auf dem Bürgersteig, um mein hochgewachsenes und auch noch High Heels tragendes Modell um die entscheidenden Zentimeter zu überragen.

Schneiden Sie niemals Gelenke ab

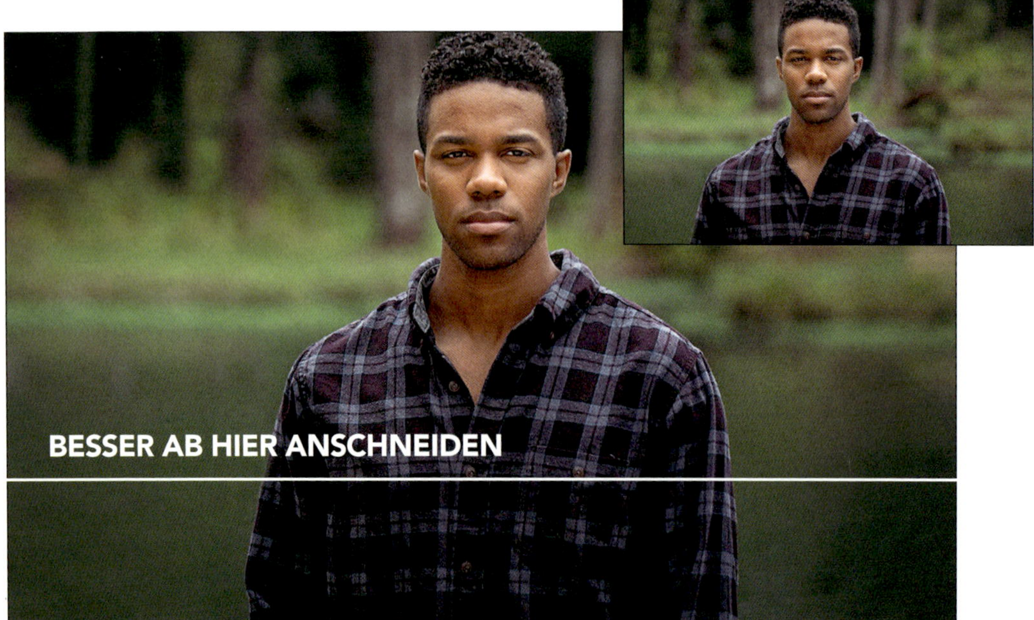

Was Sie beim Komponieren unbedingt vermeiden müssen, ist das Anschneiden der Gelenke Ihres Motivs – beispielsweise Ellbogen, Handgelenke oder Knie. Ein grober Schnitt durch ein Gelenk erzeugt beim Betrachter ein ungutes Gefühl, auch wenn er den Schnitt nicht bewusst wahrnimmt. Natürlich müssen Sie bei allen Porträts außer Ganzkörperaufnahmen eine Schnittlinie wählen – führt diese nicht durch Gelenke hindurch, haben Sie alles richtig gemacht. Betrachten Sie das große Bild oben: Es wurde viel zu weit unten im Bereich der Ellbogen angeschnitten und erzeugt damit irgendwie ein ungutes Gefühl. Die weiße Linie illustriert einen viel besseren Anschnitt, wie Sie am kleinen Bild rechts oben sehr gut erkennen können.

Trennen Sie nie die Füße des Modells ab

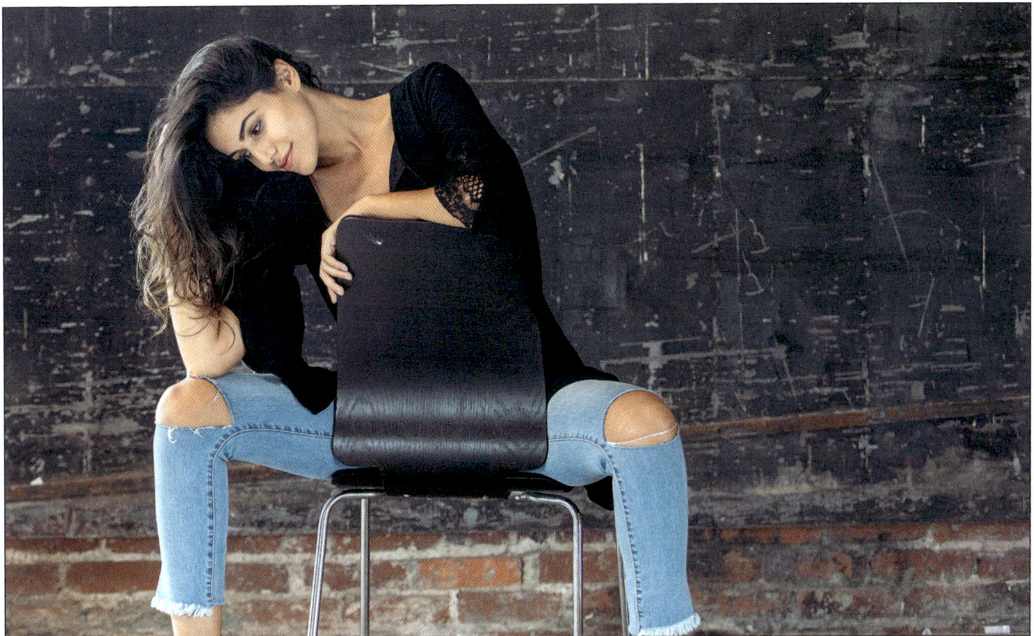

Die Füße sind weitere Körperteile, der keinesfalls durch einen falsch gewählten Ausschnitt »abgeschnitten« werden sollten. Wie bei den Gelenken führen auch solche harschen Schnitte zu einer unbewussten Irritation des Betrachters. Nicht selten kommen dann Bemerkungen wie: »Zu schade, dass du ihre Füße abgeschnitten hast!« Der doppelte Amputations-Look ist vermutlich das Letzte, was Ihnen vorschwebte. Deshalb belassen Sie die Füße entweder komplett sichtbar im Rahmen oder setzen die Schnittlinie weit weg von den Fußgelenken an den Waden – jedoch nicht zu nah an den Knien, wie Sie auf der vorangegangenen Seite gelernt haben!

Umgebungsporträts

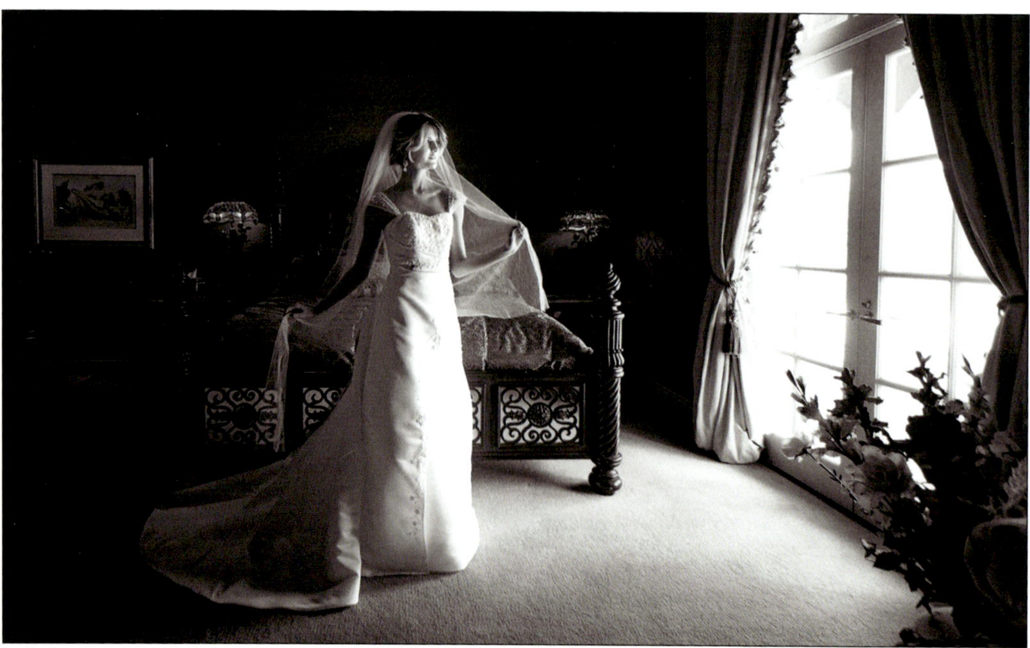

Meistens steht das Modell selbst im Mittelpunkt unserer Porträtaufnahmen – ganz nah herangeholt und durch die passende Objektivwahl schmeichelhaft in Szene gesetzt. Es gibt jedoch noch eine andere Art von Porträtfotografie, die im Fachjargon als »Environmental« bezeichnet wird und die – wie der englische Begriff schon vermuten lässt – die Umgebung mit ins Bild einbezieht. Durch die Verbindung des Motivs mit seiner Umgebung erzählen Sie eine größere Geschichte. Solche Porträts werden oft in Zeitschriften abgebildet, wo der Aufnahmeort eine entscheidende Rolle für den Inhalt des Beitrags spielt. Handelt dieser beispielsweise von einem Mechaniker, fotografieren Sie diesen in seiner Werkstatt, und seine Werkzeuge und die Autos im Hintergrund sind wichtige Elemente für die Story. In diesem Fall versuchen Sie nicht, das Motiv durch Unschärfe vom Hintergrund zu isolieren, sondern ihn vielmehr scharf abzubilden. Solche Aufnahmen beeinflussen auch die Wahl des Objektivs: eine Weitwinkel-Optik mit einer Brennweite zwischen 24 und 70 mm ist für solche Aufnahmen eine gute Wahl. Wir versuchen ja, ein Bild einzufangen, das eine Geschichte erzählt, und nicht nur ein schönes Porträt.

Kinder fotografieren

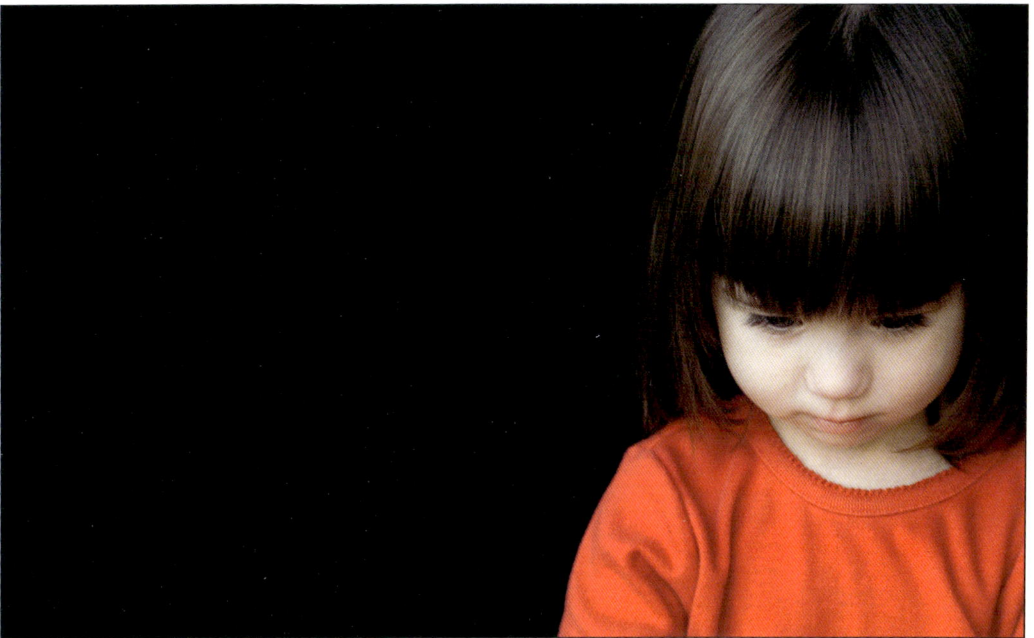

Möchten Sie Kinder fotografieren, sollten Sie für besonders gute Ergebnisse wie folgt vorgehen: Fotografieren Sie die Kleinen nicht aufrecht stehend von oben herab. Im Alltag nehmen wir Kinder stets von oben herab wahr, was natürlich im Größenunterschied begründet liegt. Diese Perspektive hilft uns allerdings nicht beim Einfangen wirklich ansprechender Porträtaufnahmen, denn so sehen wir Kinder ja die ganze Zeit. Möchten Sie wirklich packende Porträts von Kindern machen, gehen Sie einfach eine direkte Verbindung mit ihnen ein, indem Sie sich auf Augenhöhe mit ihnen begeben. Gehen Sie in die Knie oder setzen Sie sich auf den Boden, um den Größenunterschied zu eliminieren. Der Unterschied, den dieser einfache Perspektivwechsel für Ihre Kinderporträts ausmachen wird, ist jede Mühe wert.

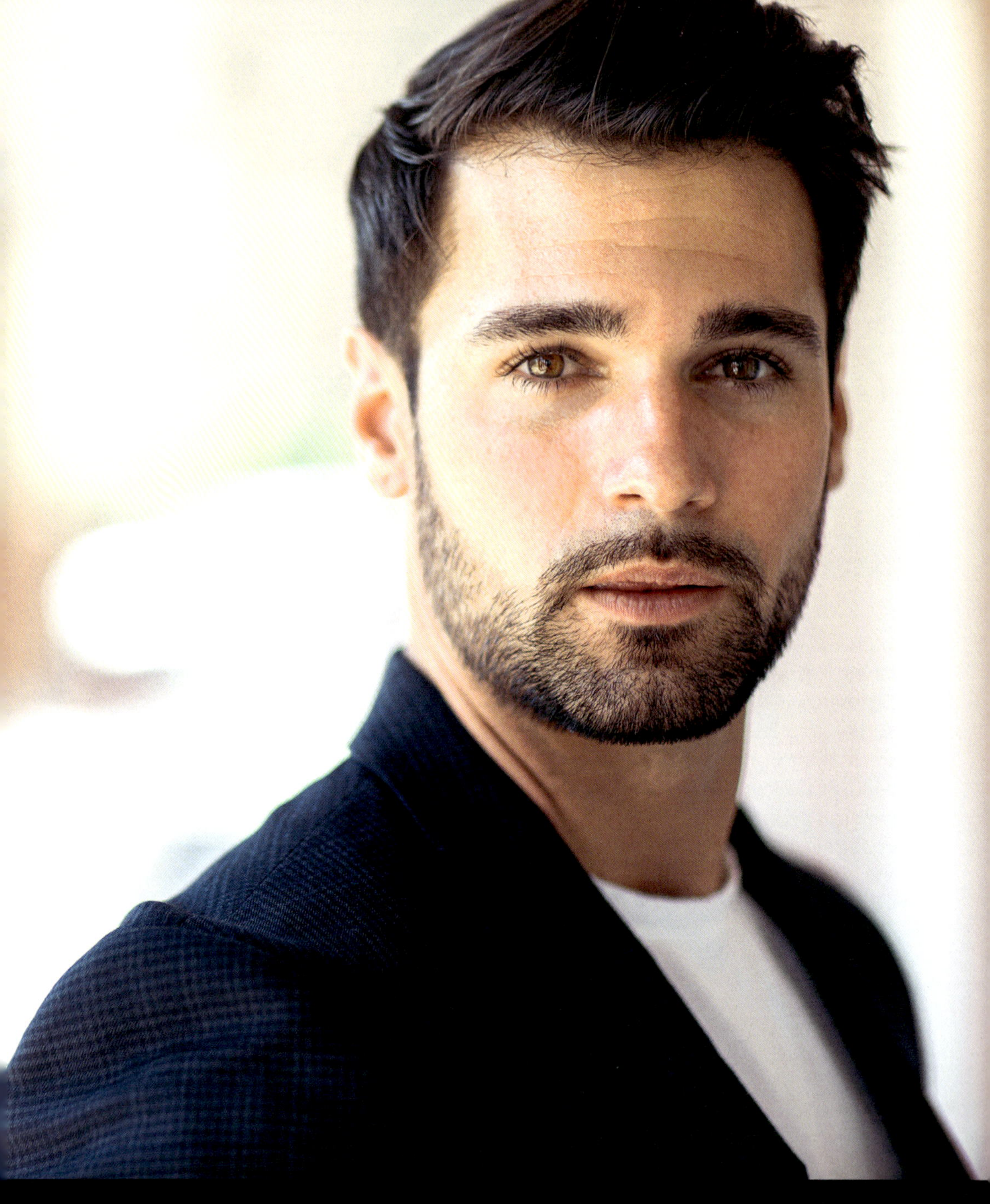

Posieren

Wie man zum Poser wird

Die Unterüberschrift »Wie man zum Poser wird« mag auf Sie irgendwie negativ wirken. Schauen Sie nochmal schnell hin – stand da nicht gerade noch »Wie man zum Loser wird«? Es ist nur ein vertauschter Buchstabe, doch er offenbart die Tragweite des Themas: Wenn Sie Ihr Modell nicht richtig posen lassen können, dann sind Sie ein ... Sie wissen schon. Wenn Sie nun denken: »Scott, ist das wieder diese Form von Liebe durch Anschreien, von der du in der letzten Einleitung gesprochen hast?«, dann liegen Sie ganz falsch. Ich bin einfach nur gemein und habe auch noch Spaß dabei. Diese Gemeinheiten lernen wir Autoren als allererstes. Sicher, die Privatjets machen Spaß, die durchgefeierten Raves und die speziellen Partys für Fotobuch-Autoren, auf denen sich zahllose Hollywood-Stars tummeln. Habe ich schon die Privatjets erwähnt? Nun, jeder Autor bekommt einen, wenn er einen Buchvertrag unterzeichnet. Einige von uns bekommen sogar zwei davon. Den zweiten können wir als Zielattrappe für die russischen SU-35-Jäger verwenden, die uns über internationalen Gewässern abfangen wollen, während wir auf dem Weg zu einer dieser mit Stars gespickten Autoren-Partys ... Ach – wem mache ich hier eigentlich was vor? Ich weiß und Sie wissen: es gibt keine Jets, keine Partys und auch keine Hollywood-Stars. Alles, was uns Autoren bleibt, ist unsere Leser zur Schnecke zu machen. Das ist unser Lohn für all das Blut, den Schweiß und die Tränen, die wir in unsere Bücher investieren (das und die Spinnräder und die angemalten Ponys). Aber zurück zum Anschreien: Wenn Sie nicht wissen, wie Sie Ihre Modelle posen lassen, werden diese so aussehen wie *Jabba the Hutt*. Warum wohl gibt es kein Porträt von dieser Kreatur? Sehen Sie. Lernen Sie, wie Sie Ihre Modelle posen lassen, und wenn das nicht klappt, posen Sie selbst – Instagram geht immer.

Was macht ein unvergessliches Porträt aus?

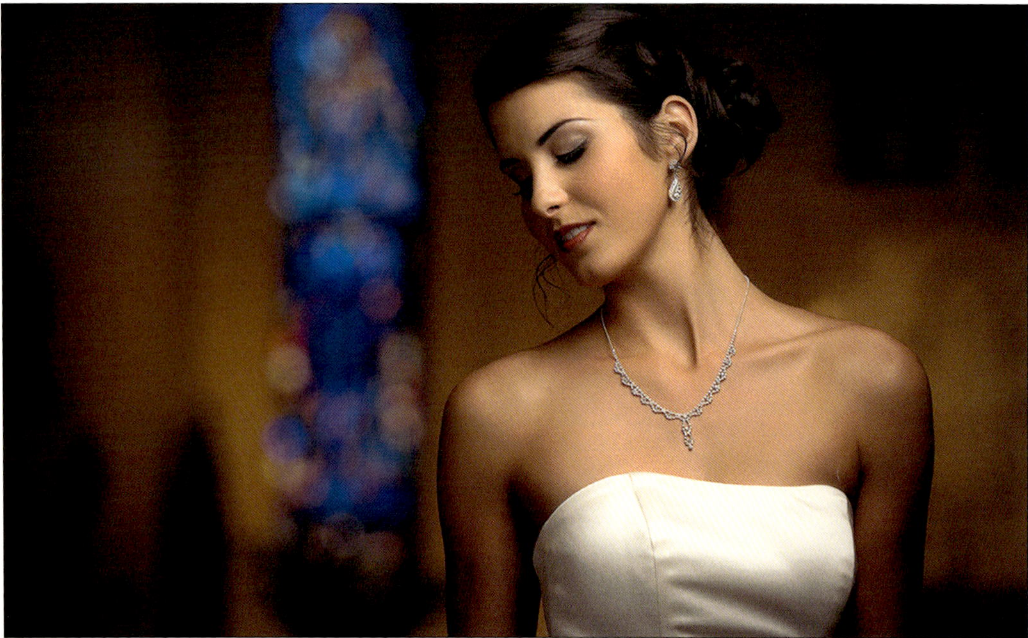

Einer der größten Fotografen unserer Zeit, Paul Caponigro, hat einmal gesagt: »Es gibt Bilder, die zeigen, wie eine Person aussieht. Und es gibt Porträts, die offenbaren, wer eine Person ist.« Damit hat er es auf den Punkt gebracht. Sie können an einer wunderschönen Location unter perfektem Licht eine überaus attraktive Person fotografieren – und dennoch nur ein höchst durchschnittliches Porträt erschaffen. Ein Bild der Kategorie »Hier siehst du, wer heute da war« statt »Hier siehst du, was diese Person ausmacht«. Großartige Porträts bilden nicht nur das Aussehen einer Person ab, sondern fangen ihren Geist, ihren Charakter und ihre Eigenschaften ein, sodass der Betrachter eine tiefe Verbindung zur gezeigten Person herstellen kann. Aus diesem Grund führen die besten Porträtfotografen umfangreiche Recherchen durch, bevor das Shooting beginnt. Damit lernen sie die betreffende Person in ihren Grundzügen bereits kennen, bevor sie ihr erstmals begegnen. Dank Facebook sind solche Nachforschungen leichter als je zuvor, sodass Sie sich vorab ein gutes Bild machen können. Doch ein persönliches Treffen und ein tiefgehendes Gespräch lassen sich durch nichts ersetzen. Indem Sie von Angesicht zu Angesicht einige Zeit mit Ihrem Modell verbringen, lernen Sie die Person viel besser kennen und finden viel über ihre Charakterzüge heraus. Dies spiegelt sich anschließend in der Güte Ihrer Porträtaufnahmen wider. Deshalb sollten Sie sich viel Zeit nehmen – ein oberflächlicher Small Talk, hektische Vorbereitungen und das rasche Abspulen von Posen führen nur selten zu guten Ergebnissen.

Mit fotogenen (und weniger fotogenen) Menschen arbeiten

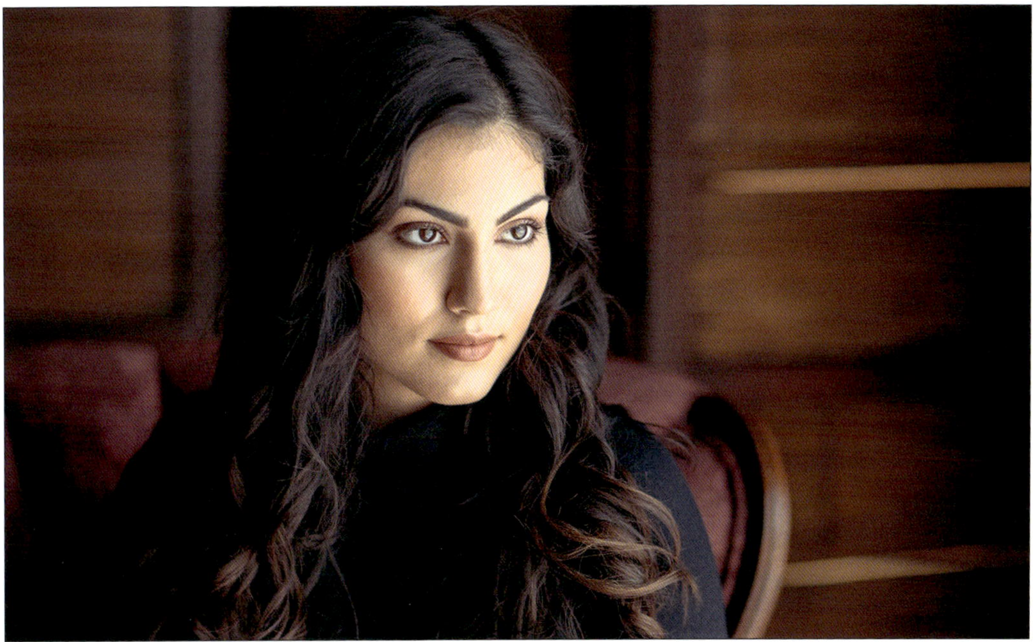

Es gibt Menschen mit dieser besonderen Physiognomie, wie gemacht für Kamera und Licht, und sie sind so fotogen, dass man von ihnen eigentlich gar kein schlechtes Foto machen kann. Wir alle kennen solche Menschen – selbst wenn sie vor dem Objektiv nur rumblödeln, sehen sie immer noch großartig aus. Wenn Sie das Glück haben, solch einen Menschen vor die Linse zu bekommen, werden Sie ohne große Anstrengung schöne Porträtaufnahmen machen und denken: »Hey, ich bin schon ganz schön gut!« Auf der anderen Seite gibt es jene Menschen, die sehr attraktiv aussehen, aber aus irgendeinem Grund überhaupt nicht fotogen sind. Fotografieren Sie so jemanden, werden Sie nach dem Shooting vielleicht denken: »So ein schönes Modell und meine Bilder sind alle total mau – ich kann das einfach nicht.« Sie müssen sich stets darüber im Klaren sein, dass ein fotogenes Modell einen Großteil Ihres Erfolgs in der Porträtfotografie ausmacht. Was Sie ebenfalls im Hinterkopf behalten sollten, ist die Tatsache, dass gutes Aussehen allein nicht zwangsläufig zu schönen Porträts führt. Ich sage Ihnen das, um Ihnen Frust beim Fotografieren zu ersparen. Wenn Sie von Ihrem Cousin Kevin partout kein schönes Bild in den Kasten kriegen, muss das nicht an Ihren fotografischen Fähigkeiten liegen – es kann einfach sein, dass die Struktur und Ausprägung der Knochen in Kevins Gesicht schlichtweg unvorteilhaft für die Verteilung des Lichts sind. Suchen Sie stets nach Personen, die auf Schnappschüssen gut aussehen – in der Porträt-Session werden Sie mit diesen Menschen überragende Aufnahmen machen. Dieser Umstand ist in der Porträtfotografie wichtiger, als viele denken.

Einen Posen-Katalog aufbauen

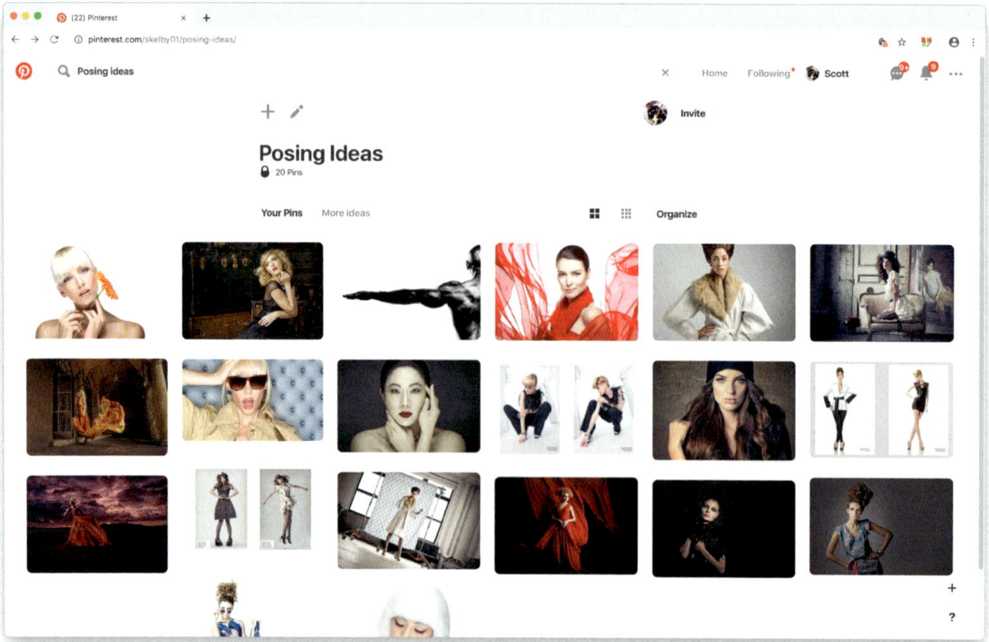

Eines der besten Features von Pinterest sind die privaten Bereiche, in denen Sie Bilder aus dem Internet ablegen können, ohne dass jemand anders sie sieht. Ich selbst habe einige dieser Kataloge angelegt und mit interessanten Posen gefüllt – deshalb empfehle ich Ihnen, es mir gleichzutun. Wenn Sie im Web surfen und auf interessante Posen stoßen, speichern Sie das Bild ganz einfach in Ihrem Ideen-Board auf Pinterest. Praktisch: Mit der Pinterest-App können Sie auch per Handy auf Ihre Ideensammlungen zugreifen – gut zur schnellen Inspiration während eines Shootings. Da Sie mehrere verschiedene Kataloge anlegen können, lassen sich die Bilder problemlos unterschiedlichen Kategorien zuordnen, z. B. »Außenaufnahmen«, »Gesichter«, »Familien«, »Paare« usw. Das hilft Ihnen ungemein bei der Recherche vor dem Shooting und beim Nachschlagen während der Porträt-Session.

Eine Beziehung zum Modell aufbauen

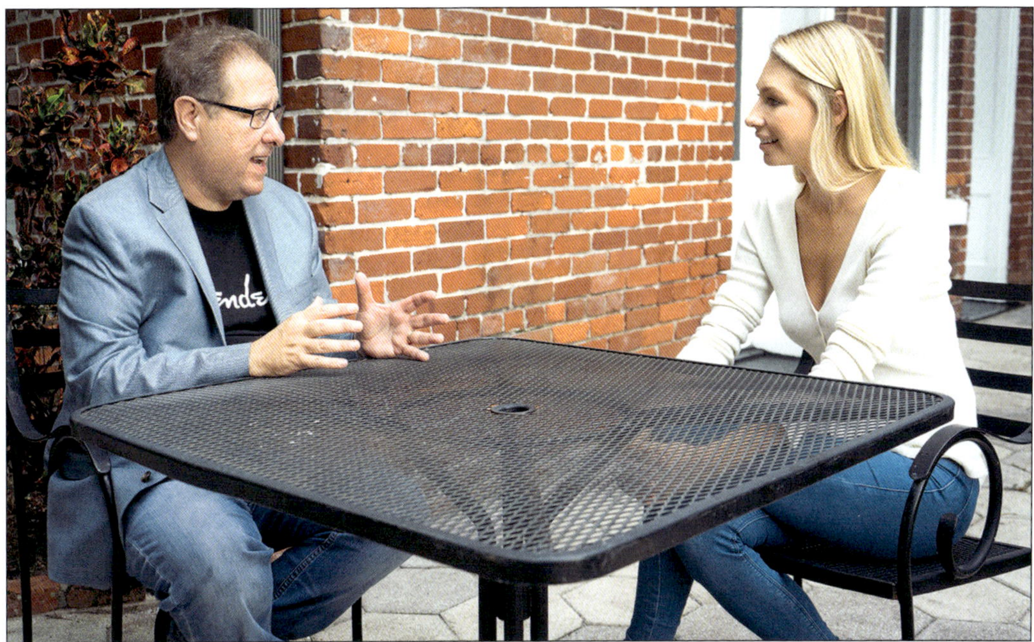

Statt beim Eintreffen des Modells gleich zur Kamera zu greifen und loszulegen, sollten Sie sich ein wenig Zeit für eine Vorbesprechung nehmen. Plaudern Sie mit der Person, um sie besser kennenzulernen. Finden Sie ihre Vorlieben heraus – Familie? Sport? Beruf? Haustiere? Musikgeschmack? Lieblingsfilme? Menschen lieben es, über solche Dinge zu reden, und entspannen sich dabei. Kaffee ist immer ein hervorragendes Thema – jeder kann über Kaffee sprechen. Kritische Themen wie Politik und Religion meide ich: Offenbaren sich hier unterschiedliche Ansichten zwischen Ihnen und Ihrem Modell, kann das zu Spannungen führen, die das nachfolgende Shooting erschweren. Die mit Ihrem Gegenüber verbrachte Zeit ist eine gute Investition für den Erfolg Ihres Shootings. Ihr Modell entspannt sich beim Gespräch, Sie können sich ein wenig beschnuppern und im besten Fall eine gesunde Beziehung zueinander aufbauen. Unterschätzen Sie niemals den positiven Einfluss eines solchen Gesprächs auf die Qualität der Fotos.

Das passende Outfit für die ersten Bilder

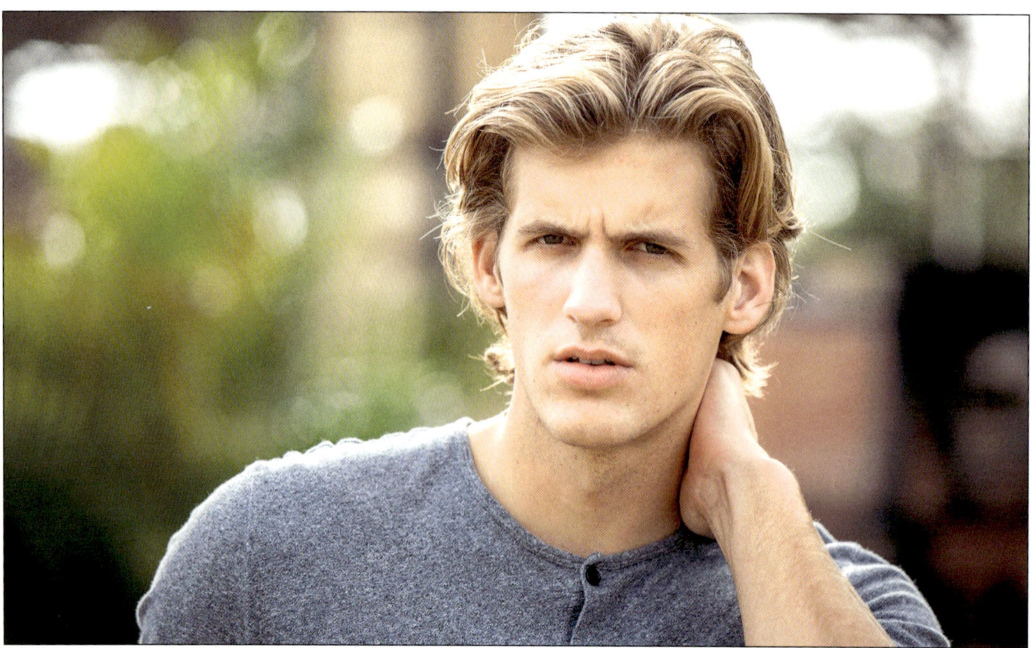

Folgenden Trick nutze ich bereits seit Jahren, und er funktioniert perfekt. Oft bringen meine Modelle mehrere Outfits zum Shooting mit – professionelle Modelle tauchen mit ihrer ganzen Garderobe auf. Für die ersten Aufnahmen entscheide ich mich entweder für jenes Outfit, das mir selbst am wenigsten gefällt, oder für die Kleidung, die dem Modell am wenigsten zusagt. Warum? Während der ersten Minuten des Shootings sind sowohl mein Modell als auch ich selbst noch »eiskalt« und müssen zunächst einmal warm werden. Das Modell fühlt sich noch nicht richtig wohl in seiner Rolle und agiert entsprechend hölzern. Rund 15 bis 20 Minuten nach Beginn des Shootings haben wir uns beide warmgelaufen, eine Verbindung zueinander aufgebaut und fühlen uns viel besser. Nun ist es an der Zeit, zu den schönen Outfits zu wechseln und viel bessere Resultate zu erzielen. Merke: Verbraten Sie nie die schönsten Klamotten gleich zu Beginn der Session, wenn Sie beide noch kalt wie ein Eisblock sind – warten Sie ab, bevor Sie zum besten Outfit greifen.

Begutachten Sie Ihre Fotos fünf Minuten nach der ersten Aufnahme

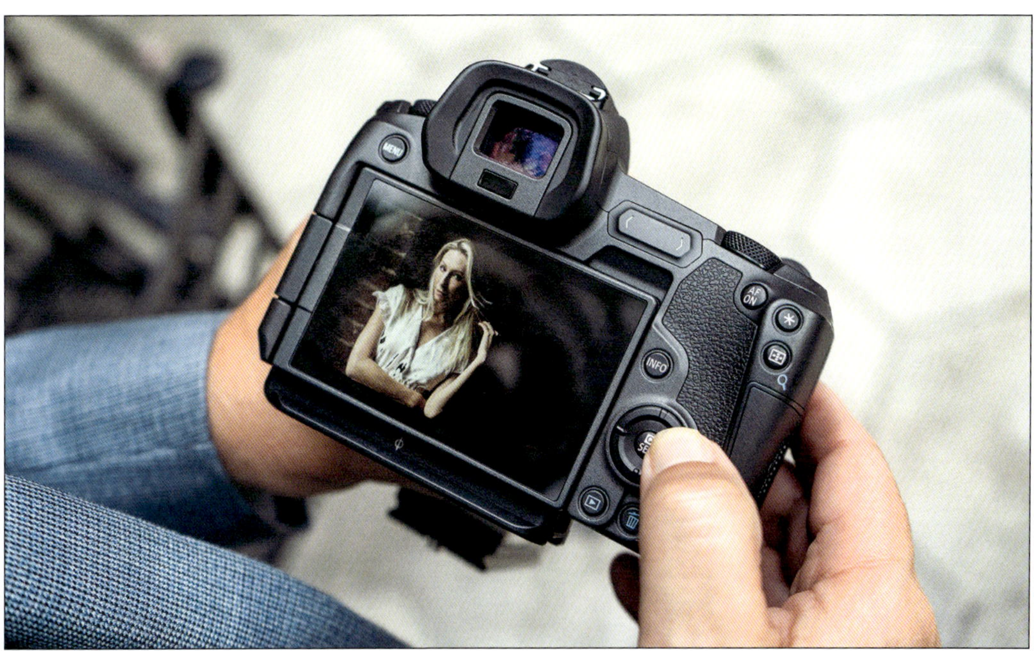

Um mehr potenziell gute Bilder auf die Speicherkarte zu bekommen, sollten Sie diesen Trick anwenden, den ich selbst auf die harte Tour lernen musste: Etwa fünf Minuten nach den ersten Aufnahmen sollten Sie eine Pause einlegen und die bis dahin entstandenen Bilder begutachten. Dabei suche ich nach unvorteilhafter Mimik meines Modells, die ihm vielleicht nicht mal bewusst ist. Was besonders oft vorkommt, sind Personen, die nicht lächeln, sondern grinsen. Oder mir ein so breites Lächeln schenken, dass man ihr Zahnfleisch sieht. Diese in Fachkreisen als »Gummy Smile« bezeichnete Problematik wollen Sie nicht erst nach 150 Aufnahmen entdecken, sondern gleich zu Beginn des Shootings. Denn in letzterem Fall können Sie aktiv gegensteuern und Ihr Modell anweisen, etwas weniger breit zu lächeln. In der Folge haben Sie vielleicht 10 Aufnahmen mit Zahnfleisch-Lächeln, gefolgt von 140 gelungenen Bildern mit einem dezenten Lächeln. Übrigens: Formulieren Sie Ihre Wünsche so diplomatisch wie möglich. Wenn Sie Ihrem Modell direkt ins Gesicht sagen, dass es ein »Gummy Smile« hat, wird es entweder wütend oder verunsichert. Dirigieren Sie es ganz sanft und mit zurückhaltender Wortwahl in die entsprechende Richtung, und Sie werden sich am Ende über eine größere Ausbeute an verwertbaren Aufnahmen freuen.

Zwischen den Posen fotografieren

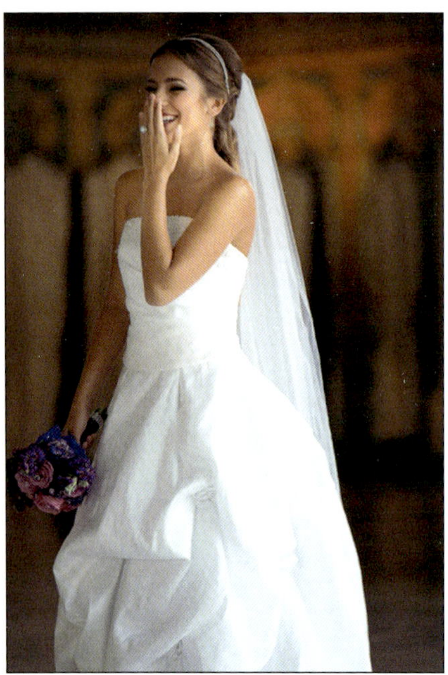

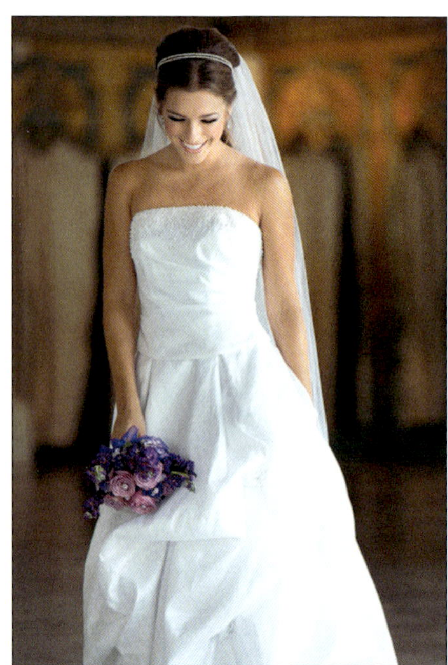

In diesem Kapitel dreht sich alles ums Posieren – und gutes Posing kann Menschen wirklich äußerst vorteilhaft aussehen lassen. Wenn Sie allerdings die Leute nach ihren Lieblingsporträts fragen, sind das meist jene Aufnahmen, die ganz natürlich und überhaupt nicht gestellt wirken. Mit dem folgenden Trick erhalte ich einen wirklich authentischen Ausdruck: Ich lasse mein Modell eine Zeit lang posieren (im Zeitalter von Instagram haben sich viele Menschen bestimmte Posen angeeignet, mit denen sie sich wohlfühlen). Dann versuche ich, jene Szenen einzufangen, die zwischen den Posen entstehen, während ich mit dem Modell rede. Wie ich Ihnen auf Seite 103 verraten habe, versuche im Rahmen eines Vorgesprächs herauszufinden, für welche Themen sich mein Gegenüber begeistern kann – nutzen Sie dieses Wissen zu Ihrem Vorteil. Halten Sie während des Gesprächs das Auge am Sucher und drücken Sie zwischen den Posen ab, um echte Emotionen einzufangen. Oft entstehen die besten Aufnahmen einer Serie während solcher Posingpausen (sprechen Sie das mal laut aus!).

Eindeutige Posinganweisungen geben

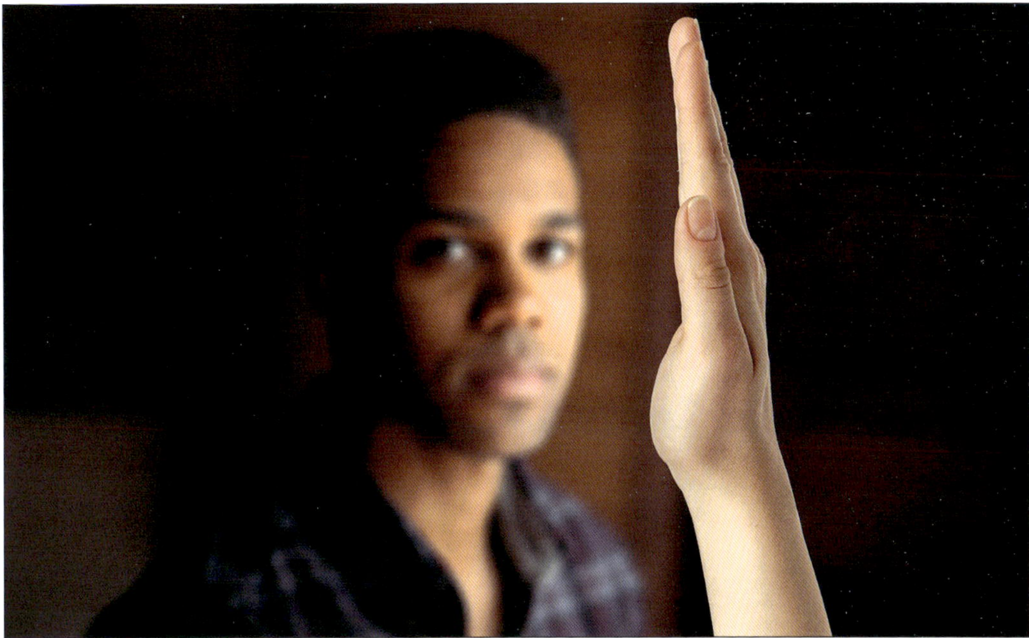

Wenn Sie mit Ihrer Kamera vor dem Modell stehen, dann ist das so, als würden Sie vor einem Spiegel stehen. Alles ist spiegelverkehrt: Die rechte Seite Ihres Modells ist von Ihnen aus gesehen links, während Ihre linke Seite für Ihr Gegenüber rechts ist. Ein gesprochenes Kommando wie: »Beweg dich ein wenig nach links«, kann deshalb bewirken, dass sich Ihr Modell von Ihnen aus gesehen nach rechts bewegt. In diesem Fall müssen Sie Ihr Modell korrigieren, und weder Sie noch Ihr Modell fühlen sich gut dabei. Aus diesem Grund empfehle ich den Verzicht auf »Links« oder »Rechts« während des gesamten Shootings. Stattdessen halten Sie Ihre Hand gerade nach oben und geben damit visuelle Richtungsanweisungen. Bewegen Sie Ihre Hand ganz einfach in die gewünschte Richtung und fragen Sie: »Kannst du dich ein wenig in diese Richtung bewegen?« Auf diese Weise sind natürlich auch weitere Kommandos möglich, beispielsweise nach vorne oder hinten gehen, den Kopf drehen oder das Kinn heben. Bewegt sich Ihr Modell dennoch in die falsche Richtung, dann haben Sie ein Problem, das sich nicht ohne Weiteres lösen lässt ... Doch ich schweife ab. Die Methode der Richtungskontrolle mit der Hand eignet sich auch sehr gut für Sessions mit kleinen Kindern, die noch nicht rechts von links unterscheiden können. In jedem Fall vermeiden Sie mit dieser Technik typische Kommunikationsprobleme, die sich überaus negativ auf die Stimmung während des Shootings auswirken können.

Direkt in die Kamera blicken

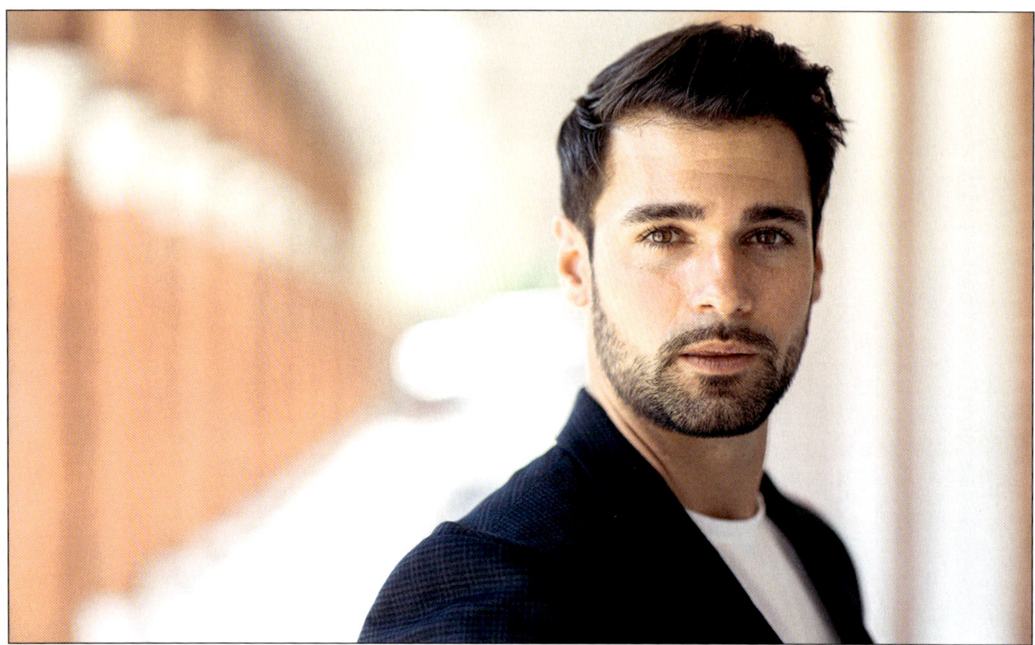

Für die Blickrichtung des Modells gibt es zwei grundlegend verschiedene Varianten, die einen starken Einfluss auf den Gesamteindruck eines Porträts haben: Entweder blickt die Person direkt in die Kamera oder sie schaut weg. Der direkte Blick in die Kamera ist die häufiger verwendete Option, da die Person auf diese Weise den Betrachter ansieht und damit eine visuelle und emotionale Bindung herstellt. Ein solcher Augenkontakt sorgt für eine sehr intime Bildwirkung. Des Weiteren wird durch den Blick in die Kamera visualisiert, dass sich das Modell darüber im Klaren ist, dass es gerade fotografiert wird. Je nach Gesichtsausdruck kann ein solcher direkter Augenkontakt Stimmungen und Emotionen wie Freude, Glück, Traurigkeit, Aggression oder Zuneigung ausdrücken. Deshalb bietet der direkte Blick ins Objektiv weitaus mehr Ausdrucksmöglichkeiten für verschiedene Bildwirkungen.

Von der Kamera wegsehen

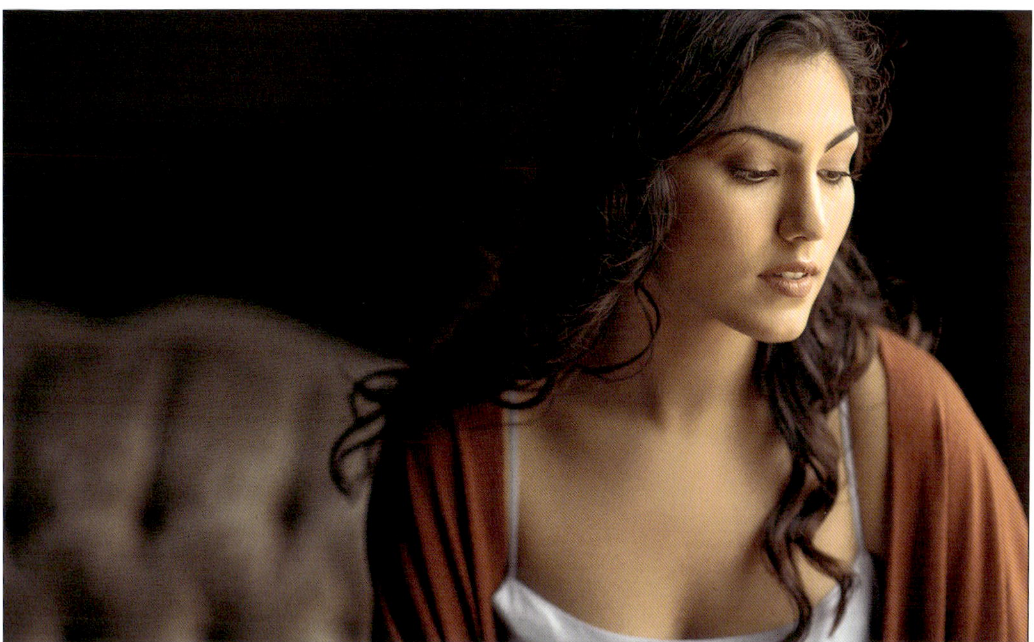

Wenn Sie Ihr Modell von der Kamera wegsehen lassen, erzählen Sie eine komplett andere Geschichte. Der Betrachter wird sich fragen, wohin der Blick des Motivs gerade fällt. Ist die Person einfach nur gedankenverloren, oder passiert etwas außerhalb des Bildrahmens, das ihre Aufmerksamkeit erregt? Dieses dezent geheimnisvolle Detail eignet sich hervorragend zum Geschichtenerzählen. Der Blick weg vom Objektiv erzeugt weniger Intimität und stellt keine direkte Verbindung zum Betrachter her. Auf der anderen Seite wirkt eine solche Aufnahme natürlicher, zufälliger und weniger gestellt. Der Blick weg vom Objektiv ist besonders beliebt bei Modeaufnahmen. Wenn Sie also einen eher »fashiony« Look wünschen (ich bin mir nicht sicher, ob es das Wort »fashiony« überhaupt gibt), lassen Sie Ihr Modell von der Kamera wegsehen.

Die Augen machen den Unterschied

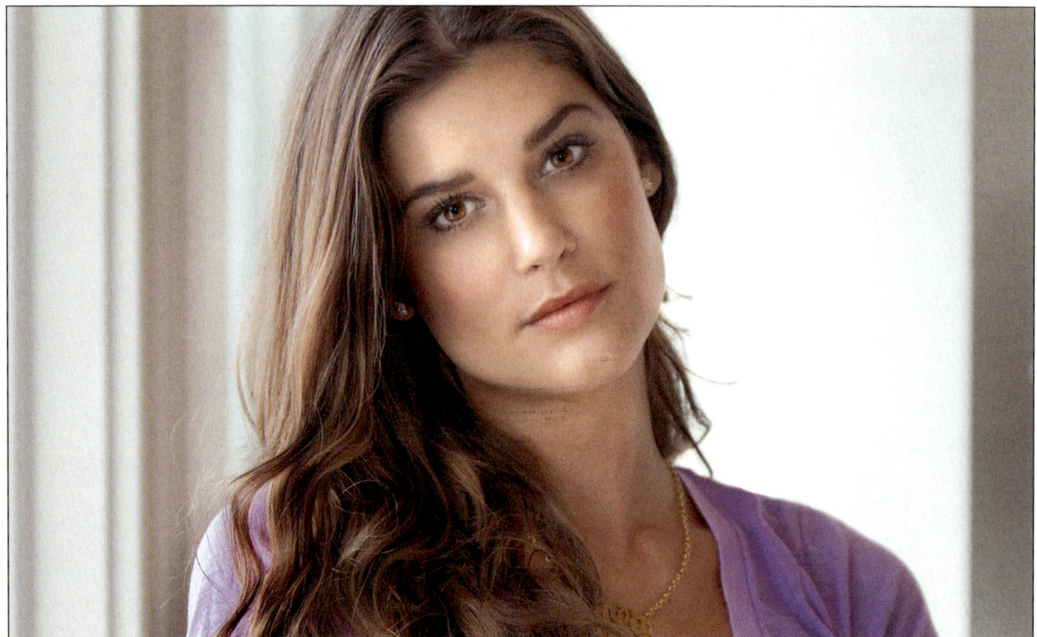

Wenn es um Ausdruck und Emotion in Porträts geht, spielen die Augen des Modells die wichtigste Rolle. Natürlich tragen auch Augenbrauen und Lippen zum Gesamteindruck bei, doch die Augen transportieren Emotionen und Stimmungen am eindringlichsten. Das ist einer der Gründe dafür, dass die Augenpartie stets gut ausgeleuchtet und vor allem im Fokus sein sollte. Stellen Sie deshalb unbedingt auf die Augen scharf, wie Sie in Kapitel 2 gelernt haben, denn die Augen machen den Unterschied zwischen einer guten und einer schlechten Porträtaufnahme.

Vermeiden Sie zu viel Weiß in den Augen

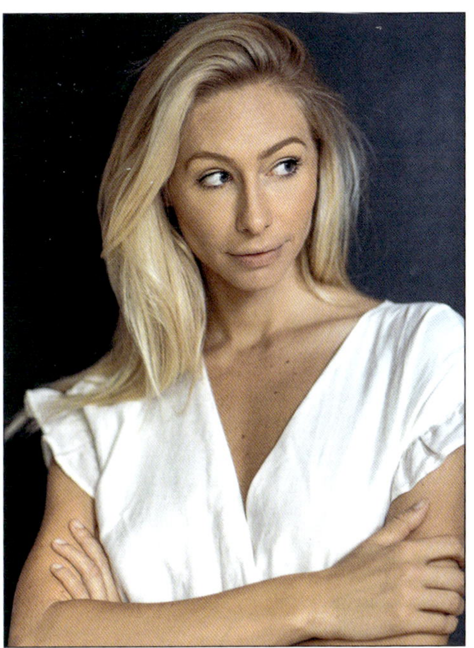

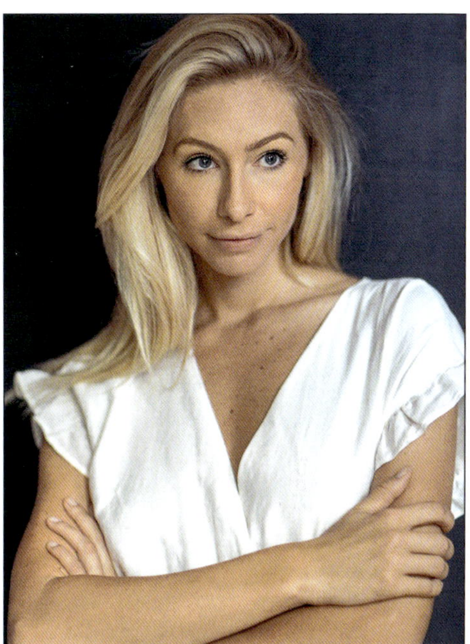

Wenn Ihr Modell von der Kamera wegsieht, müssen Sie darauf achten, dass nicht zu viel Weiß in seinen Augen sichtbar wird. Idealerweise dominieren Iris und Pupille in einem Porträt, während das Weiß nur einen sehr geringen Raum einnimmt. Mit folgender Technik verhindere ich einen zu hohen Weißanteil in den Augen des Modells: Ich halte meine Hand ausgestreckt von meinem Körper weg und bitte mein Modell, mit seinem Blick der Hand zu folgen. Auf diese Weise verhindere ich, dass der Blick zu weit in eine Richtung schweift und in der Folge zu viel Weiß des Augapfels sichtbar wird.

Runde Gesichtsform abmildern

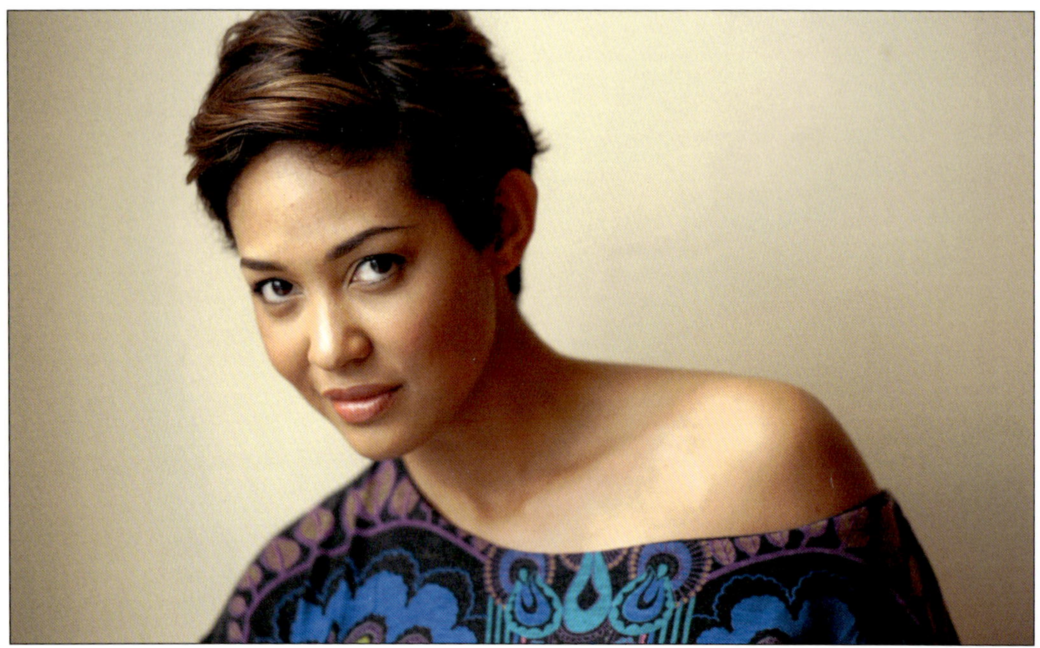

Die meisten Menschen haben ein eher rundliches Gesicht. Es gibt eine einfache Lösung, um die Rundungen etwas abzumildern und das Modell dadurch schmeichelhafter in Szene zu setzen. Die Lösung heißt »kurzes Licht«. Dabei fotografieren Sie die vom Licht abgewandte Seite des Gesichts, sodass die gut ausgeleuchtete Seite weiter vom Objektiv entfernt ist. Im Bild oben kommt das Licht von einem Fenster am linken Bildrand, sodass die von der Kamera abgewandte Gesichtshälfte gut ausgeleuchtet ist. Die der Kamera am nächsten liegende Gesichtshälfte (von uns aus gesehen rechts) liegt im Schatten, wodurch das Gesicht länger und damit schlanker wirkt. Im Grunde bevorzuge ich diese Art der Ausleuchtung bei all meinen Modellen, unabhängig von ihrer Gesichtsform – in meinen Augen sieht dabei jeder besser aus, und ich stehe nun mal auf ausgeprägte Schatten in meinen Bildern. Natürlich ist oft eine gleichmäßigere Ausleuchtung erwünscht, um das Gesicht runder und breiter erscheinen zu lassen. Dabei sprechen wir von – Sie ahnen es – »langem Licht« (siehe nächste Seite).

Längliche Gesichtsform kaschieren

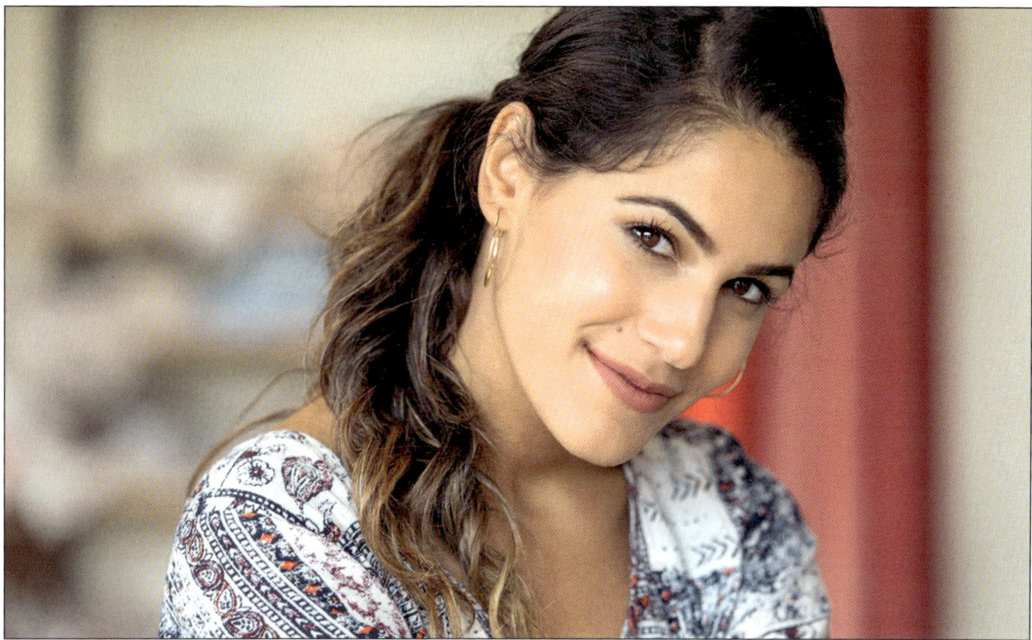

Längliche, schlanke Gesichter machen Sie fülliger und runder, indem Sie die dem Licht zugewandte Seite fotografieren. Im Bild oben befindet sich die Lichtquelle (ein Fenster) auf der linken Seite, während das Modell seinen Kopf leicht davon wegneigt. Dadurch wird die näher am Objektiv befindliche Gesichtshälfte gut ausgeleuchtet. Diese als »langes Licht« bezeichnete Technik nutzt den Lichtverlauf dazu, das Gesicht voller und runder erscheinen zu lassen. Im Beispielbild liegt die entfernte Seite des Gesichts im Schatten, was zum gewünschten Effekt führt.

Peter Hurleys berühmter Kieferpartie-Trick

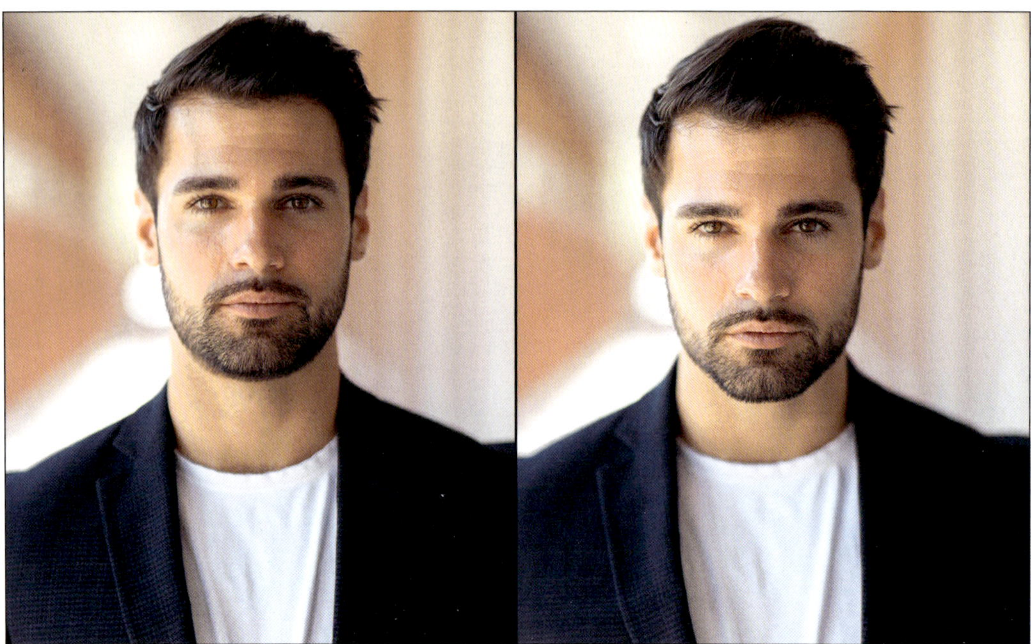

Der bekannte New Yorker Porträtfotograf Peter Hurley hat im Jahre 2012 auf meinem Fotografie-Blog (*scottkelby.com*) ein Video präsentiert. Der Clip trug den Namen »Alles dreht sich ums Kinn!« und präsentierte eine Technik, die wahre Wunder wirkt: Die Haut wird gestrafft, die Kieferpartie gestärkt und jede Art von Doppelkinn verschwindet. Das Video ging viral und generierte Millionen von Klicks, was Peter zu einem Auftritt in der *Today Show* verhalf, wo er den Zuschauern beibrachte, wie jeder auf einem Foto besser aussehen kann. Ich habe diese Technik natürlich aufgegriffen und gebe sie allzu gern an meine Leser weiter, da sie einen gewaltigen Unterschied ausmacht. Das Modell muss dabei seine Stirn nach vorne und sein Kinn nach unten bewegen (ähnlich wie eine Schildkröte). Beim ersten Mal kommen sich die Modelle etwas komisch dabei vor, doch spätestens dann, wenn sie die Unterschiede zwischen den Aufnahmen gesehen haben, setzen sie diese Technik bei jedem Foto bereitwillig ein. Mein Dank geht an Peter Hurley, dass er uns alle auf diesen genialen Trick gebracht hat.

Kinn senken für schönere Augen (und mehr)

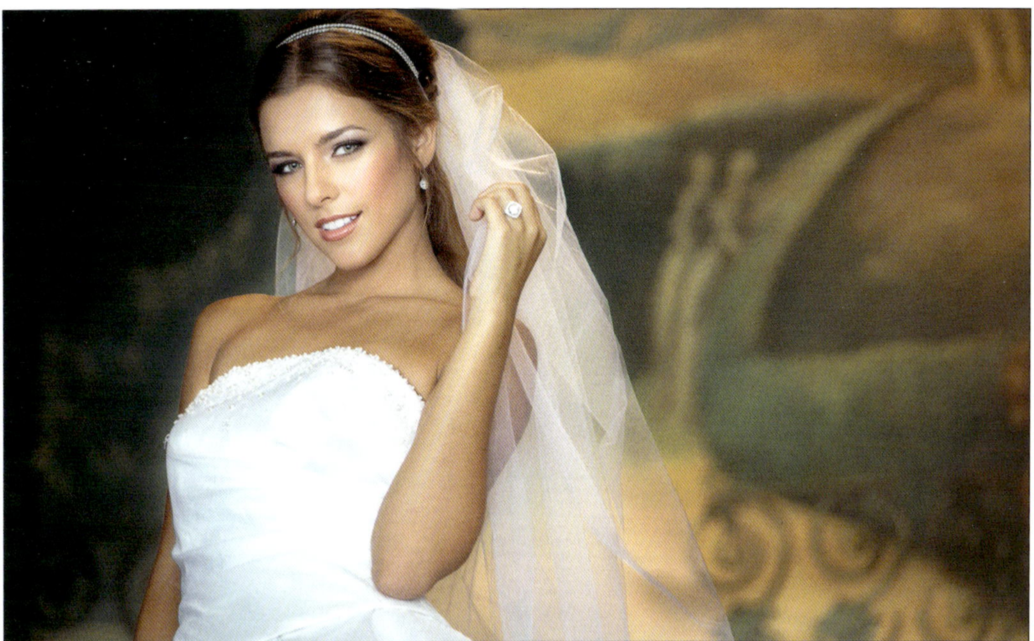

Wenn Ihr Modell das Kinn nach unten senkt, passieren mehrere wichtige Dinge gleichzeitig. Zunächst einmal wirken die Augen größer und breiter, wodurch sie einfach nur besser aussehen. Allein diese Wirkung rechtfertigt die Anweisung »Bewege dein Kinn ein wenig nach unten«. Doch es gibt noch einen weiteren großen Vorteil. Bei erhobenem Kinn werden die Nasenlöcher betont, was diesen mehr Aufmerksamkeit verschafft, als sie verdienen – wer schaut schon gerne in zwei große, schwarze Löcher mitten im Gesicht? Das Senken der Kinnpartie verhindert ein solches »Nüsterngesicht« (existiert dieser Begriff überhaupt? Egal, jetzt schon!). Wenn das Modell dann auch noch die Stirn nach vorne streckt, wie auf der vorangegangenen Seite beschrieben, wird die Haut gedehnt und die Kieferpartie viel schöner ausgeformt. Sie sehen, eine winzige Bewegung kann bei der Porträtfotografie eine große Wirkung entfalten.

Die Nase schlanker machen

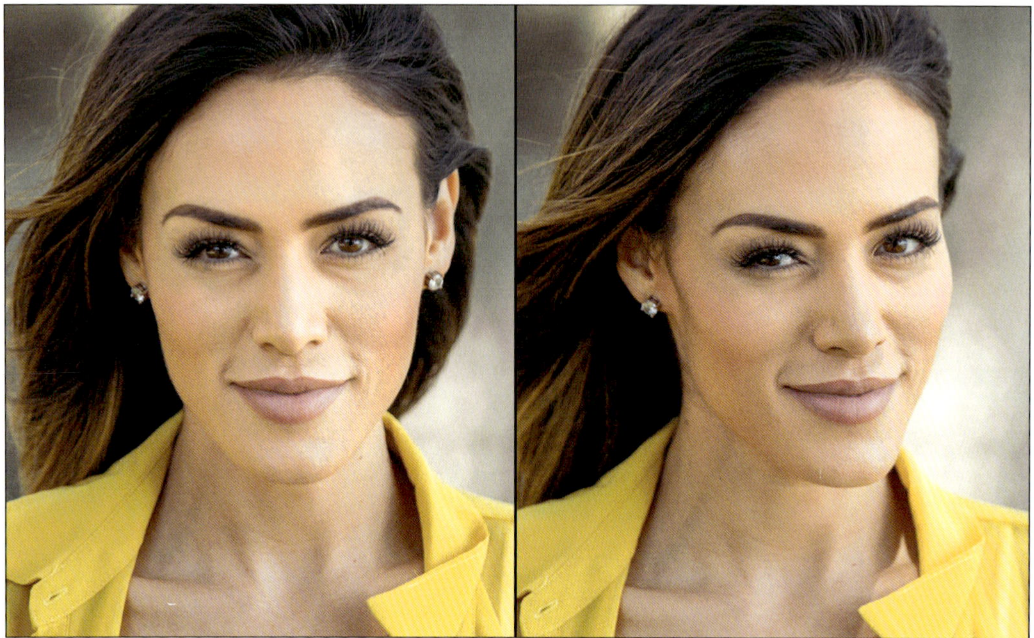

Wenn Ihr Modell eine breite Nase hat ... Halt, lassen Sie es uns anders formulieren: Wenn Ihr Modell möchte, dass seine Nase auf dem Bild nicht so breit wirkt ... Es gibt einfach keinen Weg, diesen Umstand diplomatisch auszudrücken! Also im Klartext: Wenn Ihr Modell einen Zinken im Gesicht hat, soll es seinen Kopf leicht drehen, sodass die Nase nicht frontal ins Bild ragt. Damit erscheint die Nase wie im Bild oben rechts wesentlich schmaler, sodass sie nicht mehr wie ein Zinken wirkt.

Den Blick nach oben ins Licht wenden

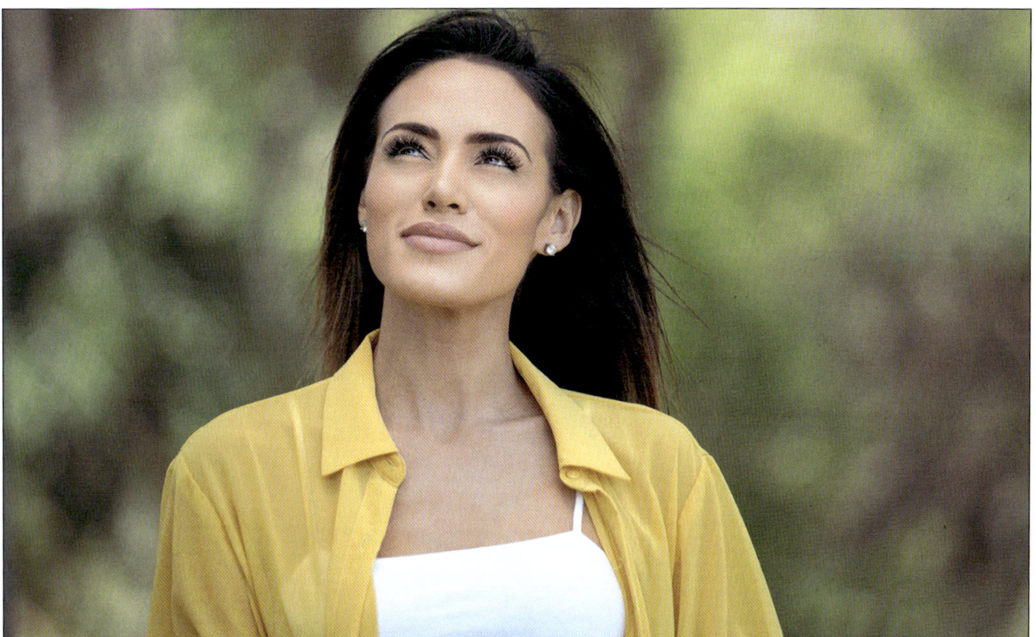

Diese Pose verleiht Ihrem Modell einen erfrischenden Look, da sie sein Gesicht mit Licht erfüllt: Lassen Sie Ihr Modell einfach gen Himmel blicken. Das funktioniert natürlich nur dann, wenn das Modell bei Außenaufnahmen nicht direkt in die pralle Sonne schaut (auch, weil wir hoffentlich nicht in der prallen Sonne fotografieren). Durch diese Kopfhaltung verteilt sich das Licht gleichmäßig auf dem Gesicht, die Augen werden zum Strahlen gebracht und die Haut wirkt frischer, was in der Summe für einen sehr schmeichelhaften Look sorgt. Deshalb sollten Sie diese Pose unbedingt in Ihre fotografische Trickkiste packen.

Ausdruckslose Miene verhindern

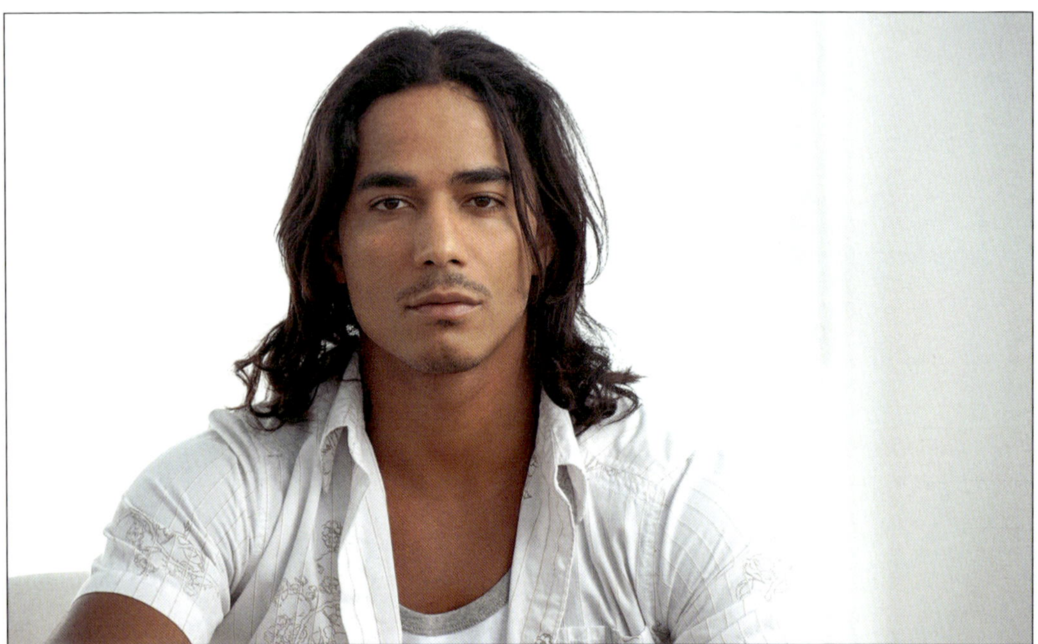

Wenn Sie durch den Sucher schauen und in ein weitgehend ausdrucksloses Gesicht blicken, legen Sie eine kurze Pause ein und machen Sie dann mit Ihrem Modell weiter. Manchmal wissen Modelle nicht, was sie während der Fotosession tun sollen – dann liegt der Fehler beim Fotografen. Ein anderes Mal schweift (besonders während langer Sessions) das Modell in Gedanken ab und überlegt, was es heute Abend essen wird oder ob nachher was Gutes auf Netflix läuft. Dieses Abschweifen zeigt sich in einem leicht abwesend wirkenden Gesichtsausdruck, der Ihnen klar macht, dass es diese Aufnahme wohl eher nicht auf Ihren Monitor schaffen wird (sie würde Ihnen nicht gefallen und Ihrem Modell auch nicht). Spätestens dann ist es an der Zeit für eine Pause, bevor Sie sich beide voller Tatendrang wieder an die Arbeit machen.

Fülle und Bewegung für das Haar

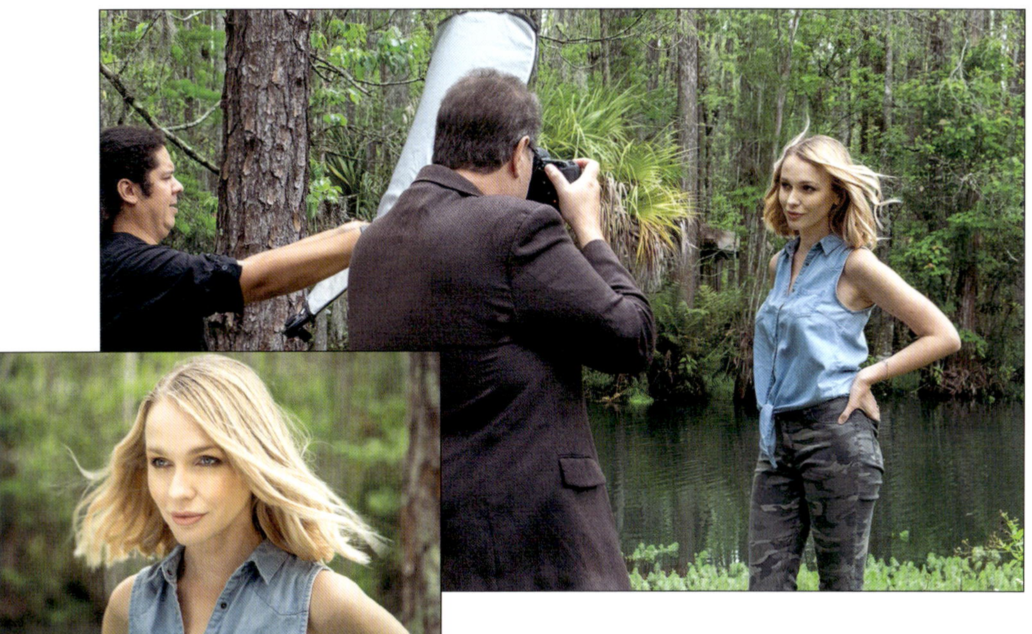

Im Fotostudio sind Ventilatoren sehr beliebt, die das Haar des Modells in Bewegung versetzen und damit für mehr Fülle und Dynamik sorgen. Bei Außenaufnahmen müssen Sie auf ein solches Gerät verzichten – es ist viel zu schwer und braucht außerdem Strom, den Sie mit einem Generator erzeugen müssten. Einen ähnlichen Effekt können Sie jedoch mit einem »handbetriebenen« Ventilator erzeugen – einem Reflektor, der vom Assistenten schnell nach oben und unten bewegt wird (wie es mein Helfer Julio im Bild oben macht). Da der Luftstrom eher unregelmäßig kommt und nicht so konstant wie bei einem Studio-Ventilator, müssen Sie mit dem Auslösen warten, bis der Luftstrom beim Modell ankommt. Das ist einfacher, als es sich anhört, und spart Ihnen viel Zeit und Mühe im Vergleich zum Herumtragen eines großen elektrischen Ventilators inklusive Generator.

Schulter zeigen für ein schlankeres Erscheinungsbild

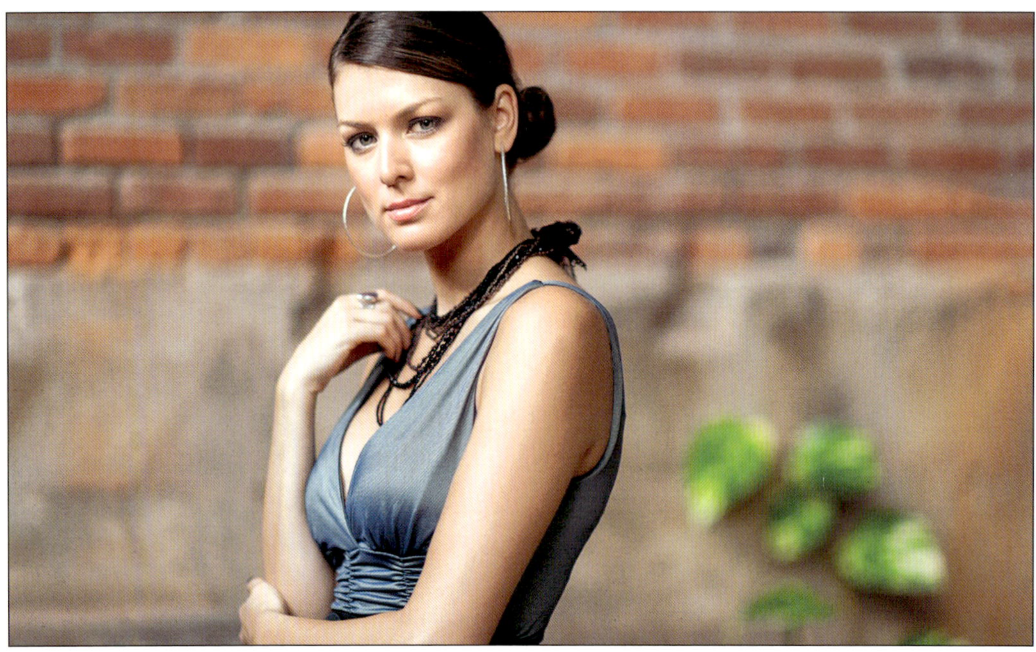

Wenn Sie Frauen fotografieren, sollten Sie es vermeiden, diese frontal zur Kamera zu positionieren. Dadurch nehmen Sie mehr Platz im Bild ein und wirken fülliger – und niemand möchte auf einem Foto füllig aussehen. Indem Sie das Modell bitten, sich ein wenig zu drehen und die Schulter zu präsentieren, wirkt es viel schlanker und attraktiver, wie im Bild oben gut zu sehen ist.

Nie flache Füße und gestreckte Beine kombinieren

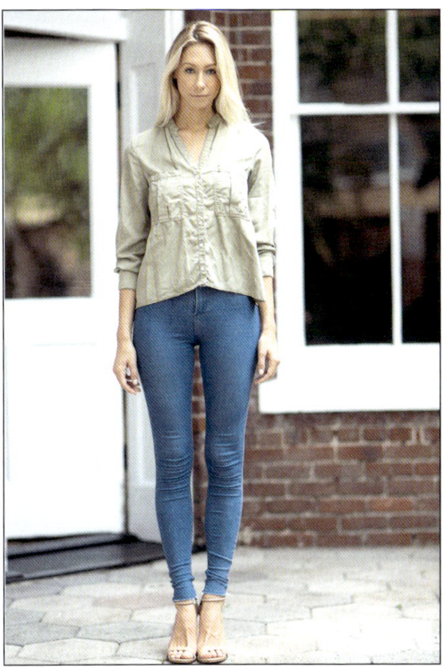

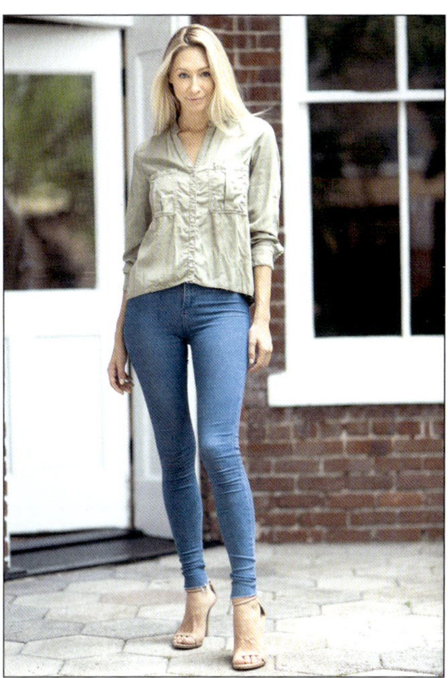

Bei Ganzkörperaufnahmen oder Dreiviertel-Ausschnitten mit vornehmlich weiblichen Modellen müssen Sie stets darauf achten, dass die Füße nicht flach auf dem Boden stehen und die Beine nicht geschlossen parallel zueinander angeordnet sind. Eine solche Haltung führt zu einem eher »pummeligen« Look. Eine gute Lösung für dieses Problem sind High Heels, die hoch genug sind, um den Fußrücken zu einem Bogen zu formen. Dieser Bogen lässt nicht nur die Beine schlanker wirken, sondern hilft auch gegen die wenig attraktiven, flach auf dem Boden aufliegenden Fußsohlen. Anschließend sollte das Modell ein Bein nach vorne stellen und das Knie leicht anwinkeln, während es sein Gewicht auf das hintere Bein verlagert. Diese Pose streckt den Körper und sorgt für ein schlankeres Erscheinungsbild. Ein weiterer Trick: Erinnern Sie sich an die *Apple Boxes*, die ich Ihnen auf Seite 93 vorgestellt habe? Diese in vielen verschiedenen Höhen erhältlichen Kisten werden gerne dazu verwendet, einen Fuß des Modells darauf ruhen zu lassen. Dadurch wird das Bein gebeugt, was für eine viel attraktivere Haltung sorgt. Solche Boxen können Sie auch mit sitzenden Modellen verwenden. Haben Sie keine *Apple Box* zur Hand, hilft das Übereinanderschlagen der Beine.

Mit einem Trick zur schlanken Taille

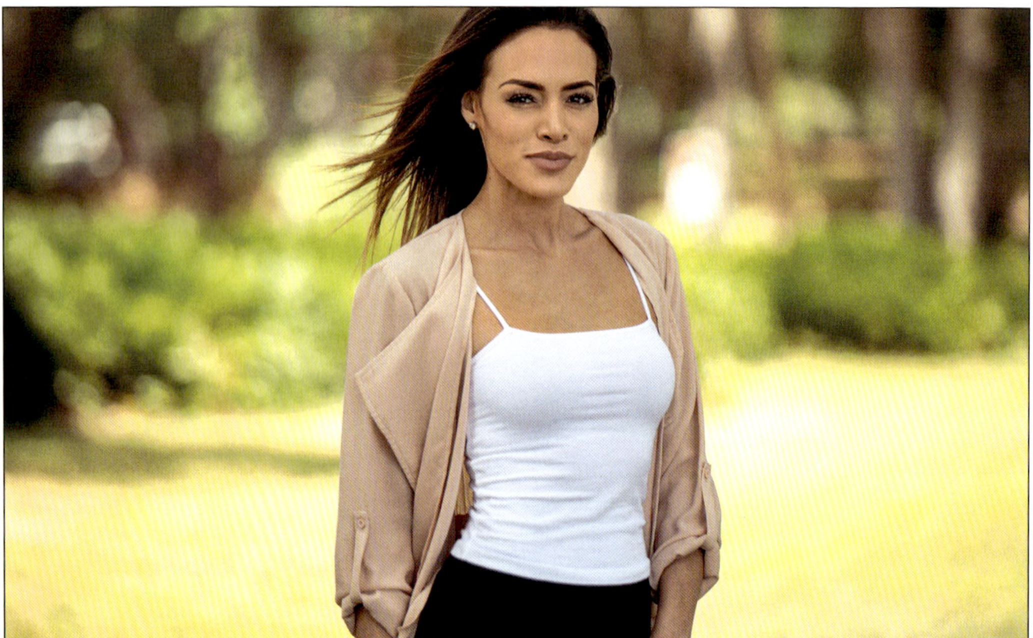

Um Ihrem Modell eine schlankere Taille zu verleihen, nutzen Sie ganz einfach jene Tricks, auf die auch Hollywood-Stars vertrauen. Eine leichte Drehung des Oberkörpers auf Höhe der Taille hilft ungemein. Für einen noch stärkeren Effekt sollte die Person ihr Gewicht auf das hintere Bein verlagern. Was auch gut funktioniert, ist das leichte Vorbeugen des Oberkörpers. Dabei machen Sie sich eine simple optische Täuschung zunutze: Körperteile, die weiter vom Objektiv entfernt sind, erscheinen kleiner als jene, die dem Objektiv am nächsten sind. Durch das Nachvornebeugen wird die Taille in den Hintergrund gerückt und wirkt deshalb schlanker. Das funktioniert besonders gut, wenn Ihr Modell sitzt: Eine dezent nach vorne gebeugte Haltung sieht auf einem Stuhl sehr natürlich aus.

Beine schlanker machen

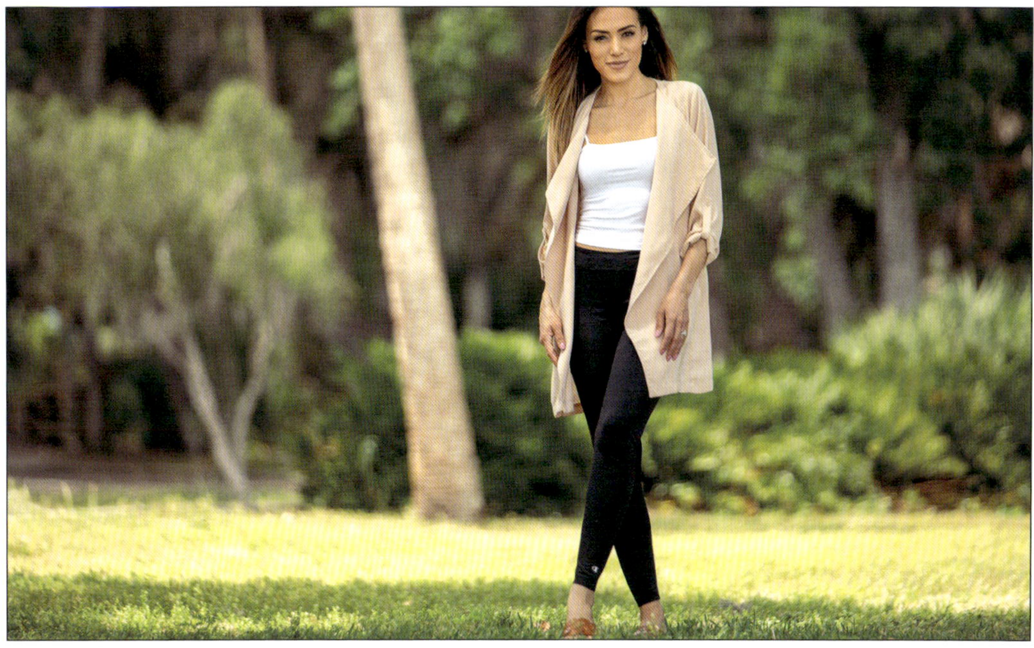

Bei Ganzkörper- oder Dreiviertel-Aufnahmen sollen die Beine Ihres Modells schön schlank dargestellt werden – dafür gibt es einige leicht anzuwendende Tricks. So sorgt das einfache Kreuzen der Beine für einen schlankeren Look, wie im Bild oben zu sehen ist. Auch das Kreuzen der Fußgelenke verbessert das Resultat sichtbar. Ein weiterer Trick wird gerne von Promis angewendet: Sie drehen sich zur Seite, sodass sich eine Profilansicht ergibt. Dann strecken sie das Bein, das der Kamera am nächsten ist, gerade aus, während sie das andere Bein leicht anwinkeln – etwa so, als würden sie einen Käfer mit ihrem Absatz zerquetschen wollen. In dieser grazilen Haltung wenden sie abschließend ihr Gesicht der Kamera zu und – boom, Micdrop.

Arme vom Körper weg bewegen

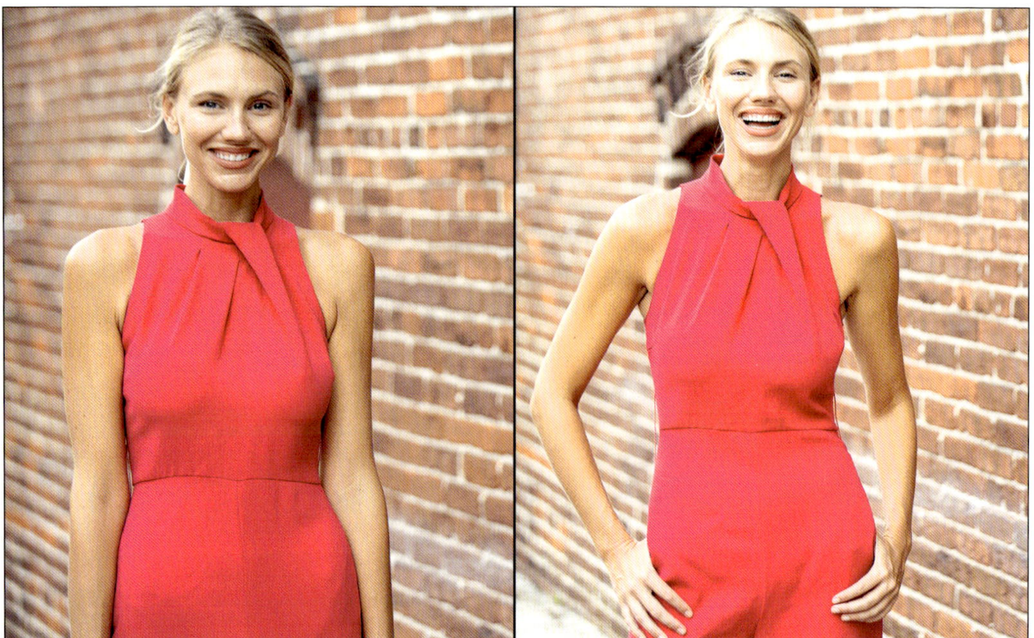

Bei einigen Posen lässt es sich nicht vermeiden, dass die Taille umfangreicher erscheint, als sie wirklich ist. Aus diesem Grund gibt es jede Menge kleine Tricks, um diesen Bereich schlanker wirken zu lassen. Wenn Ihr Modell seine Arme am Körper anlegt, vergrößert sich dessen visuelle Masse, wodurch die Taille breiter erscheint. Indem die Person einen gewissen Abstand zwischen Armen und Körper lässt, wird die optische Verschmelzung aufgehoben und die Taille wirkt viel schlanker. Die gute alte »Hände an die Hüften«-Pose erfüllt diesen Zweck nahezu perfekt, da sie eine große Lücke zwischen Körper und Ellbogen entstehen lässt, die dafür sorgt, dass eine schlanke Taille zur Geltung kommt.

Sitzende Modelle an den Stuhlrand rücken

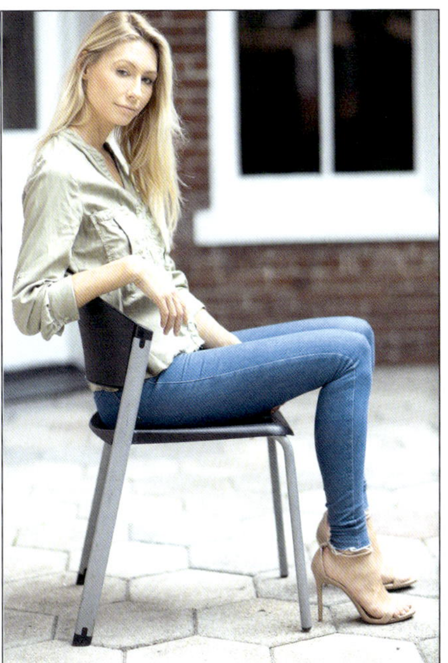

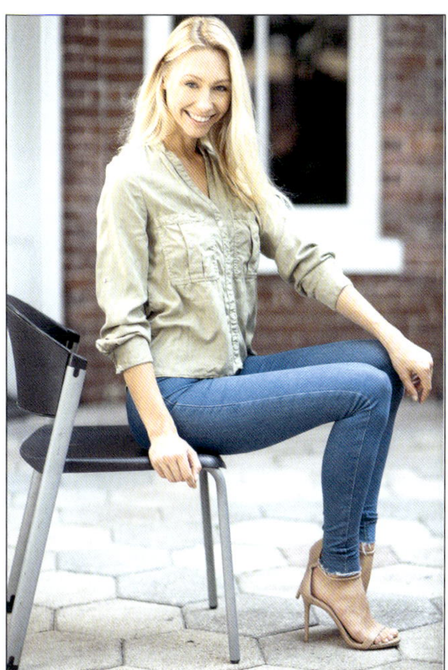

Wenn Sie Ihr Modell sitzend fotografieren (beispielsweise auf einem Stuhl, einer Mauer oder einer Parkbank), sollte es sich nicht mit dem Rücken anlehnen und es sich bequem machen. Damit die Pose gerade und frisch aussieht, lassen Sie Ihr Modell an die vordere Kante der Sitzgelegenheit rutschen. So sorgen Sie für eine aufrechte und schlanker wirkende Körperhaltung.

Arme, Beine, Finger und alles andere anwinkeln

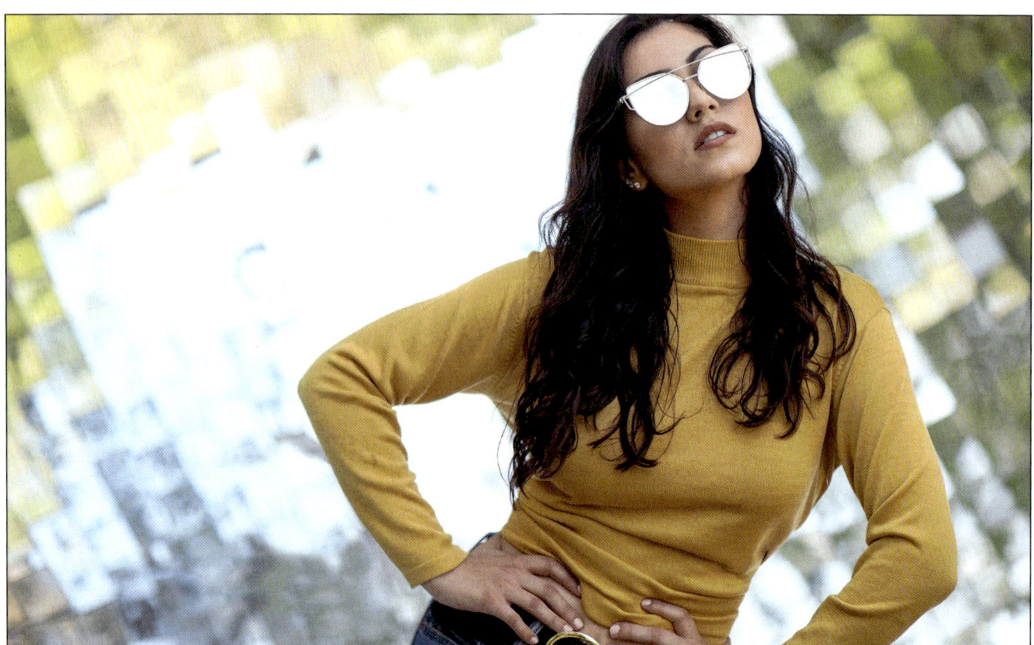

Für das attraktive Posing von Armen, Beinen und Ellbogen gilt: anwinkeln. In Fotografenkreisen gilt das Sprichwort: »Wenn es sich biegen lässt, dann biege es!« Das sorgt für ebenso interessante wie schmeichelhafte Posen. Im Grunde gilt es, gestreckte Arme (nicht einfach herunterhängen lassen) oder Beine um jeden Preis zu verhindern, da eine solche Haltung Ihr Modell steif und wenig dynamisch wirken lässt. Gestreckte, am Körper anliegende Arme lassen das Modell zudem dicker erscheinen. Bei Ihren Anweisungen zum Anwinkeln von Körperteilen sollten Sie folgende Regel beherzigen: Ein 90°-Winkel ist oft zu viel, da ein leichtes Anwinkeln für ein attraktives Erscheinungsbild bereits ausreicht.

Offene Handflächen vermeiden

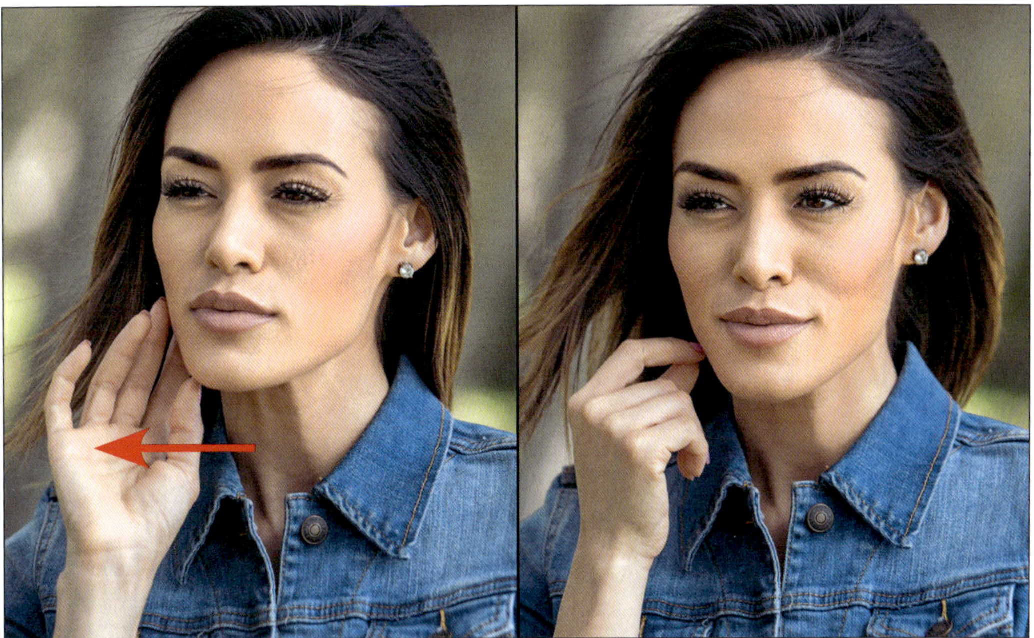

Sobald die Hände des Modells ins Bild kommen, gilt es eine simple Regel zu beachten: Stellen Sie sicher, dass das Modell nie seine Handflächen präsentiert. Während der Handrücken und die Oberseite der Finger filigran, elegant und ansprechend wirken, erscheinen die Innenseiten von Händen und Fingern … nun ja – nicht ganz so filigran, elegant und ansprechend und können so den Betrachter ablenken. Indem Sie das Modell anweisen, seinen Handrücken zu zeigen, wirkt das gesamte Porträt viel ästhetischer.

Finger schließen, nicht öffnen

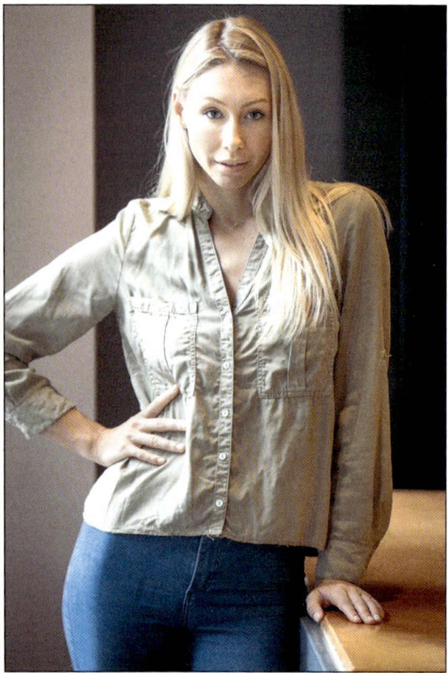

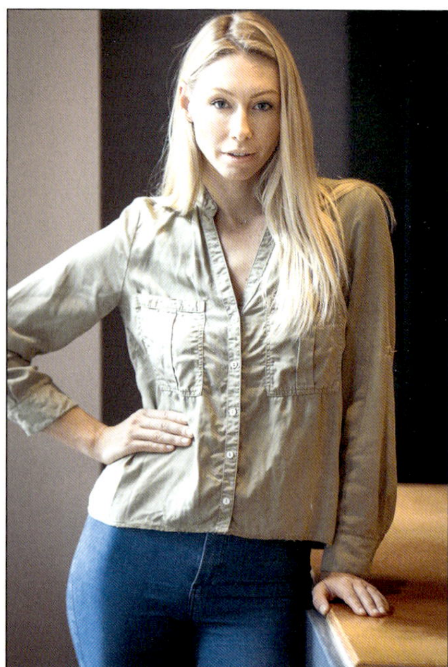

Bei den Händen Ihres Modells müssen Sie nicht nur darauf achten, die Handflächen zu verstecken, sondern auch ein Auge auf die Stellung der Finger haben. Hände sehen viel eleganter aus, wenn die Finger geschlossen sind, also sich berühren. Berührt die Hand Ihres Modells sein Gesicht, sollte dies ganz zart und ohne großen Druck erfolgen, um einen anmutigeren Look zu erhalten.

Fotos mit kleinen Requisiten anreichern

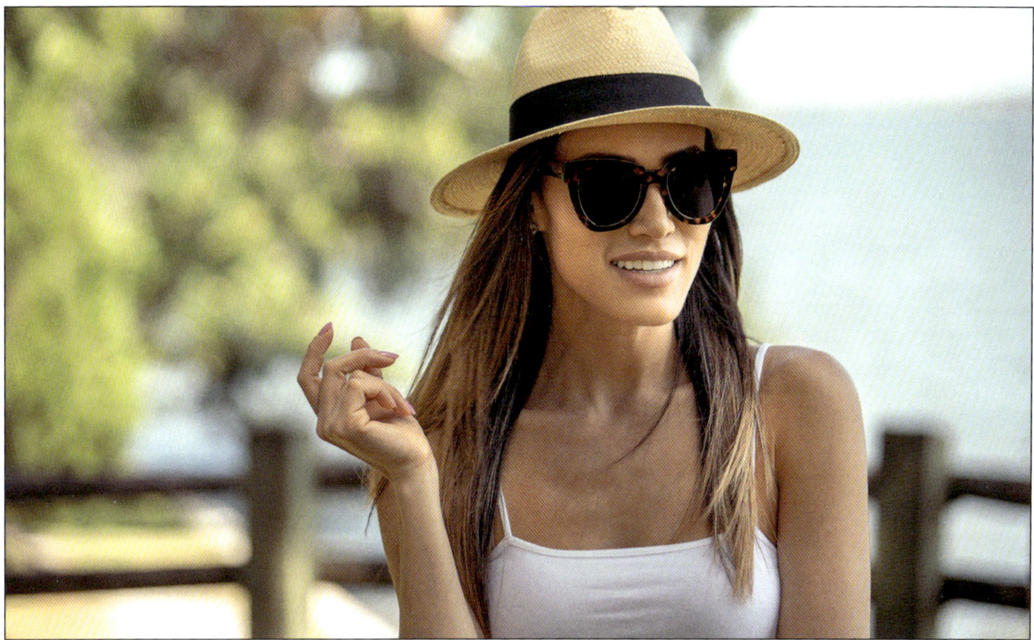

Wenn Sie Ihren Porträts eine Prise modischen Flairs verleihen möchten, fügen Sie ganz einfach eine passende Requisite oder ein Accessoire hinzu. Dazu gehören beispielsweise Hüte, Sonnenbrillen, Schals, Schirme und Ähnliches. Ich habe oft mit Modellen zusammengearbeitet, die zunächst sehr steif und überaus zurückhaltend wirkten – doch sobald ich ihnen eine Sonnenbrille reichte, erwachten sie sprichwörtlich zum Leben. Sobald die Brille aufgesetzt war, verhielten sich die Personen wie Schauspieler in einem Theaterstück. Oft ist es verblüffend zu sehen, wie kleine Dinge die Persönlichkeit eines Modells beeinflussen. Bleiben Sie jedoch bei kleinen, dezenten Accessoires und vermeiden Sie große, sperrige und/oder auffällige Requisiten (außer Sie planen Ihr Shooting um diesen Gegenstand herum, dann sind Ihrer Fantasie keine Grenzen gesetzt). Auch dann, wenn Ihr Modell nicht weiß, was es mit seinen Händen anfangen soll, helfen Gegenstände, die es in der Hand halten kann, weiter. Dieses Problem tritt vornehmlich bei männlichen Modellen auf, die dazu tendieren, die Arme zu verschränken oder »lässig« die Hände in die Hosentaschen zu stecken. Oft hält die positive Wirkung einer Requisite auch dann an, wenn Sie diese wieder aus dem Bild entfernen – Sie haben das Eis damit gebrochen und das Modell agiert viel natürlicher als zu Beginn des Shootings.

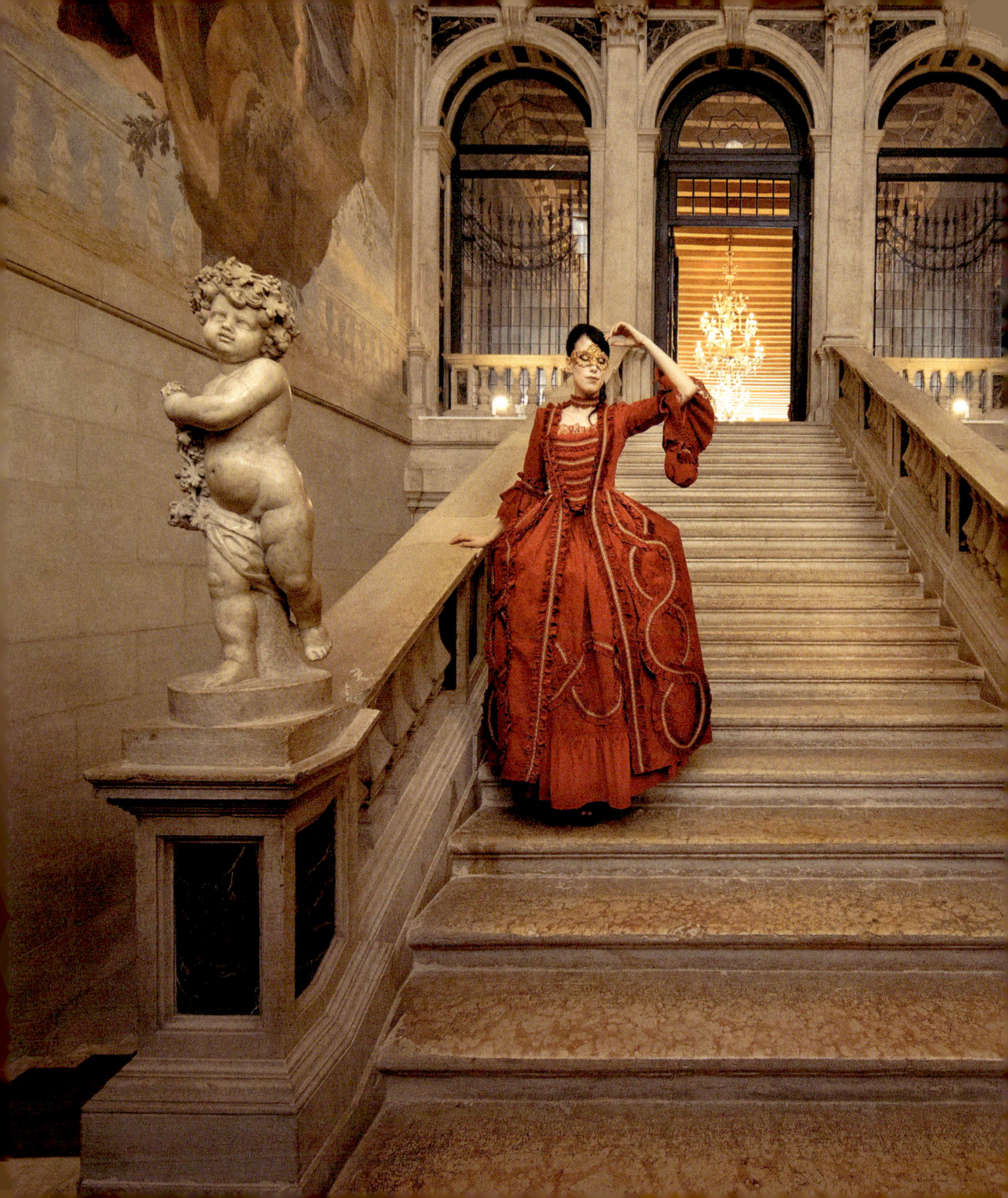

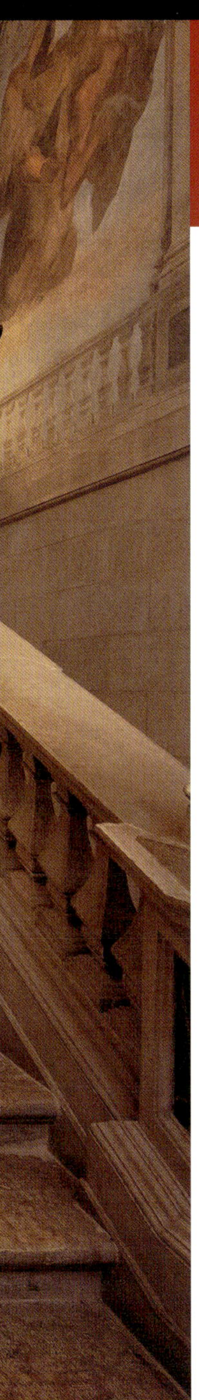

Nachbearbeitung

Porträts in Lightroom & Photoshop bearbeiten

Mit dem Begriff »Nachbearbeitung« stimmt etwas nicht. Denn was wir in Lightroom oder Photoshop machen, findet nicht *nach* der Bearbeitung statt, sondern es *ist* die Bearbeitung. Deshalb habe ich intensiv nachgeforscht, wie es zu dieser Begrifflichkeit kommen konnte. Dazu müssen Sie zunächst wissen, dass echte Profis den viel cooleren englischen Begriff »Post Processing« nutzen, wobei »Post« für »danach« steht und »Processing« für »Entwickeln«. Allerdings steht das Wort »Post« im Englischen auch für »Pfahl«, was uns zu einer Studie des Nationalen Französischen Zentrums für Wissenschaftliche Forschung (Centre National de la Recherche Scientifique, oder kurz CNRS) führt. Die ersten Fotografen waren Bauern, deren größtes Problem darin bestand, dass ihnen ihr Lebensunterhalt nicht davonlief. Heutzutage nutzen Bauern Verbundgewebe oder hochmoderne Elektrozäune, um ihr Vieh an Ort und Stelle zu halten. Früher wurden dagegen sehr simple Zäune aus Holz und dünnen Drähten und – im besten Fall – aus Stein errichtet. Steinwälle waren am stabilsten, aber auch sehr teuer und schwer zu errichten, weshalb die meisten Bauern bei Drähten und Holzpflöcken blieben. Da sich Nutztiere jedoch gerne an den Zaunpfählen reiben, fielen diese oft um und zerstörten damit die Umzäunung. Um ihre Versicherungsansprüche geltend zu machen, fotografierten die betroffenen Bauern die umgestürzten Pfosten und entwickelten danach eine Schwarzweiß-Aufnahme, die sie bei ihrem Versicherungsagenten einreichten. Das Entwickeln von Bildern umgestürzter Pfähle in der Dunkelkammer führte zum Begriff »Pfahl-Entwicklung«, also »Post Processing«. Deshalb verspüre ich jedes Mal, wenn ich eine Kuh muhen höre, den unwiderstehlichen Drang, meinen Versicherungsagenten anzurufen. Ehrlich!

Blendenflecke hinzufügen (1)

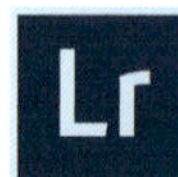

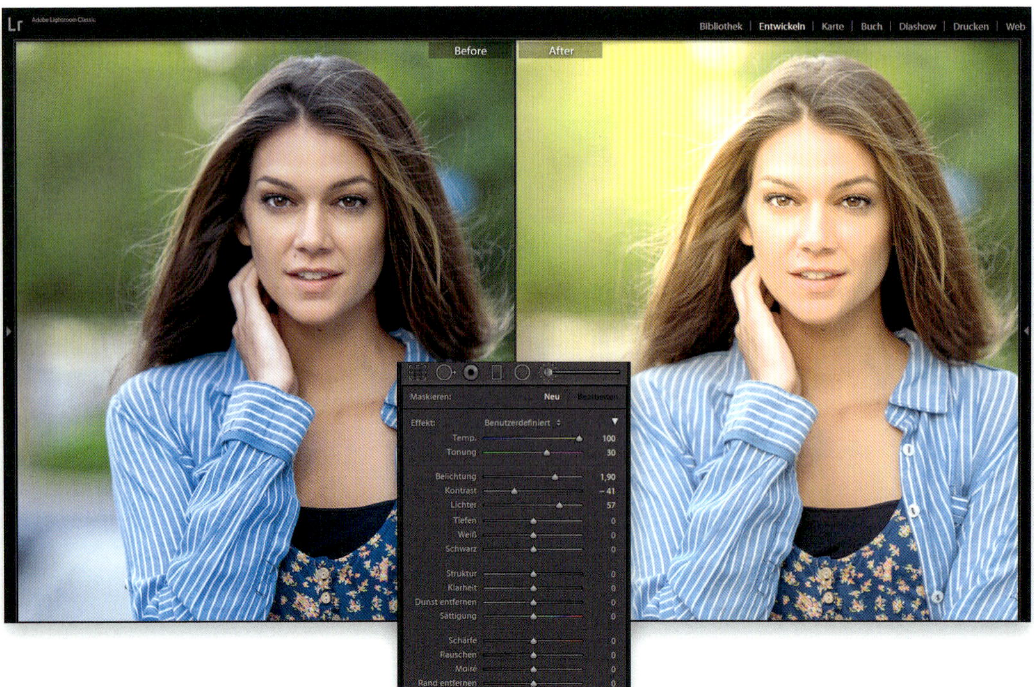

Niederkontrastige Blendenflecke hinzuzufügen geht ungefähr so gegen alles, was wir über die Jahre gerlernt haben (nämlich Blendenflecke zu vermeiden). Aber wenn Sie noch niemand darum gebeten hat, Blendenflecken in seine Porträtserie einzubauen, wird das sicher sehr bald passieren – Sie sollten also wissen, wie das geht. Im Grunde machen wir Folgendes: wir fügen unseren Bildern einen riesigen orangefarbenen Ball aus weichem Licht hinzu.

In Lightroom: Aktivieren Sie im *Entwickeln*-Modul mit der Taste **K** den *Korrekturpinsel*. Im Einstellungsbereich doppelklicken Sie auf *Effekt*, um alle Regler auf *0* zu setzen. Nun schieben Sie den Regler *Temp.* ganz nach rechts und stellen die *Tonung* auf *30* ein, um warmes Licht zu erzeugen. Erhöhen Sie die *Belichtung* auf rund *2.0*, reduzieren Sie den *Kontrast* auf *–41* und verstärken Sie die *Lichter* auf rund *57*, um die Auswirkungen der realen Sonne zu simulieren. Verschieben Sie nun den Regler *Größe*, bis der Pinsel den gewünschten Bereich abdeckt, und klicken Sie einmal auf die Stelle, an der Sie den Blendenfleck haben möchten. Für mehr Intensität klicken Sie im Menübereich des *Korrekturpinsels* auf *Neu* und klicken erneut ins Bild, wodurch der Effekt verdoppelt wird.

In Photoshop: Die grundlegende Verfahrensweise funktioniert genau so wie unter Lightroom. Die erforderlichen Werkzeuge finden Sie im *Camera Raw*-Dialog oder im Menü *Filter -> Camera Raw-Filter*. Auf Seite 134 zeige ich Ihnen eine noch ausgefuchstere Umsetzung.

Sanfter Leuchteffekt

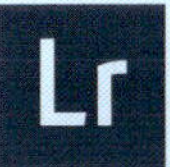

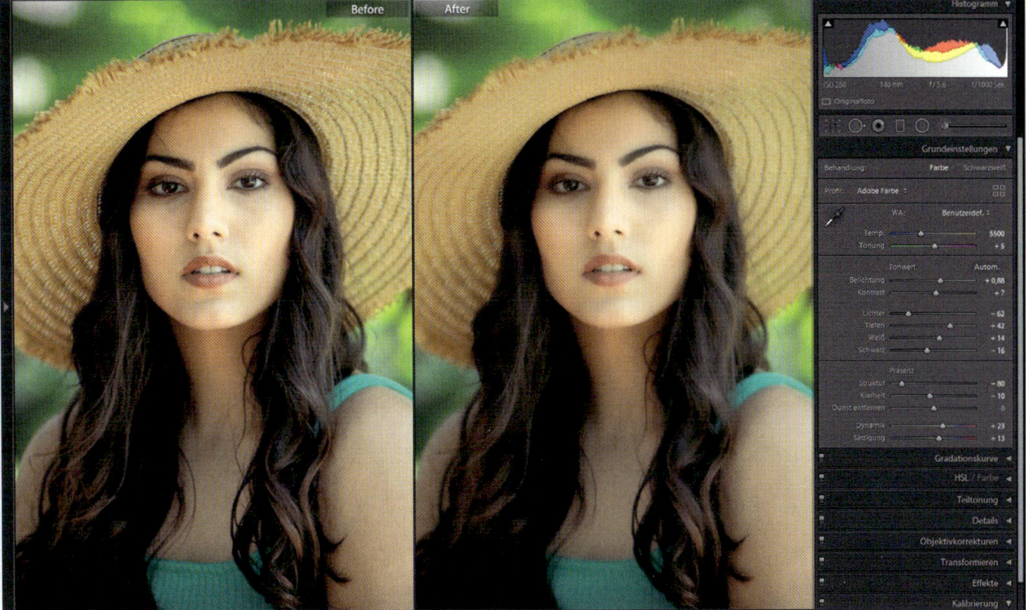

Mit wenigen Klicks erzeugen Sie einen verträumt wirkenden Leuchteffekt.

In Lightroom: In den *Grundeinstellungen* des *Entwickeln*-Moduls ziehen Sie den Regler *Struktur* für den grundlegenden Leuchteffekt weit nach links (im Beispiel auf *-80*). Dann verringern Sie die *Klarheit* auf *-10*, um die Szene in leichten Nebel zu hüllen.

In Photoshop: Öffnen Sie das Bild und duplizieren Sie die Hintergrundebene mit dem Tastenkürzel **Command-J** (PC: **Strg-J**). Wählen Sie im Menü *Filter* unter *Weichzeichnungsfilter* den *Gaußschen Weichzeichner*. Stellen Sie einen *Radius* von *50 Pixel* ein und bestätigen Sie mit *OK*. Nun ist das Bild vollkommen unscharf. Deshalb reduzieren Sie die *Deckkraft* im *Ebenen-Bedienfeld* auf rund *20 %*. Nun wird das Bild wieder scharf, wobei ein leichter Nebeleffekt aus der weichgezeichneten Ebene erkennbar bleibt.

Blendenflecke hinzufügen (2)

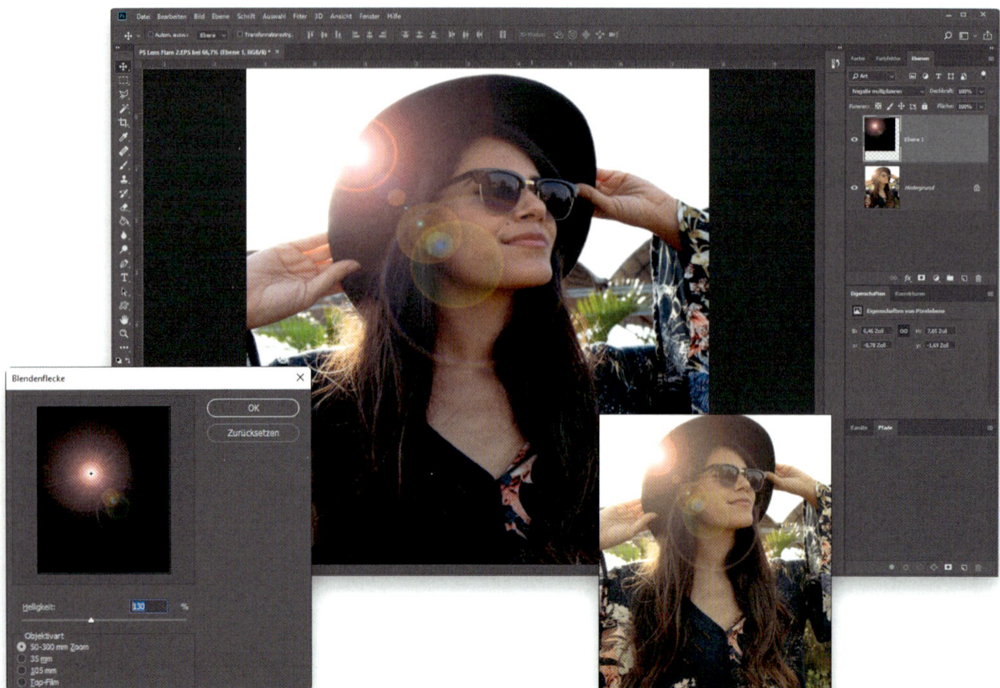

Öffnen Sie das Bild in Photoshop und erzeugen Sie im *Ebenen-Bedienfeld* unten mit einem Klick auf das zweite Icon von rechts (das mit dem »+«) eine neue Ebene. Setzen Sie die Vordergrundfarbe mit der Taste **D** auf Schwarz und füllen Sie die Ebene per **Option-Löschen** (PC: **Alt-Rückschritt**) schwarz aus. Anschließend öffnen Sie den Renderfilter *Blendenflecke* aus dem Menü *Filter*. Im dazugehörigen Dialog erhöhen Sie die *Helligkeit* auf *130 %* und bestätigen mit *OK*. Nun erscheint ein hübscher Blendenfleck-Effekt auf der schwarzen Ebene. Um den Effekt in die darunter liegende Foto-Ebene einzublenden, schalten Sie den Ebenenmodus ganz oben von *Normal* auf *Negativ multiplizieren*. Mit dem Werkzeug *Verschieben* (**V**) positionieren Sie den Effekt an der gewünschten Stelle. Werden dabei harte Stoßkanten zwischen den Ebenen sichtbar, erzeugen Sie mit dem dritten Icon von links unten im *Ebenen-Bedienfeld* eine *Ebenenmaske*. Aktivieren Sie das *Pinselwerkzeug* (**B**) und stellen Sie den Pinsel auf groß, mit geringer Härte. Malen Sie entlang der Stoßkanten, um diese zu löschen. Mit **Command-E** (PC: **Strg-E**) reduzieren Sie das Bild auf eine Ebene. Zum Schluss aktivieren Sie im *Filter*-Menü den *Camera Raw-Filter* und erhöhen unter *Weißabgleich* den Wert *Farbtemperatur* geringfügig, um eine wärmere Bildanmutung zu erhalten. Anschließend schieben Sie den Regler *Kontrast* nach links, um die mit Blendenfleck-Effekten einhergehende Kontrastreduktion zu simulieren. Ist das Bild noch zu dunkel, korrigieren Sie es mit den Reglern *Lichter* oder *Belichtung*, bis es leicht überbelichtet wirkt. Per *OK* wenden Sie die Korrekturen an, wonach das Foto etwa so aussehen sollte wie das kleine Bild oben rechts.

Hauttöne entsättigen

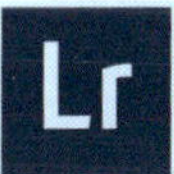

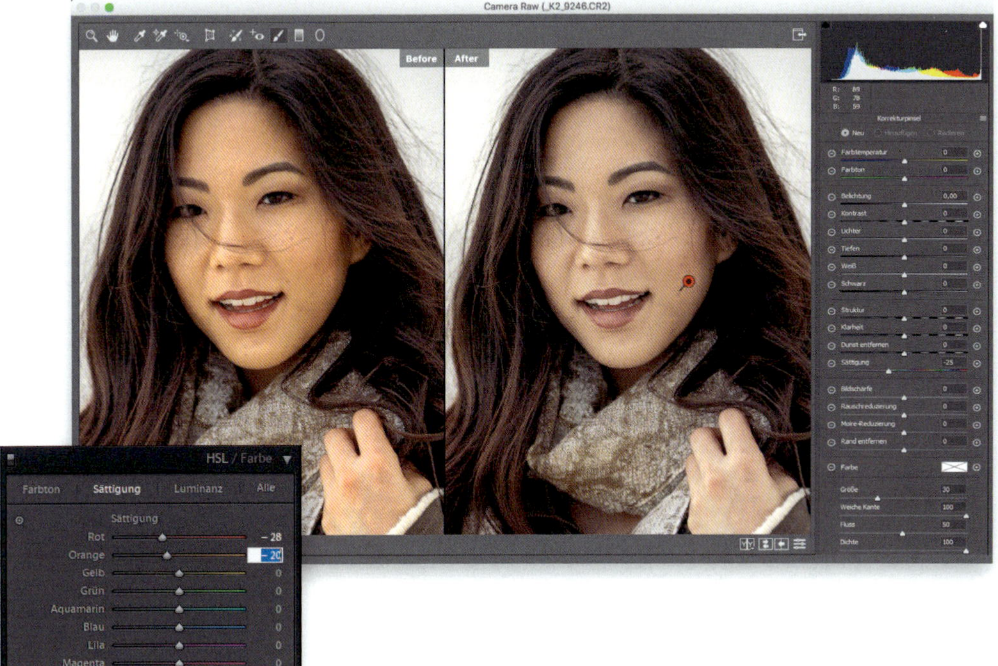

Durch die Entsättigung der Hauttöne erzielen Sie einen aktuell sehr beliebten Effekt. Die Haut des Modells wirkt dann nicht mehr so warm, wobei die restlichen Farben im Bild weitgehend unangetastet bleiben, was für einen sehr interessanten Look sorgt.

In Lightroom: Im *Entwickeln*-Modul aktivieren Sie mit der Taste **K** den *Korrekturpinsel* und doppelklicken auf das Wort *Effekt*, um alle Regler auf *0* zu setzen. Verringern Sie den Wert *Sättigung* auf etwa *-28* und malen Sie über die Hautflächen, um diese zu entsättigen. Es geht auch ohne Pinsel: Öffnen Sie das Bedienfeld *HSL/Farbe*, aktivieren Sie den Reiter *Sättigung* und ziehen Sie die Regler für *Rot* und *Orange* nach links, um die Farbsättigung im Bereich der Hauttöne zu verringern.

In Photoshop: Öffnen Sie das Bild in Camera Raw oder aktivieren Sie den *Camera Raw-Filter* aus dem Menü *Filter*. Aktivieren Sie mit der Taste **K** den *Korrekturpinsel*. Im Kontrollpanel rechts klicken Sie einmal auf das Minus-Zeichen neben dem Regler *Sättigung*, um den *Sättigungs*-Regler auf *-25* und alle anderen Regler auf *0* zu stellen. Reduzieren Sie den *Sättigungs*-Wert weiter auf etwa *-28* und malen Sie über die sichtbaren Hautbereiche, um sie wie im Beispiel oben zu entsättigen. Ein anderer Weg zur Entsättigung führt über das *HSL*-Panel (viertes Icon von rechts in der oberen rechten Leiste), wo Sie die *Rottöne* und *Orangetöne* nach Ihren Wünschen reduzieren.

Hautunreinheiten entfernen

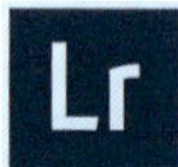

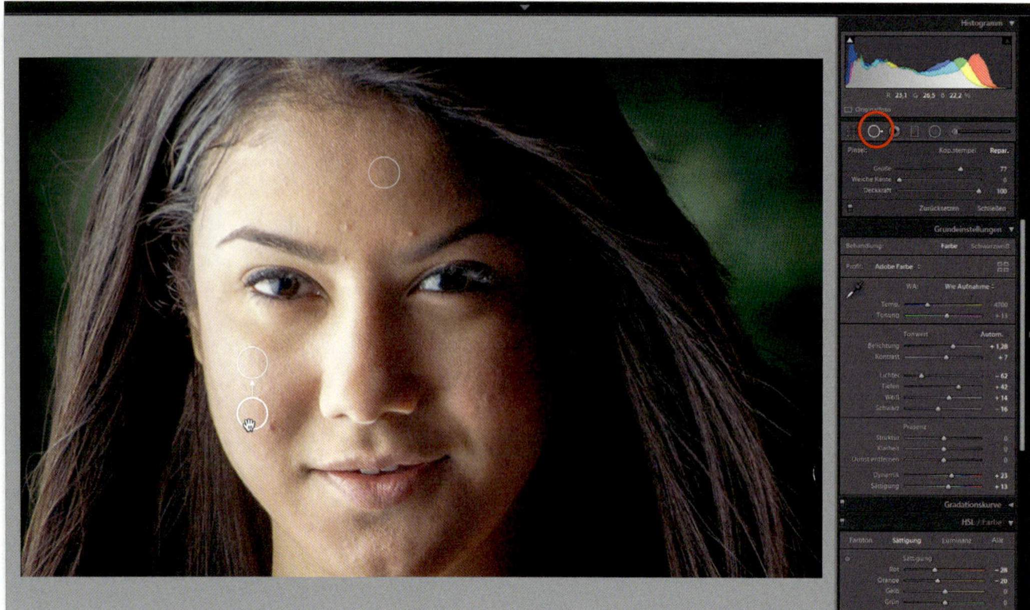

Hautunreinheiten entfernen Sie im Handumdrehen mit dem ganz ordentlichen Bereichsreparatur-Tool von Lightroom und mit dem überragenden Reparaturpinsel von Photoshop:

In Lightroom: Aktivieren Sie im *Entwickeln*-Modul mit der Taste **Q** die *Bereichsreparatur*. Bewegen Sie den Cursor über die zu entfernende Unreinheit und machen Sie den Pinsel ein wenig größer als den zu korrigierenden Bereich (über den Regler *Größe*). Lightroom wählt nun automatisch einen Bereich in der Nähe aus, dessen Inhalt über die zu korrigierende Stelle kopiert wird. Sind Sie mit dem Vorschlag nicht zufrieden, können Sie den Quellbereich bei gedrückt gehaltener Maustaste nach Belieben verschieben. Sieht das Resultat nach einem Mausklick nicht gut aus, können Sie Lightroom mit der Taste **I** dazu veranlassen, einen anderen Bereich zu wählen.

In Photoshop: Öffnen Sie das Bild und drücken Sie so lange **Umschalt-J**, bis der *Reparaturpinsel* aktiv ist. Bewegen Sie den Cursor über eine »heile« Stelle in der Nähe der Unreinheit und klicken Sie bei gedrückt gehaltener **Umschalt-** oder **Alt**-Taste (PC) einmal auf diesen Bereich. Dann platzieren Sie den Cursor über der fraglichen Stelle und ziehen ihn mit **Ctrl-Alt** (PC: **Alt**) als die zu retuschierende Partie. Ein Mausklick, und die Unreinheit wird aus dem Gesicht entfernt.

Falten und Muttermale abmildern

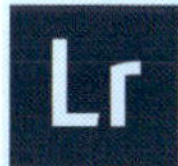

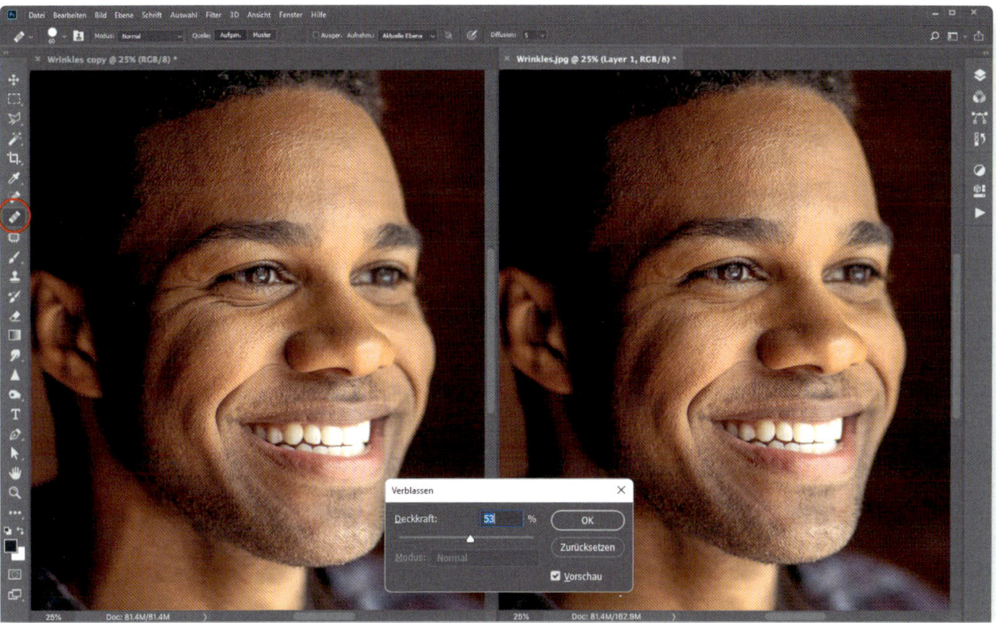

Wenn es an die Bildretusche geht, erzielen Sie die besten, realistischsten Ergebnisse, wenn Sie die Intensität von Falten oder Muttermalen reduzieren, sie aber keinesfalls komplett entfernen. Das Modell im Beispielbild ist sehr jung, doch wenn es lacht, offenbaren sich starke Krähenfüße und Falten unter den Augen, die es abzumildern gilt.

In Lightroom: Im *Entwickeln*-Modul aktiveren Sie mit der Taste **Q** die *Bereichsreparatur* und malen über die Falten und Muttermale, die Sie abmildern möchten. Sind Sie mit dem Resultat nicht zufrieden, lassen Sie Lightroom mit der Taste **I** einen anderen Quellbereich suchen. Anschließend nutzen Sie den Regler *Deckkraft*, um die Falte oder das Muttermal teilweise wieder sichtbar zu machen – so vermeiden Sie den offensichtlichen Eindruck einer umfassenden Bildretusche.

In Photoshop: Aktivieren Sie mit der Tastenkombination **Umschalt-J** den *Reparaturpinsel* und platzieren Sie den Cursor in der Nähe einer Falte. Nehmen Sie diesen Bereich mit einem Klick bei gedrückt gehaltener **Options**- oder **Alt**-Taste (PC) auf. Nun malen Sie über die Falte, um diese zu entfernen. Um sie in abgemilderter Form wieder erscheinen zu lassen, wählen Sie im Menü *Bearbeiten* die Option *Verblassen: Reparatur-Pinsel*. Im nun erscheinenden Dialog schieben Sie den Regler *Deckkraft* so weit nach links, bis das Ergebnis realistisch genug wirkt. Damit reduzieren Sie das Problem, anstatt es komplett aus dem Bild zu entfernen, wodurch das Ergebnis natürlicher wirkt.

Glänzende Haut abmildern

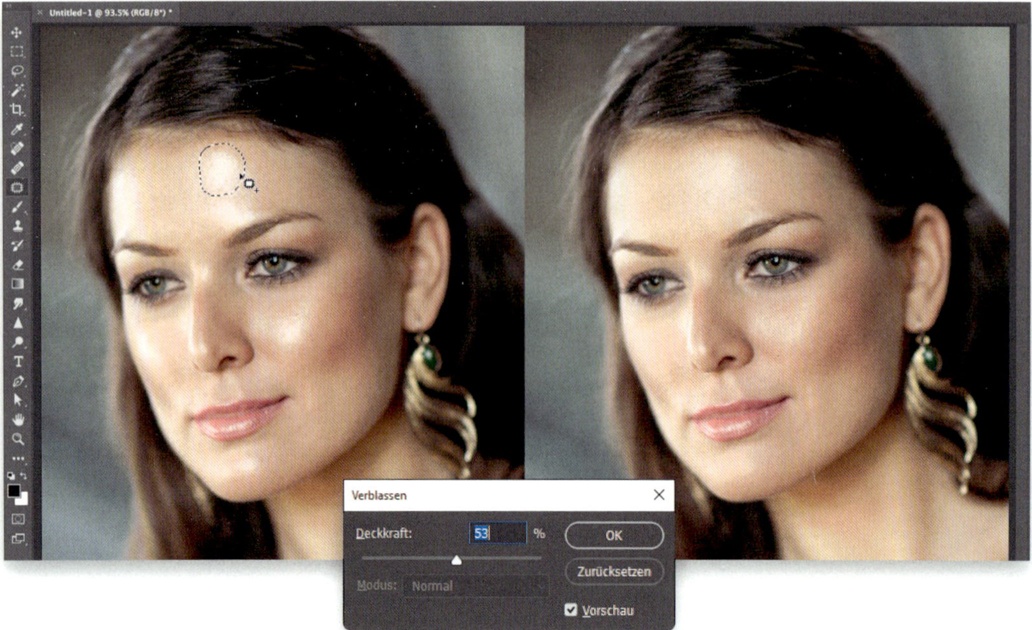

Glänzende Bereiche im Gesicht sorgen für einen verschwitzten oder öligen Look – deshalb greifen Sie zur virtuellen Puderdose und mildern den unschönen Glanz in Lightroom oder Photoshop ab, ohne die Lichter zu beschädigen.

In Lightroom: Aktivieren Sie im *Entwickeln*-Modul mit der Taste **Q** die *Bereichsreparatur*. Machen Sie den Pinsel etwas größer als den glänzenden Bereich, den Sie korrigieren möchten. Durch Anklicken und Malen mit gedrückt gehaltener Maustaste entfernen Sie den Glanz komplett aus dem Bild. Sollte Lightroom einen unpassenden Bereich als Quelle auswählen, verschieben Sie den Quellbereich ganz einfach an die gewünschte Stelle. Mit dem Glanz sind allerdings auch die Lichter aus den behandelten Gesichtsbereichen verschwunden, was zu einem sehr künstlich wirkenden Erscheinungsbild führt. Deshalb verwenden Sie den Regler *Deckkraft*, um einen Teil des Leuchtens zurückzuholen.

In Photoshop: Nach dem Öffnen des Bilds drücken Sie so lange **Umschalt-J**, bis das *Ausbessern-Werkzeug* aktiv ist. Handelt es sich um einen sehr kleinen Glanzbereich, tut es auch der *Reparaturpinsel* (siehe vorangegangene Seite). Umkreisen Sie den Glanzbereich mit dem einem Lasso ähnlichen Werkzeug, bewegen Sie den Cursor in diese Auswahl und verschieben Sie diese bei gedrückt gehaltener Maustaste über einen nicht glänzenden Bereich in der Nähe – schon verschwindet das Glänzen. Um die Lichter teilweise zurückzubringen, wählen Sie unter *Bearbeiten* den Befehl *Verblassen: Auswahl ausbessern* und verschieben den *Deckkraft*-Regler nach links.

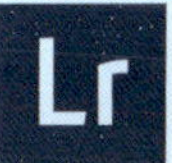

Die Iris intensivieren

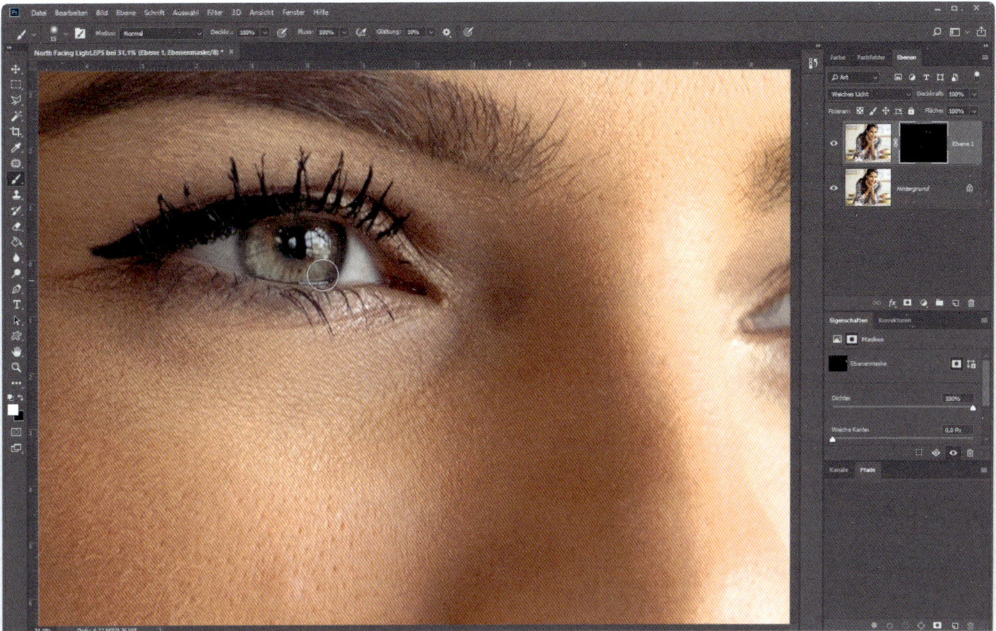

Da die Augen ein überaus wichtiger Fokuspunkt in fast jedem Porträt sind, sollten Sie diese durch Erhöhung des Kontrasts in der Iris zusätzlich intensivieren.

In Lightroom: Im *Entwickeln*-Modul wählen Sie mit der Taste **K** den *Korrekturpinsel* aus. Setzen Sie alle Werte auf 0, indem Sie im Bedienfeld auf das Wort *Effekt* doppelklicken. Nun erhöhen Sie den Regler *Kontrast* auf *50*, zoomen die Augenpartie nah heran und malen über die Iris, um den *Kontrast* in diesem Bereich zu erhöhen. Werden Sie zu dunkel, hilft eine kleine Nachkorrektur mit dem Regler *Belichtung*.

In Photoshop: Nach dem Öffnen des Bilds duplizieren Sie die Hintergrundebene mit **Command-J** (PC: **Strg-J**). Ganz oben im *Ebenen-Bedienfeld* ändern Sie den *Mischmodus* von *Normal* auf *Weiches Licht* (siehe oben), um den *Kontrast* stark zu erhöhen (noch mehr Kontrast erhalten Sie mit dem Mischmodus *Ineinanderkopieren*). Halten Sie nun die **Options-** oder **Alt**-Taste (PC) gedrückt und klicken Sie im *Ebenen-Bedienfeld* unten auf *Ebenenmaske hinzufügen* (drittes Icon von links). Damit wird die Kontrastebene hinter einer schwarzen Maske verborgen. Zoomen Sie ein Auge heran und setzen Sie die Vordergrundfarbe auf Weiß, um mit dem *Pinselwerkzeug* (Taste **B**) und einem kleinen, weichen Pinsel vorsichtig über die Iris zu malen, um die Kontrastebene an dieser Stelle wieder sichtbar zu machen. Wiederholen Sie den Vorgang für das andere Auge.

Porträts nachschärfen

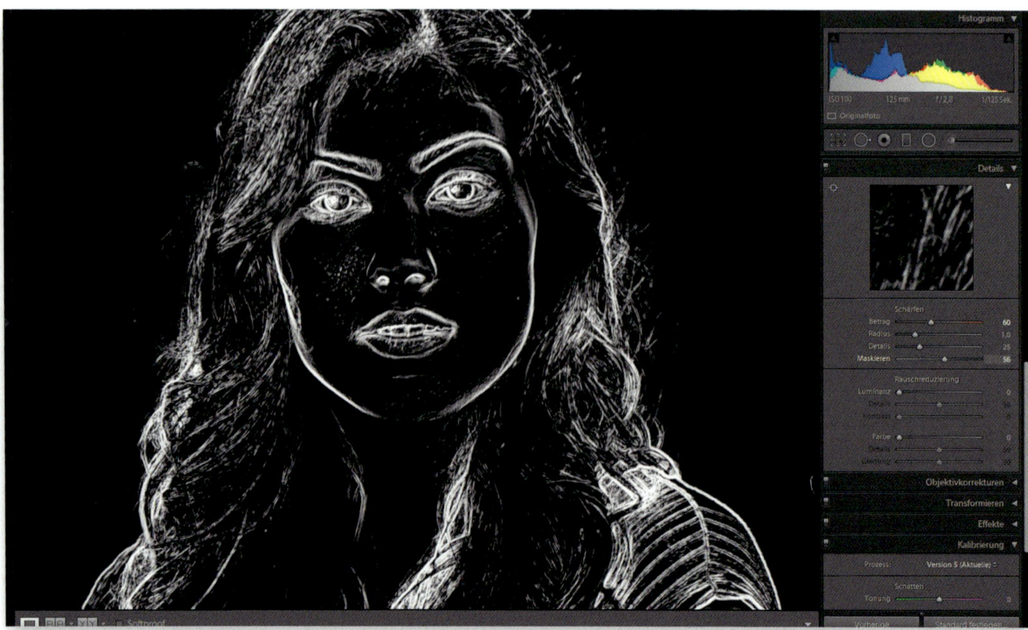

Bei Porträts von Männern ist das Schärfen ganz einfach. Das Panel *Details* öffnen, den *Betrag* hochziehen und fertig. Doch bei Fotos von Frauen und Kindern müssen Sie mehr Sorgfalt walten lassen. Deren Detailbereiche wie Augen, Brauen, Nasenlöcher, Lippen, Zähne, Haare und die Konturen von Gesicht und Händen sollen scharf sein, doch die Haut soll nicht wie bei Männern gnadenlos nachgeschärft werden, um jedes Fältchen und jede Pore zu betonen. Deshalb gehen Sie bei Frauen und Kindern wie folgt vor:

In Lightroom: Öffnen Sie im *Entwickeln*-Modul den Bereich *Details* und erhöhen Sie den *Betrag* unter *Schärfen* auf rund *60*. Belassen Sie die Regler *Radius* und *Details* auf ihren Standardwerten *1,0* und *25*. Die Magie entfaltet sich mit dem Regler *Maskieren*. Halten Sie die **Alt**-Taste (Mac und PC) gedrückt und klicken Sie auf den *Maskieren*-Regler. Das ganze Bild wird nun weiß dargestellt, was bedeutet, dass die Schärfe auf alle Bereiche angewendet wird. Verschieben Sie den Regler nun bei weiterhin gedrückt gehaltener **Options**-/**Alt**-Taste nach rechts, werden einige Bildbereiche schwarz. Diese schwarzen Bereiche werden nicht nachgeschärft (siehe oben). Auf diese Weise schärfen Sie nur die gewünschten Bereiche nach, die am Ende in der Vorschau weiß dargestellt werden – beispielsweise Konturen, Haare, Augen usw.

In Photoshop: Die Vorgehensweise in Photoshop ist nahezu identisch. Öffnen Sie das Bild in Camera Raw oder wenden Sie aus dem Menü *Filter* den *Camera Raw-Filter* an, und führen Sie dann die oben für Lightroom beschriebenen Schritte durch.

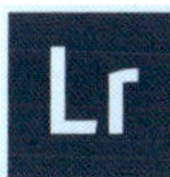

Augen aufhellen

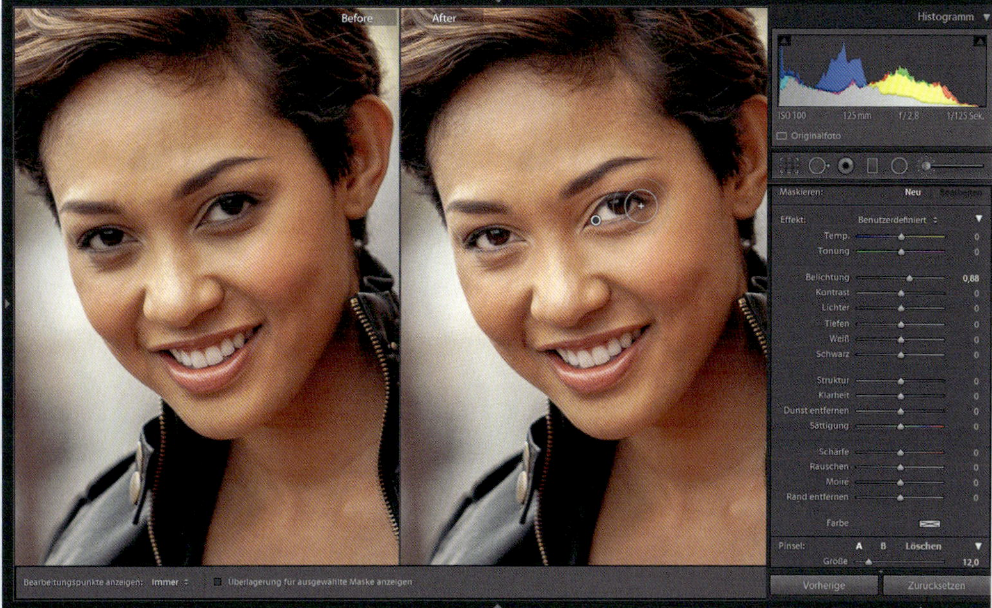

Bei dieser einfachen Retusche sollten Sie darauf achten, die Augen nicht zu stark aufzuhellen, da ansonsten ein künstlich wirkender Look entsteht. Deshalb sollten Sie versuchen, einen Helligkeitswert herauszufinden, der zur Helligkeitsverteilung im Rest des Bilds passt. Dazu beginnen Sie mit einem frei gewählten Wert, den Sie nachträglich anpassen.

In Lightroom: Aktivieren Sie im *Entwickeln*-Modul den *Korrekturpinsel* mit der Taste **K**. Dann setzen Sie alle Regler mit einem Doppelklick auf das Wort *Effekt* auf *0*. Erhöhen Sie anschließend die *Belichtung* zunächst auf *0,50*. Zoomen Sie die Augenpartie heran und malen Sie über die Augen inklusive Augapfel (siehe Bild oben). Zuletzt nehmen Sie das Feintuning mit dem *Belichtungs*-Regler vor – im Beispiel hat der Wert *0,88* gepasst.

In Photoshop: Öffnen Sie das Bild in Camera Raw oder aktivieren Sie den *Camera Raw-Filter* aus dem *Filter*-Menü. Wählen Sie mit der Taste **K** den *Korrekturpinsel* aus und klicken Sie im rechten Bedienfeld auf das Plus-Zeichen neben *Belichtung*. Daraufhin werden alle Regler auf *0* und der Wert *Belichtung* auf *+0,50* gesetzt. Nun malen Sie über das komplette Auge inklusive Augapfel, um diesen Bereich aufzuhellen. Falls nötig, passen Sie die *Belichtung* an den Rest des Gesichts an.

Das Retusche-Plug-In »Perfectly Clear«

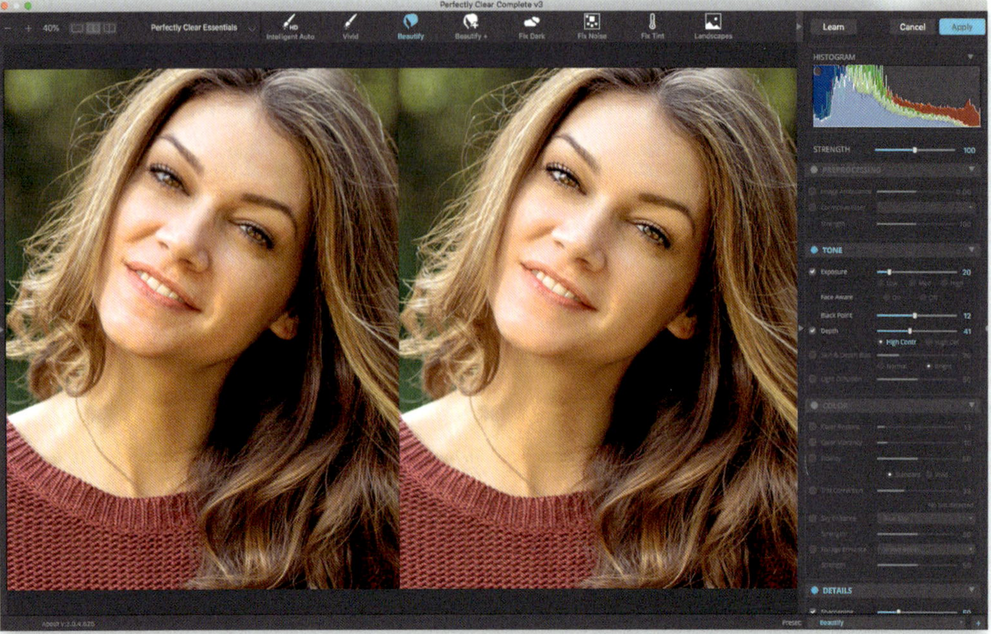

Die in diesem Kapitel beschriebenen manuellen Retuschen nehme ich nur bei den wichtigsten Fotos vor. Für alle anderen nutze ich ein Drittanbieter-Plug-In, das verdammt gute Ergebnisse liefert, wenn ich mal keine Zeit oder Lust habe, manuelle Änderungen durchzuführen. Das Plug-In arbeitet mit Gesichtserkennung und bietet Ein-Klick-Lösungen für typische Retusche-Arbeiten wie das Glätten der Haut, was in Photoshop gerade für Einsteiger eine große Herausforderung darstellt. Das Plug-In für Lightroom und Photoshop nennt sich »Perfectly Clear Complete« (aktuell lautet die Versionsnummer 3.5 – es wird kontinuierlich weiterentwickelt und könnte zum Zeitpunkt, zu dem Sie diese Zeilen lesen, bereits in Version 4 oder 5 vorliegen) und wird von EyeQ entwickelt. Wenn Sie ein Porträt in Perfectly Clear öffnen, werden per »Intelligent Auto HD« automatische Verbesserungen vorgenommen, die sehr gute Ergebnisse liefern. Möchten Sie eine umfassende Retusche durchführen, greifen Sie auf die Vorgaben »Beautify« oder »Beautify+« zurück, deren Auswirkungen Sie sofort am Bildschirm sehen können. Das Plug-In erzielt sehr gute Ergebnisse bei der Retusche von Augen und Haut – so zeichnet es die Haut weich, ohne Poren oder andere Details zu eliminieren, was viele andere Plug-Ins tun. Über die Regler am rechten Bildrand können Sie umfassende manuelle Korrekturen durchführen. Mit Reglern kann ich jedoch auch in Lightroom oder Photoshop arbeiten, sodass ich meist mit den voreingestellten Werten und Vorgaben des Plug-Ins arbeite. Zum Ausprobieren können Sie unter *https://eyeq.photos/perfectlyclear* eine kostenlose, voll funktionsfähige Testversion herunterladen, die 21 Tage lang läuft.

Color Grading wie im Film für Ihre Porträts

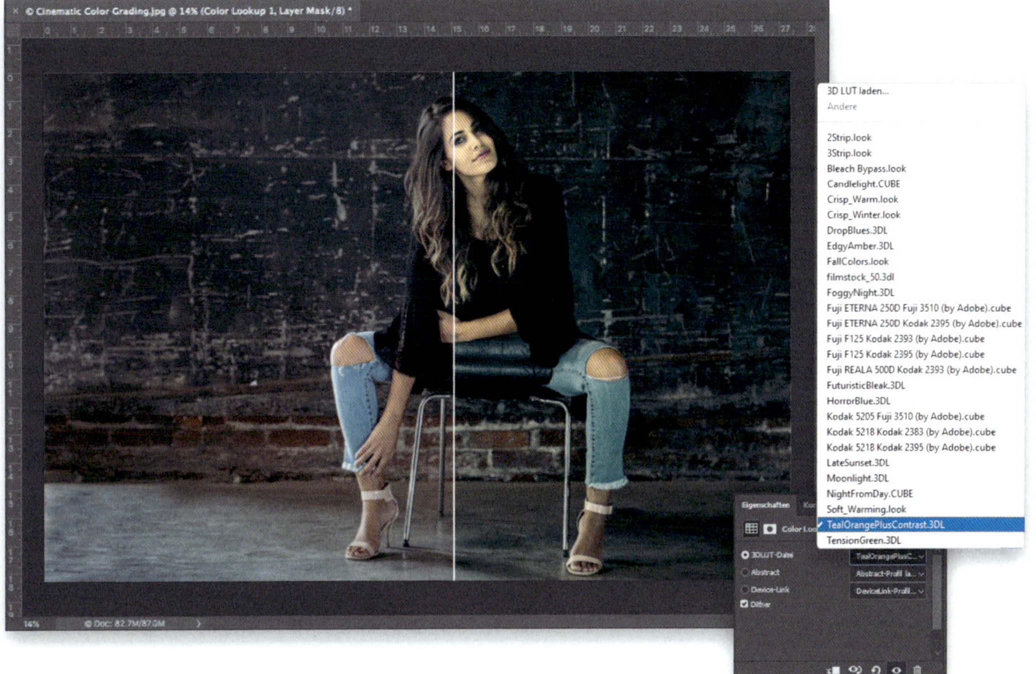

Sie werden kaum einen Film finden, der zur Erzeugung eines bestimmten Farb-Looks und der daraus resultierenden Stimmung ohne Color Grading auskommt. Auch TV-Serien arbeiten mit solchen Farbkorrekturen – von *The Handmaid's Tale* über *The Walking Dead* bis hin zu *Breaking Bad*. Nun ist das Color Grading auch in der Nachbearbeitung von Fotos angekommen und verleiht Ihren Bildern einen angesagten Kino-Look. In Photoshop lassen sich vordefinierte Farbtabellen ganz einfach anwenden: Öffnen Sie das Bild, klicken Sie auf das vierte Icon von links im *Ebenen-Bedienfeld* (der schwarzweiße Kreis) und klicken Sie auf die Option *Color Lookup*. Damit ergänzen Sie Ihre Aufnahme um eine Farbtabelle (Fachjargon »LUT« für »Lookup Table«), die für eine zweifarbige Tonung sorgt. Im Bedienfeld *Eigenschaften* sehen Sie drei Popup-Menüs. Klicken Sie auf das Listenfeld neben *3DLUT-Datei* und wählen Sie aus der Liste von Vorgaben aus. Beginnen Sie mit einem meiner Favoriten, *TealOrangePlusContrast.3DL* ziemlich weit unten im Menü. Diese LUT führt eine Tonung durch, deren Farbanmutung aktuell sehr populär ist. Probieren Sie auch meine anderen Favoriten aus, die hauptsächlich alte Analog-Filme simulieren und sich besonders auf Instagram großer Beliebtheit erfreuen: *Kodak 5218 Kodak 2383 (by Adobe).cube*, *Soft_Warming.look* und *Fuji REALA 500D Kodak 2393 (by Adobe).cube*. Die Stärke der Tonung ist bei diesen Presets sehr stark, weshalb ich meist die *Deckkraft* der Einstellungsebene so weit verringere, bis ich mit dem Erscheinungsbild zufrieden bin.

Den Verflüssigen-Filter mit Gesichtserkennung nutzen

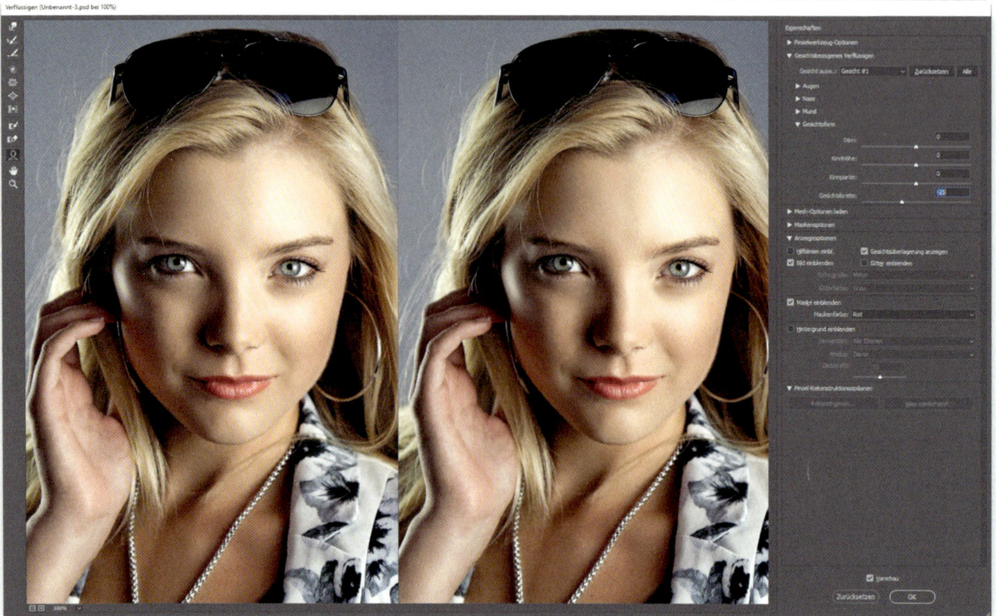

Der Verflüssigen-Filter ist sozusagen der König der Retusche-Werkzeuge von Photoshop, da er Gesichtsmerkmale automatisch erkennt und diesen mehrere Regler zuweist, mit denen Sie subtile oder extreme Änderungen an bestimmten Bestandteilen des Gesichts vornehmen. Sie können nahezu alles verändern – von der Gesichtsbreite über die Stärke des Lächelns bis hin zur Position und Größe von Nase, Augen oder Kinnpartie. So geht's: Öffnen Sie das Menü *Filter* und wählen Sie *Verflüssigen*. Daraufhin öffnet sich der gleichnamige Dialog, der im Bild oben zu sehen ist. Für Änderungen verschieben Sie ganz einfach die entsprechenden Regler am rechten Bildrand. Schieben Sie einen Regler nach links, wird der Effekt reduziert, während ein Verschieben nach rechts für eine Verstärkung des Effekts sorgt. Im Beispiel wurde der Regler *Gesichtsbreite* (unter *Gesichtsform*) nach links verschoben, um das Gesicht schlanker zu machen. Mehr müssen Sie nicht tun, und die Ergebnisse wirken bei dezenten Änderungen überaus realistisch. Befinden sich mehrere Personen auf einem Foto, erkennt und separiert Photoshop die dazugehörigen Gesichter automatisch und erlaubt den Wechsel über das Menü *Gesicht ausw.* am oberen Rand des Bereichs *Gesichtsbezogenes Verflüssigen*.

Abstehende Härchen entfernen

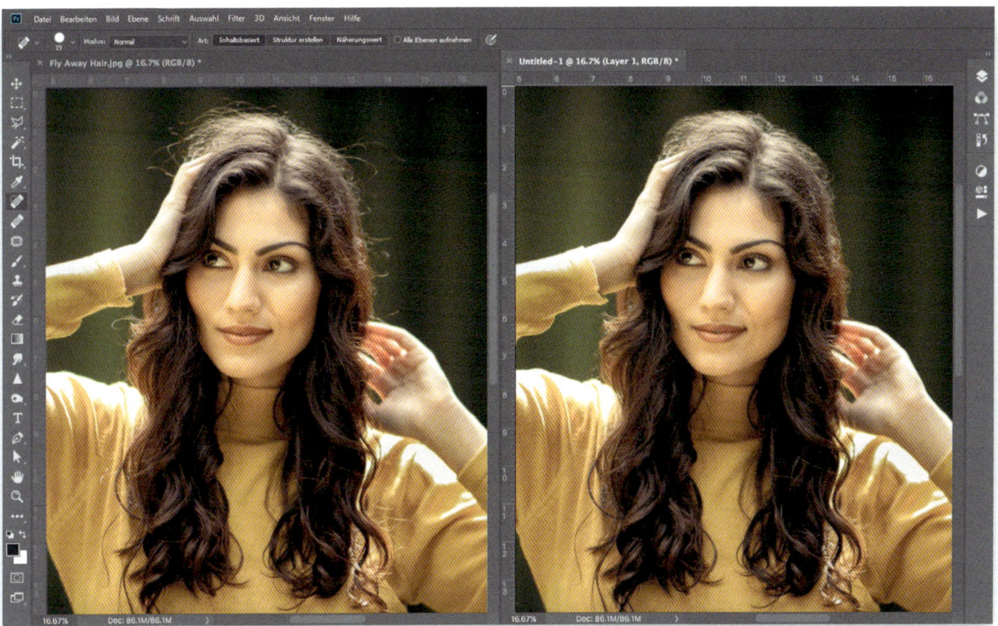

Diese Aufgabe lässt sich in Lightroom nur schwer erledigen, da das Bereichsreparatur-Werkzeug nicht besonders gut mit »fliegenden« Härchen umgehen kann. Deshalb empfehle ich Photoshop für dieses Unterfangen, denn damit bekommen Sie die lästigen Härchen viel schneller in den Griff. Aktivieren Sie zunächst den *Bereichsreparatur-Pinsel* durch wiederholtes Drücken von **Umschalt-J**, bis das Heftpflaster-Icon mit dem gestrichelten Halbkreis in der Werkzeugleiste aktiv ist. Ziehen Sie den Pinsel mit **Ctrl+Alt** (PC: **Alt**) und gedrückter Maustaste etwas größer als das zu entfernende Haar und malen Sie von der Haarspitze aus in Richtung Kopf. Beenden Sie den Pinselstrich, bevor Sie das Haupthaar des Motivs erreichen, denn das Werkzeug tendiert dazu, dichtes Haar zu verschmieren. Stattdessen nutzen Sie ab hier den *Kopierstempel*, den Sie mit der Taste **S** erreichen. Stellen Sie den Pinsel sehr klein und weich ein, halten Sie die Taste **Option** oder **Alt** (PC) gedrückt, und nehmen Sie einen freien Hintergrundbereich in der Nähe des Haars auf. Dann bewegen Sie den Cursor über das zu entfernende Härchen, machen ihn ein wenig größer als den zu korrigierenden Bereich, und stempeln per Mausklick den zuvor aufgenommenen Hintergrundbereich darüber. Während der Retusche werden Sie höchstwahrscheinlich sehr oft zwischen den beiden Werkzeugen hin- und herwechseln, bis Sie alle Härchen in den Griff bekommen haben (siehe rechtes Bild). Manchmal können Sie mit dem *Bereichsreparatur-Pinsel* in das Haupthaar hineinmalen, ohne dass es verschmiert – betrachten Sie dies als einen Bonus, der Ihnen den nachträglichen Einsatz des Kopierstempels im betreffenden Abschnitt erspart.

Das Gesicht aufhellen, damit es die Blicke anzieht

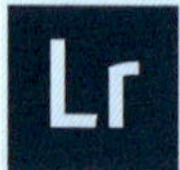

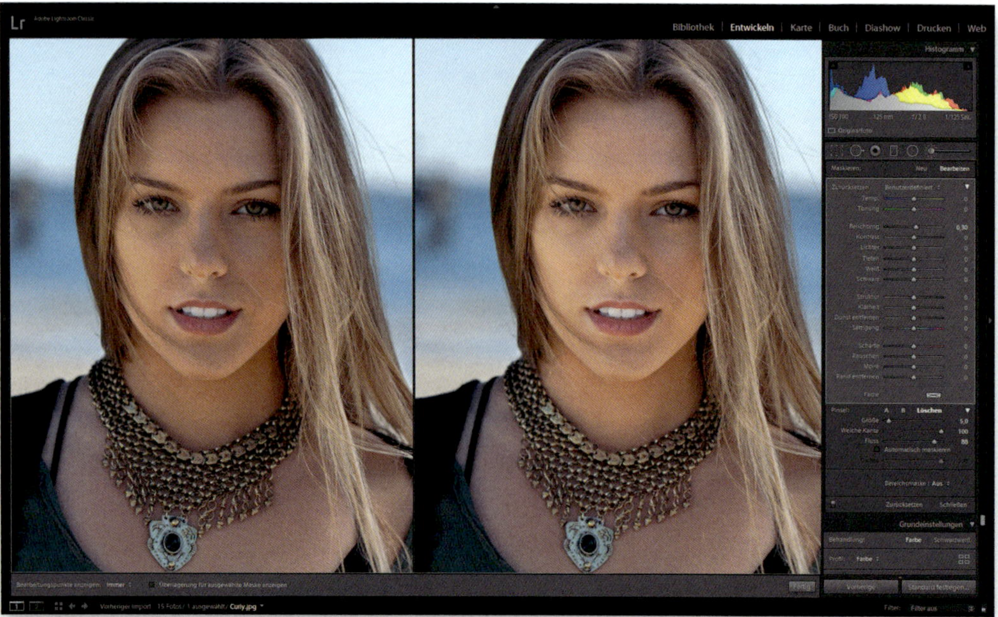

Unser Blick wird von der hellsten Stelle im Bild angezogen, was im Falle von Porträts natürlich das Gesicht sein sollte. Aus diesem Grund helle ich bei nahezu all meinen Porträts die Gesichtspartie um 1/3 Blendenstufen auf. So geht's:

In Lightroom: Im *Entwickeln*-Modul aktivieren Sie den *Korrekturpinsel* mit der Taste **K** und doppelklicken im rechten Fensterbereich auf das Wort *Effekt*, um alle Regler zurückzusetzen. Anschließend erhöhen Sie die *Belichtung* auf *0,30* und malen über das Gesicht des Motivs, um es ein wenig aufzuhellen. Treten dabei große Unterschiede zwischen Kopf und Hals zutage, hellen Sie auch die Halspartie entsprechend auf. Der Helligkeitszuwachs ist bewusst sehr gering gewählt – empfinden Sie das Gesicht immer noch als zu dunkel, können Sie die Belichtung auf bis zu *0,50* erhöhen.

In Photoshop: Öffnen Sie das Bild in Camara Raw oder aktivieren Sie unter *Filter* den *Camera Raw-Filter*. Nachdem Sie den *Korrekturpinsel* mit der Taste **K** ausgewählt haben, klicken Sie im rechten Fensterbereich auf das Pluszeichen neben *Belichtung*, wodurch diese auf *+0,50* und alle anderen Werte auf *0* gesetzt werden. Nun verschieben Sie den Belichtungsregler nach links, bis der Wert *+0,30* erreicht ist, was 1/3 Blendenstufen entspricht. Malen Sie über die Gesichts- und gegebenenfalls die Halspartien, um diese aufzuhellen. Ist Ihnen der Effekt zu subtil, erhöhen Sie die Belichtung um bis zu *+0,50*.

Eine dezente Vignette hinzufügen

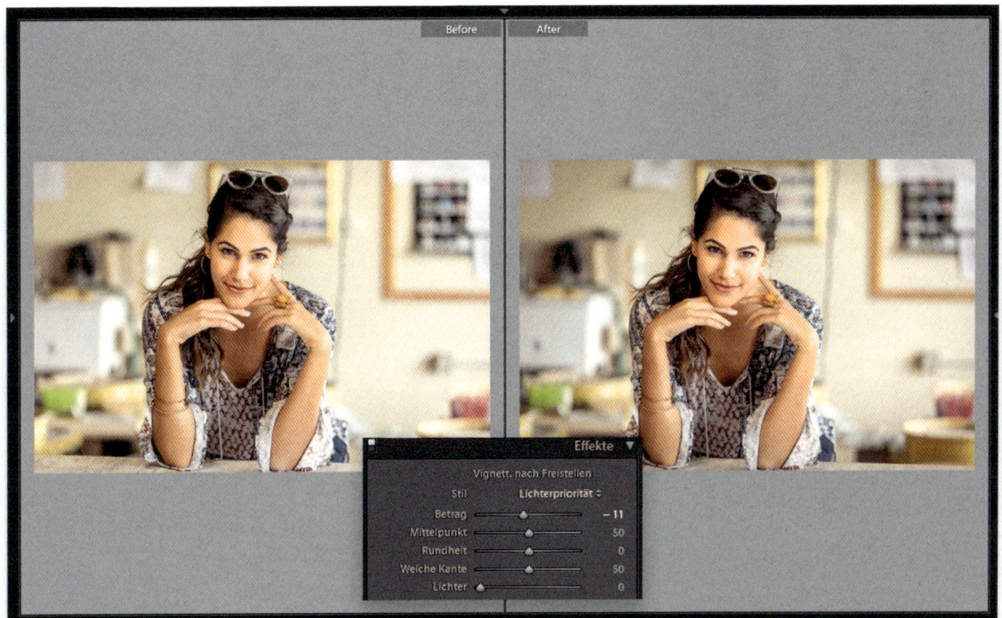

Diesen Bearbeitungsschritt führe ich bei allen meinen Bildern nach allen anderen Retuschen aus. Eine zarte Vignette dunkelt die Bildränder ab und lenkt damit den Blick des Betrachters weg von den Rändern und hin zum Motiv. Auf den ersten Blick scheint dieser sehr subtile Effekt (speziell mit der niedrigen Stärke, die ich stets einstelle) kaum sichtbar – doch wenn Sie ihn ein- und ausschalten, fällt Ihnen der Unterschied gewiss auf. So versehen Sie die Ränder Ihrer Porträts mit einem Vignetten-Effekt:

In Lightroom: Scrollen Sie im *Entwickeln*-Modul nach unten, bis die den Bereich *Effekte* sehen. Unter *Vignettierung nach Freistellen* wählen Sie *Lichterpriorität* und geben einen *Betrag* von *-11* ein (siehe oben). Das war auch schon alles. Um den Vignetten-Effekt testweise aus- und wieder einzuschalten, nutzen Sie den kleinen Schalter im Effekte-Panel links oben.

In Photoshop: Öffnen Sie das Bild in Camera Raw oder klicken Sie im *Filter*-Menü auf *Camera Raw-Filter*. Klicken Sie auf das Icon *Effekte* (das dritte Symbol von rechts mit der Beschriftung *fx*). Im Bereich *Vignettierung nach Freistellen* verringern Sie die *Stärke* auf *-11* – fertig! Um den Effekt zu begutachten und dessen seinen Einfluss auf die Bildwirkung zu sehen, schalten Sie ihn mit dem Icon am unteren rechten Bildrand (das Symbol mit den drei Reglern) aus und wieder ein.

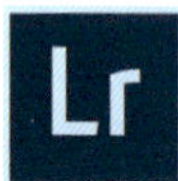

Virtuellen Spot aufstellen

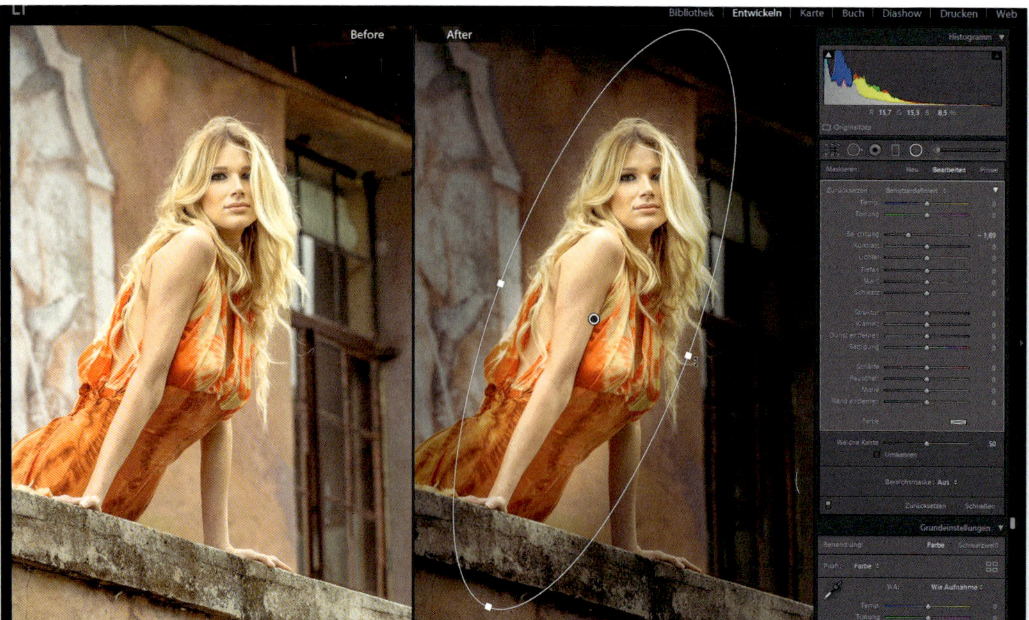

Diese Technik mag ich besonders gerne: Stellen Sie einen virtuellen Spot mit weichem Licht auf. Sie können den Lichtkegel in der Größe anpassen, drehen und seine Form verändern, um damit Ihr Motiv ansprechend in Szene zu setzen.

In Lightroom: Aktivieren Sie im *Entwickeln*-Modul mit der Tastenkombination **Umschalt-M** den *Radial-Filter* und setzen Sie mit einem Doppelklick auf das Wort *Effekt* alle Werte auf *0*. Fahren Sie mit den Anweisungen im nachfolgenden Photoshop-Abschnitt fort.

In Photoshop: Öffnen Sie das Bild in Camera Raw oder mit dem *Camera Raw-Filter* aus dem *Filter*-Menü. Aktivieren Sie mit der Taste **J** den *Radial-Filter* und klicken Sie auf das Minus-Symbol neben *Belichtung*, um diesen Wert auf *-0,50* und alle anderen Regler auf *0* zu setzen.

Verringern Sie nun die *Belichtung* auf *-1,00* bis *-1,50* oder für einen noch dramatischeren Effekt auf einen Wert nahe *-2,00* (im Beispiel habe ich *-1,89* eingestellt). Aktivieren Sie in Lightroom neben *Effekt* die Option *Außen*, sodass die Abdunklung nur auf Bereiche außerhalb des Spotlichts wirkt, und stellen Sie sicher, dass die Funktion *Invertieren* deaktiviert ist. Ziehen Sie nun bei gedrückt gehaltener Maustaste ein Oval rund um das Motiv auf. Durch Klickziehen innerhalb der Kontur verschieben die den Spot-Bereich an eine andere Stelle. Mit den Anfasser-Punkten verändern Sie die Form und Größe des Ovals. Indem Sie neben die Kontur des Ovals klicken und die Maus verschieben, drehen Sie den Effektbereich.

Einfarbige Hintergründe mit einer Struktur versehen

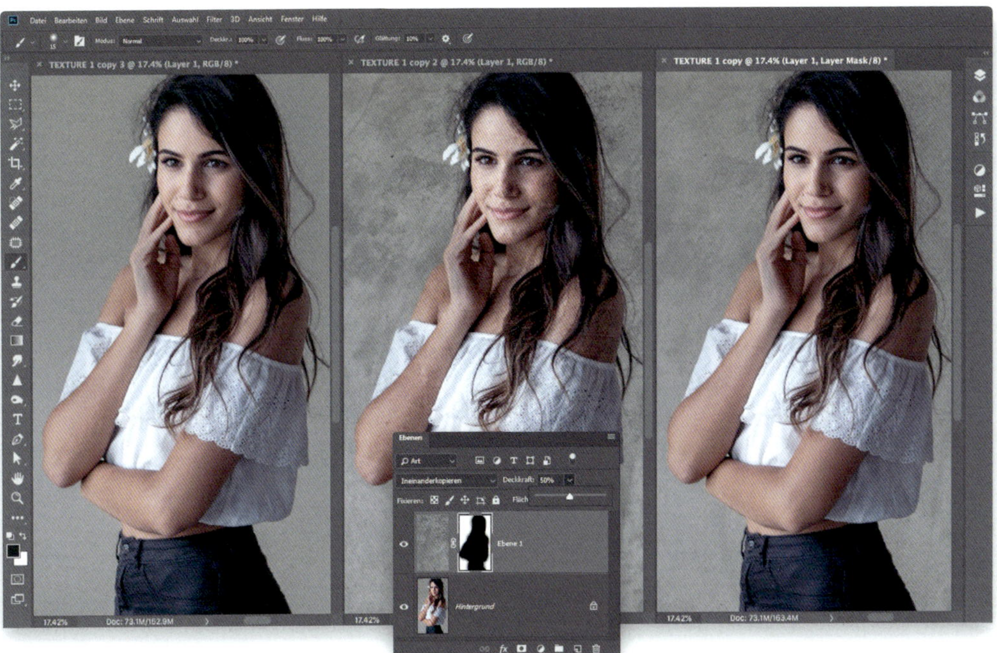

Das Bild links wurde vor einem einfarbigen Hintergrund aufgenommen. Um der Aufnahme ein wenig mehr Leben einzuhauchen, können Sie einen strukturierten Hintergrund einbauen. Dazu laden Sie entweder einen Hintergrund von einem Online-Bilderdienst herunter (der Beispiel-Hintergrund stammt von Adobe Stock) oder durchsuchen das Web nach kostenlosen Texturen (stellen Sie dabei sicher, dass es sich um Bild unter der passenden »Creative Commons«-Lizenz handelt, die Ihnen eine freie kommerzielle Verwendung erlaubt). Es empfiehlt sich auch immer, bei Ihren Foto-Exkursionen interessante Strukturen für solche Fälle abzulichten.

In Photoshop: Öffnen Sie das Porträt und die Hintergrund-Datei. Befördern Sie die Textur per **Command-A** (PC: **Strg-A**) und **Command-C** (PC: **Strg-C**) in die Zwischenablage. Per **Command-V** (PC: **Strg-V**) fügen Sie den Hintergrund in die Porträt-Datei ein. Die Struktur überdeckt nun auf ihrer eigenen Ebene das Motiv vollkommen, weshalb Sie im *Ebenen-Bedienfeld* den *Mischmodus* von *Normal* auf *Ineinanderkopieren* ändern. Nun erscheint das Motiv wieder, leidet jedoch unter einem extremen Fall von Schuppenflechte, da die Struktur über die Person kopiert wird (Bild Mitte). Fügen Sie deshalb mit dem dritten Icon von links eine *Ebenenmaske* hinzu. Geht im nachfolgenden Schritt etwas schief, wirkt sich dies nur auf die Maske aus. Aktivieren Sie das *Pinselwerkzeug* mit der Taste **B**, stellen Sie in den Pinsel-Optionen in der oberen Leiste eine sehr geringe *Härte* ein und setzen Sie die Vordergrundfarbe auf Schwarz. Malen Sie nun über Ihr Motiv, sodass der Hintergrund an diesen Stellen ausmaskiert wird. Zum Schluss verringern Sie noch die *Deckkraft* im *Ebenen-Bedienfeld* oben auf *50 %*.

Haut aufhellen

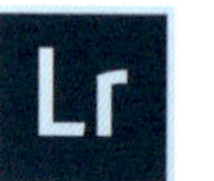

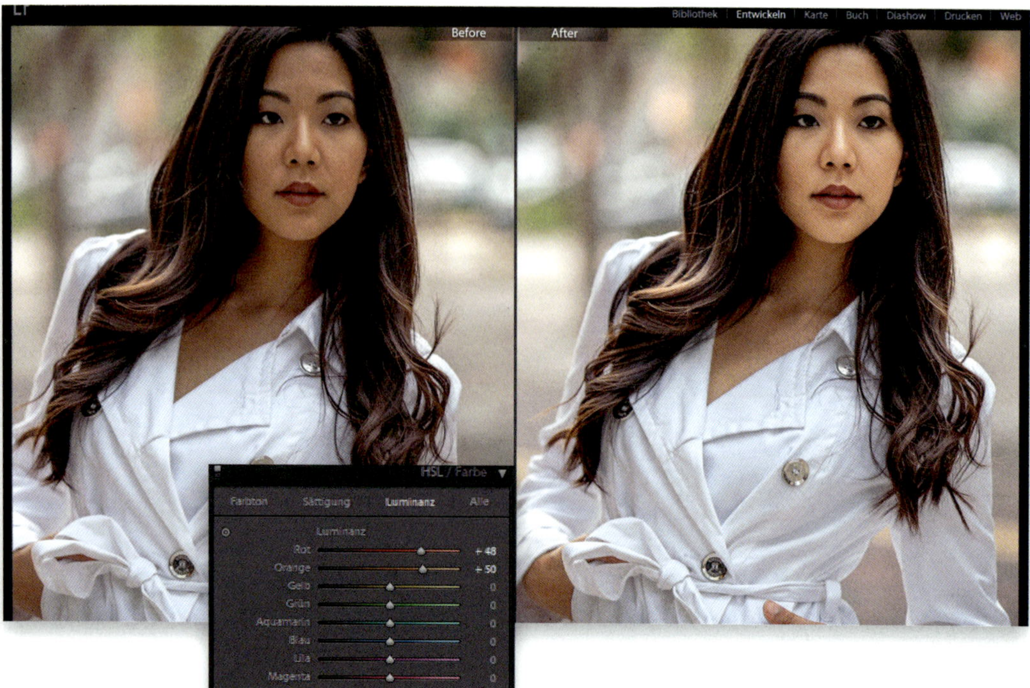

Nach der Bearbeitung sieht das Bild richtig gut aus – jetzt wollen Sie nur noch schnell die Haut Ihres Motivs aufhellen. Mit folgendem Trick machen Sie die Hautpartien in Sekundenschnelle heller, ohne den Rest der Aufnahme zu verfälschen.

In Lightroom: Scrollen Sie im *Entwickeln*-Modul bis zum Bereich *HSL/Farbe* und aktivieren Sie die Registerkarte *Luminanz*. Ziehen Sie die Regler *Rot* und *Orange* nach rechts, um Hautbereiche im Bild aufzuhellen (die meisten Hauttöne befinden sich in diesen beiden Farbbereichen). Dabei wird nicht nur die Gesichtshaut aufgehellt, sondern auch alle anderen Hautpartien wie Hals, Arme und Hände. Finden sich im Hintergrund rote und orange Bereiche, werden diese zwar mit aufgehellt, doch dieser Effekt fällt in den meisten Fällen vernachlässigbar gering aus.

In Photoshop: Öffnen Sie das Bild in Camera Raw oder aktivieren Sie im *Filter*-Menü den *Camera Raw-Filter*. Öffnen Sie mit einem Klick auf das vierte Icon von links die *HSL-Einstellungen* und klicken Sie auf den Reiter *Luminanz*. Durch Verschieben der Regler *Rot* und *Orange* hellen Sie die Hauttöne im Bild auf (die meisten Hautfarben finden sich in diesen Reglerbereichen). Außer dem Gesicht werden durch diese Maßnahme auch andere Hautbereiche wie Hals, Arme oder Hände heller gemacht. Sollte Ihr Porträt rote oder orange Elemente im Hintergrund enthalten, werden diese auch aufgehellt, was jedoch keinen negativen Einfluss auf die Bildwirkung haben sollte.

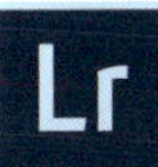

Hautpartien verschönern

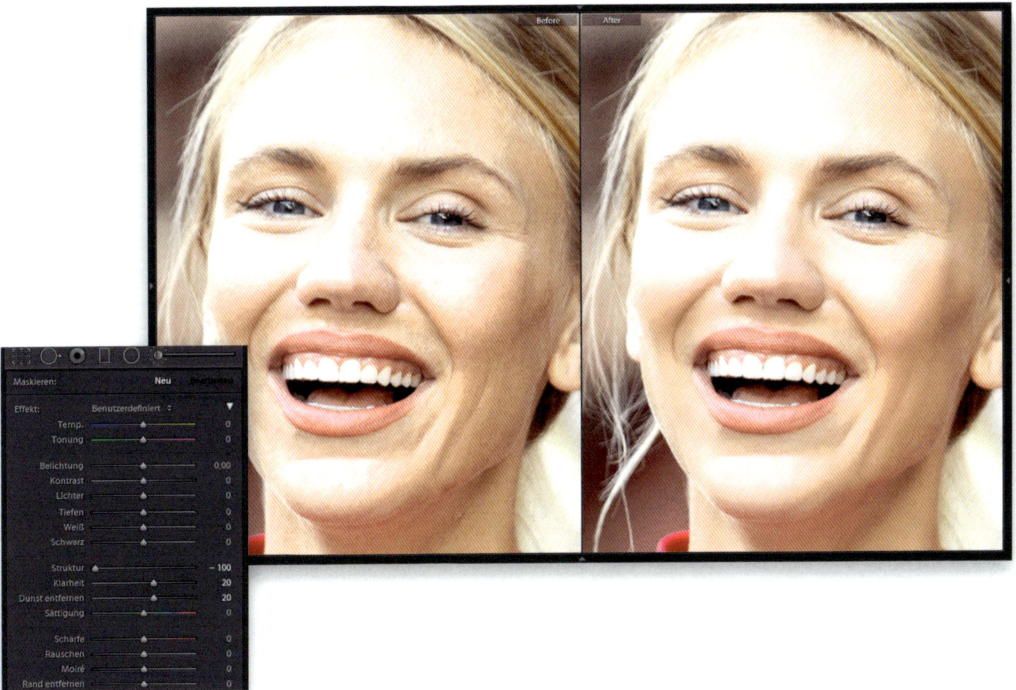

Jahrelang habe ich davon abgeraten, Hautkorrekturen in Lightroom vorzunehmen. Es war zwar möglich, aber das Ergebnis war bestenfalls zufriedenstellend. Mit dem Regler *Struktur* ist Lightroom in dieser Disziplin viel besser geworden. (Sie ist jedoch immer noch weit entfernt von der Frequenztrennungs-Technik in Photoshop, die allerdings den Rahmen dieses Buchs sprengen würde. Ich habe ein Schritt-für-Schritt-Video zu dem Thema aufgenommen. Warum? Weil ich Ihnen, werte Leserinnen und Leser, unbedingt etwas Gutes tun möchte. Sie finden das Video zusammen mit einigen anderen Clips zu Techniken aus diesem Kapitel auf der Website zum Buch, auf die in der Einleitung verwiesen wird.) Ich möchte an dieser Stelle meinem lieben Freund und Kollegen, dem Modefotografen Frank Doorhof, danken, der mich auf diese Methode der Hautverschönerung hingewiesen hat. So geht er dabei vor: Aktivieren Sie im *Entwickeln*-Modul den *Korrekturpinsel* mit der Taste **K** und doppelklicken Sie auf das Wort *Effekt*, um alle Regler zurückzusetzen. Dann verringern Sie den Wert *Struktur* um einen großen Wert zwischen *-80* und *-100*. Anschließend bringen Sie mit dem Regler *Klarheit* einige Details wieder zum Vorschein. Während Sie auf der Gesichtshaut des Motivs malen, müssen Sie Detailbereiche wie Augen, Lippen oder Haare unbedingt aussparen. Womöglich müssen Sie die Pinselgröße reduzieren. Nachdem Sie mit den Korrekturen fertig sind, stellen Sie den Regler *Dunst entfernen* auf einen Wert um die *20*, um die Lichter und Schatten im Gesichtsbereich zu kontrollieren. Das funktioniert richtig gut – danke, Frank!

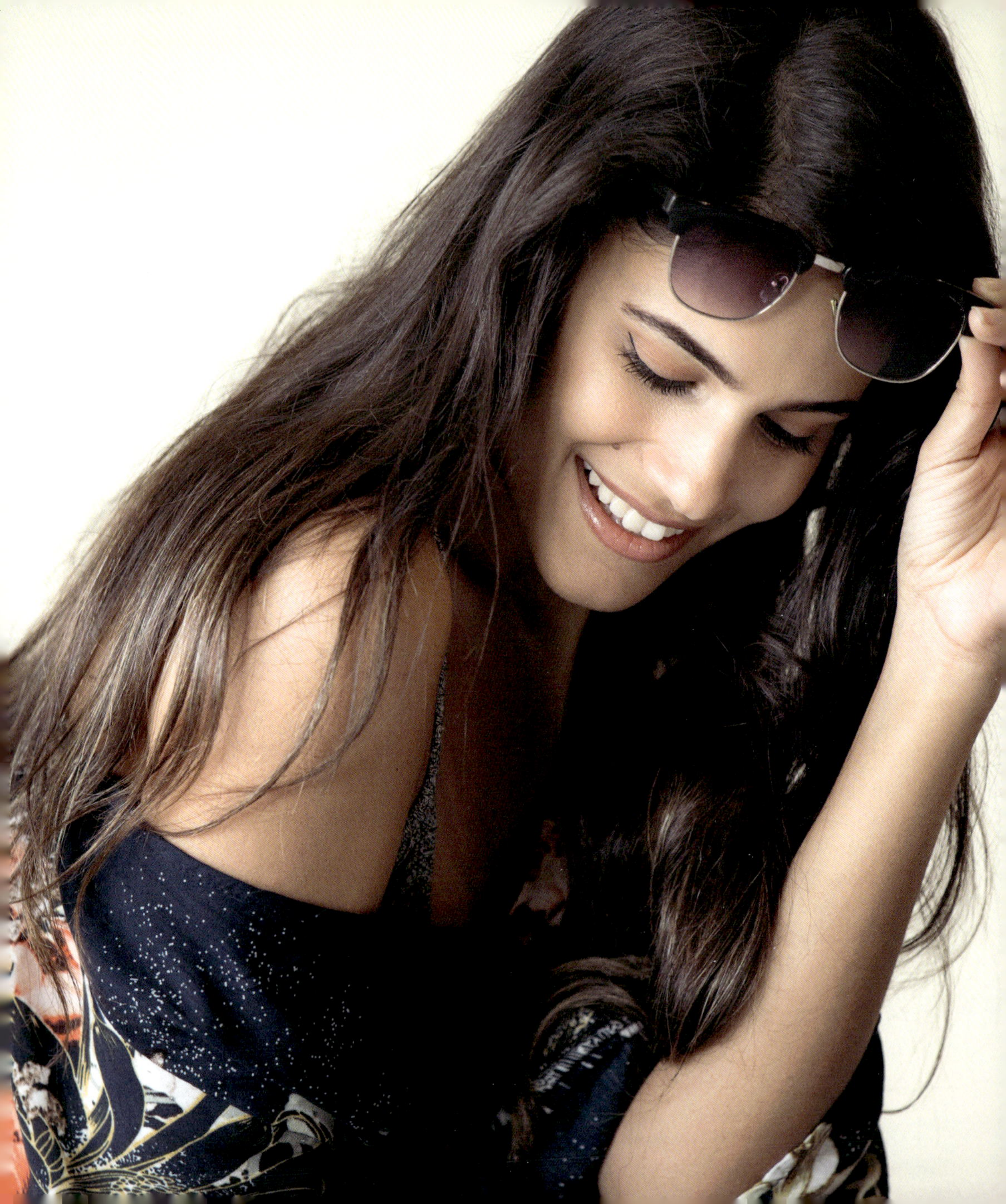

Porträt-Rezepte

Zutaten für großartige Porträtaufnahmen

Dieses Kapitel habe ich bis zum Schluss aufgehoben – da es das letzte Kapitel ist. Auf den folgenden Seiten präsentiere ich Ihnen exklusive Einblicke hinter die Kulissen meiner Shootings. Auf diesen im beliebten Vorher-Nachher-Stil gehaltenen Seiten erfahren Sie auch Wissenswertes über die Besonderheiten der Porträtaufnahmen, die erforderlichen Kameraeinstellungen und technischen Aspekte und einige persönliche Anmerkungen und Sie erfahren auch viele Erfahrungen. Am Ende eines jeden Abschnitts geht es um die Nachbearbeitung, die ich anhand der Schwarzweiß-Aufnahme eines Zaunpfahls erörtere. Womöglich denken Sie nun: »Scott, du hast gerade etwas Informatives und Hilfreiches geschrieben. Nun bin ich aber enttäuscht, da ich viel weniger erwartet habe!« Ich weiß. Auch ich denke, dass ich Sie enttäuscht habe – aber diese Einleitung ist ja noch nicht zu Ende und ich könnte noch die Kurve kriegen in Richtung dieser völlig hirnlosen Texte, die dieses Buch so prägen. Aber: das tue ich nicht. Zum ersten Mal habe ich in einem Intro etwas von Wert vermittelt, und das fühlt sich sehr gut an. So gut, dass ich sozusagen als Ausgleich für all das Gebrabbel in den anderen Einleitungen etwas mit Ihnen teilen möchte, das ich auf die harte Tour gelernt habe. Etwas, von dem ich wünschte, ich hätte es zu Beginn meiner fotografischen Laufbahn gewusst – es hätte mir viele Jahre der Mühe erspart. Genau das werde ich nun für Sie tun. Ich möchte die Person sein, die nicht erwartet, dass Sie sich Ihre Pfründe selbst verdienen oder es – so wie ich – auf die harte Tour lernen sollten. Nein, ich werde nun der Mensch sein, der die Regeln bricht und Ihnen unumwunden, vorbehalts- und selbstlos diese eine Sache verraten wird, die den einen wichtigen Unterschied in der Porträtfotografie ausmacht. Es ist etwas, das ich bislang an keiner Stelle in diesem Buch erwähnt habe, doch es ist mit Abstand wertvoller als alles andere, was Sie bis hierhin gelesen haben. Wie soll ich sagen – es ist ganz einfach diese

Fotografieren im Sonnenlicht mit Diffusor

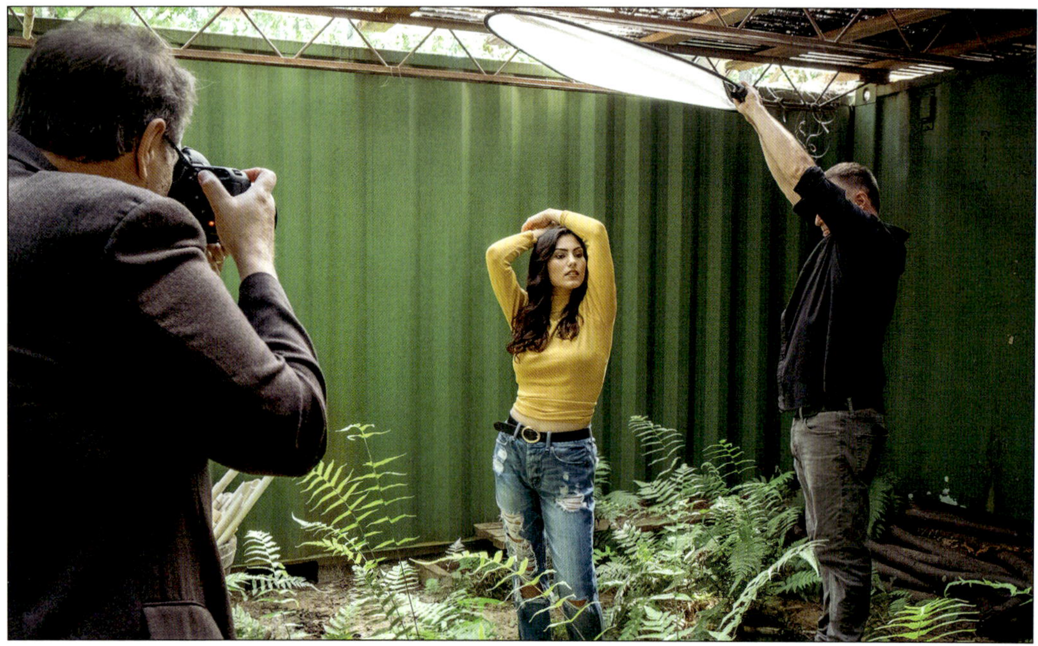

Hinter den Kulissen: Unser Modell posierte in einer alten Lagerhalle mit weitgehend abgedecktem Dach – also ausreichend Licht für ein schönes Porträt. Die Farbe der Wände hatte es uns besonders angetan, da sie perfekt mit dem gelben Oberteil des Modells harmonierte und ein interessantes Muster aufwies. Die ersten Testaufnahmen waren jedoch ernüchternd, da das grelle Sonnenlicht von oben nahezu alle Lichter beschnitt, das Bild mit Belichtungskorrektur aber zu dunkel wurde. Deshalb entschieden wir uns für den Einsatz unseres 1-Stop-Diffusors von Lastolite direkt über dem Kopf des Modells (siehe oben). Diese Maßnahme allein sorgte für eine überragende Lichtstimmung ohne überstrahlende Bereiche.

Kameraeinstellungen: Für das finale Bild auf der nächsten Seite verwendete ich ein 85-mm-f/1.2-Objektiv, doch hatte ich auf f/1.8 abgeblendet, weil ich unscharfe Aufnahmen durch zu geringe Schärfentiefe vermeiden wollte. Sobald der Diffusor zum Abmildern des Lichteinfalls zum Einsatz kam, musste ich die ISO-Empfindlichkeit auf 400 hochziehen, damit die Verschlusszeit kurz genug blieb für das Fotografieren aus der Hand. Wie immer hatte ich die Blendenpriorität eingestellt, sodass die Kamera bei f/1.8 und 400 ISO eine Verschlusszeit von 1/100 s vorschlug. Nach der Testaufnahme empfand ich das Bild als ein bisschen zu hell, weshalb ich per Belichtungskorrektur 1/3 Blendenstufe niedriger ging, um eine geringe Unterbelichtung zu erzielen. Diese Maßnahmen haben am Ende zu einem sehr schönen Ergebnis geführt.

Finales Bild

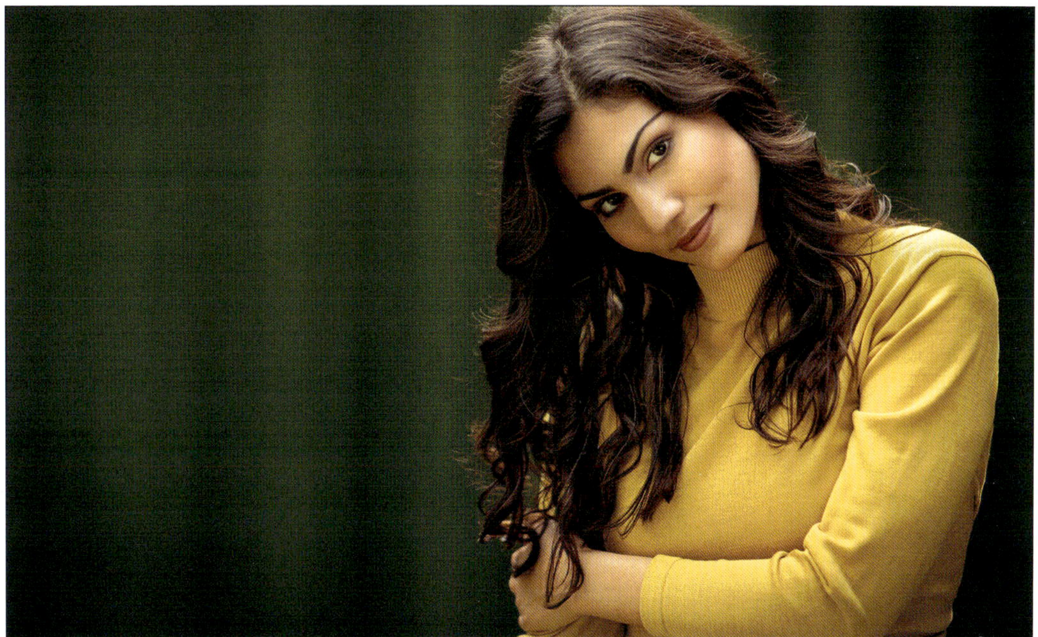

Anmerkungen: Hier sehen Sie eindrucksvoll, welchen Unterschied ein 1-Stop-Diffusor machen kann. Mit dem geringen Überstrahlen an der rechten Schulter des Modells konnte ich leben. Das weiche Sonnenlicht hat das Haar auf beiden Seiten gut ausgeleuchtet – fast wie ein zusätzlicher Spot. In Sachen Komposition habe ich die junge Frau weit rechts platziert, wodurch viel Leerraum im Rahmen entsteht, der den Blick des Betrachters auf das Motiv lenkt (man spricht hier von »negativem Raum«). Auch die Trennung zwischen Motiv und Hintergrund ist geglückt. Das Modell stand nur etwa einen Meter von der Wand entfernt, doch dank der Blende f/1.8 wird der Hintergrund schon bei diesem geringen Abstand schön unscharf.

Nachbearbeitung: Für einen dramatischeren Look habe ich im Effekt-Bereich von Lightroom eine Vignettierung hinzugefügt, welche die Ränder dezent abdunkelt. Dann habe ich mit dem *Verlaufsfilter* bei einer *Belichtungseinstellung* von -1,00 den Bereich vom linken Bildrand bis zum Motiv abgedunkelt. Diese Maßnahme lenkt den Blick des Betrachters zusätzlich in Richtung Motiv. Mit dem *Korrekturpinsel* und einer *Belichtungseinstellung* von +0,50 habe ich über die Haare auf der linken Bildseite gemalt. Durch die Neigung des Kopfes sind einige Schatten in diesem Haarbereich entstanden, die ich durch das selektive Nachbelichten mit dem *Korrekturpinsel* geöffnet habe. Zuletzt habe ich in den *Grundeinstellungen* den *Kontrast* erhöht, um die Farben im Bild schöner und dynamischer wirken zu lassen.

Raumgreifendes Porträt mit Diffusor

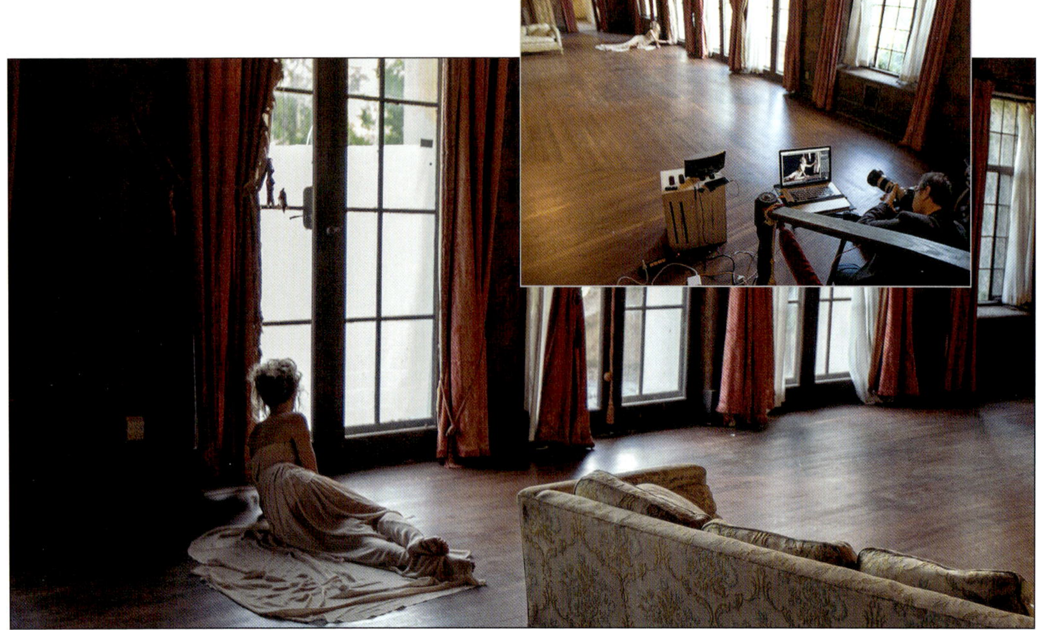

Hinter den Kulissen: Unser Modell lag auf dem Boden in einem prachtvoll ausgestatteten, lichtdurchfluteten Raum mit französischen Türen, die fast bis unter die Decke reichen. Wie ich mit dem Lichteinfall umgegangen bin, erfahren Sie auf der nächsten Seite. Ich selbst befand mich am rechten Rand des Raums auf dem Boden sitzend (zu sehen im kleinen Bild oben). Ich hatte meine Kamera mit meinem 15-Zoll-Laptop verbunden, sodass ich die Fotos direkt in Lightroom sehen konnte. Ein großes Display hilft ungemein beim Aufspüren kleiner Fehler, wie beispielsweise geringen Unschärfen. Des Weiteren können Sie Licht und Schatten besser beurteilen und den Gesichtsausdruck Ihres Motivs klar erkennen. Links neben mir stand ein Lautsprecher auf einer Apple Box, der für den musikalischen Rahmen bei diesem Shooting sorgte.

Kameraeinstellungen: Das finale Bild auf der gegenüberliegenden Seite entstand mit einem 70–200-mm-f/2.8-Objektiv bei 70 mm. Diese Brennweite war aufgrund der großen Entfernung zum Motiv nötig, da ich auf diese Weise genug vom Raum auf den Sensor bannen konnte, um eine Geschichte zu erzählen. Mit einem Weitwinkelobjektiv hätte ich näher herangehen können, doch das hätte zu Verzerrungen und einem wenig schmeichelhaften Look des Modells geführt. Die ISO-Empfindlichkeit betrug 200, was ein wenig zu viel ist, da ich ein Stativ nutzte. Im Blendenprioritätsmodus schlug die Kamera eine Verschlusszeit von 1/13 s vor, was viel zu langsam für Aufnahmen aus der Hand ist, beim Einsatz eines Stativs jedoch kein Problem darstellt.

Finales Bild

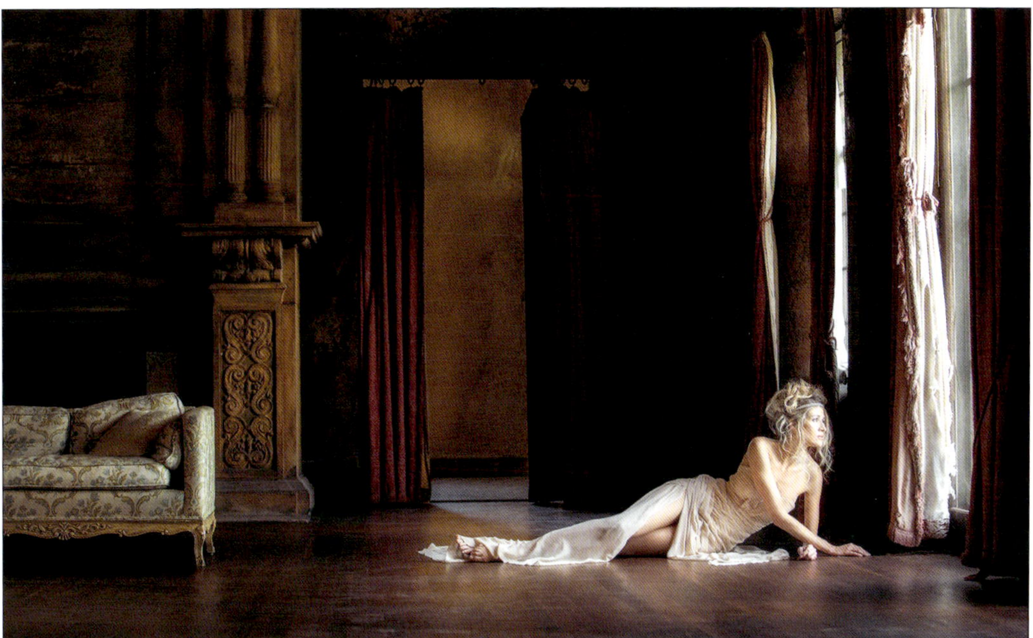

Anmerkungen: Die größte Herausforderung bei diesem Shooting bestand darin, das Licht zu meistern, das durch die großen Fensterreihen fiel. In meiner Testaufnahme wurden dadurch die Lichter im Gesicht beschnitten – das Kameradisplay war voll mit Clipping-Warnungen. Die Lösung bestand darin, einen halbtransparenten Duschvorhang mit Gaffer-Tape am Fenster anzubringen, um das einfallende Licht weicher zu gestalten (siehe Seite 39). Die halbtransparente Kunststoffplane hat das Fenster in eine riesige Softbox verwandelt, die das harsche Sonnenlicht stark abmilderte.

Nachbearbeitung: Ich wollte so viele Details wie möglich hinter dem Motiv einfangen, was dem Bild eine enorme Tiefe verleiht. Deshalb habe ich den *Tiefen*-Regler in Lightroom nach rechts geschoben, um die Schatten zu öffnen. Die *Lichter* habe ich dagegen reduziert, um zu helle Stellen im Bild zu vermeiden. Indem ich den *Kontrast*-Regler ein wenig nach rechts gezogen habe, intensivierte ich die Details im ganzen Bild. Dann habe ich noch eine Vignettierung an den Bildrändern hinzugefügt, wie auf Seite 147 beschrieben. Den letzten Feinschliff erhielt das Bild durch die Erhöhung der *Schärfe* auf einen Wert von 65, was für einen crispen Look mit guter Detailzeichnung sorgt.

Porträt mit Rückenlicht und überstrahlender Sonne

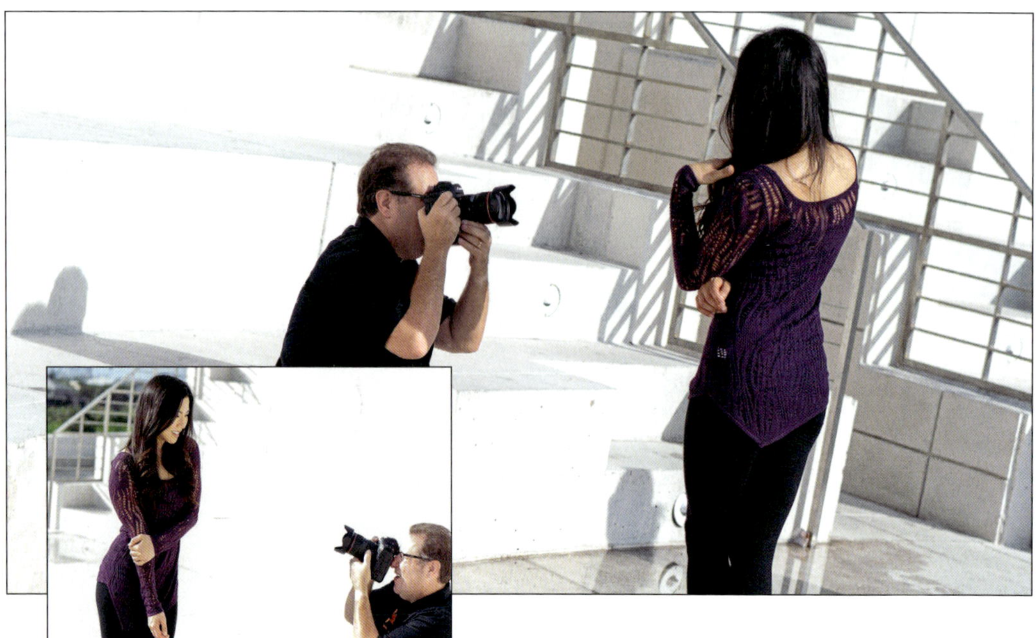

Hinter den Kulissen: Diese Aufnahme entstand in einem Amphitheater unter freiem Himmel an einem heißen Tag in Florida. Es war später Nachmittag, sodass es sich anbot, durch eine niedrige Kameraposition die Sonne hinter der Schulter des Modells zu platzieren. Ich habe versucht, die Sonne mit den Konturen des Modells zu überlappen, um einen schönen Sunburst-Effekt zu erzielen. Statt einer großen, hellen Kugel sind dann einzelne Sonnenstrahlen und Blendenflecke zu sehen, was für eine ebenso interessante wie faszinierende Bildwirkung sorgt.

Kameraeinstellungen: Die Aufnahme des finalen Bilds auf der nächsten Seite erfolgte mit einem Weitwinkel-Objektiv, da sich damit Lens-Flare-Effekte viel leichter einfangen lassen als mit einem Objektiv mit längerer Brennweite. Ich nutzte deshalb ein 24–70-mm-f/2.8-Objektiv bei 24 mm. Eigentlich mag ich dieses Objektiv überhaupt nicht (weshalb ich meins kurz nach dieser Aufnahme verkauft habe), doch es war die einzige Weitwinkel-Optik, die ich an diesem Tag dabeihatte – getreu der Devise »In der Not frisst der Teufel Fliegen«. Ich wählte Blende f/2.8 (obwohl ich mit f/1.6 noch mehr Sonnenstrahlen hätte einfangen können) bei 100 ISO. Wie immer fotografierte ich mit Blendenpriorität, was zu einer Verschlusszeit von 1/4.000 s führte. Da mein Motiv durch die Hintergrundbeleuchtung lediglich als Silhouette zu erkennen war, habe ich die Belichtungskorrektur eingesetzt, um Details herauszuarbeiten. Bei einer Korrektur von +1,3 Blendenstufen öffneten sich die Schatten im Motivbereich, während der Hintergrund mit der Sonne die erwünschte Überstrahlung aufwies.

Finales Bild

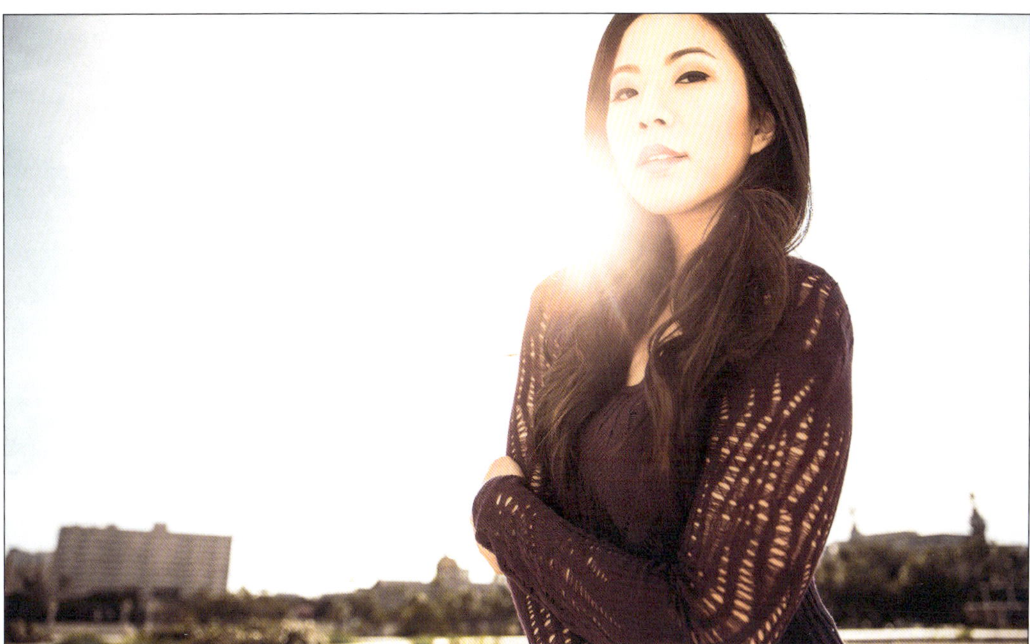

Anmerkungen: Normalerweise vermeide ich um jeden Preis, Menschen von einem niedrigen Blickwinkel aus abzulichten, da dies der Attraktivität der Person schadet. Aus demselben Grund fotografiere ich ungern mit 24–70-mm-Objektiven. In diesem Fall ließ ich diese beiden Regeln unbeachtet, um die überstrahlende Bildwirkung in Kombination mit einem vage erkennbaren Hintergrund zu erzeugen (beachten Sie die Skyline auf der anderen Seite des Flusses). Die ganz spezifische Position der Sonne, die das Motiv zu berühren scheint, zwang mich dazu, in die Knie zu gehen, was ich unter normalen Umständen (gelinde gesagt) gar nicht ausstehen kann.

Nachbearbeitung: Um den ausgewaschenen, überstrahlenden Look zu kreieren, habe ich in Lightroom die *Lichter* stark angezogen und den *Kontrast* ein wenig reduziert. Um mehr Details aus meinem hintergrundbeleuchteten Modell herauszuholen, habe ich den *Tiefen*-Regler nach rechts geschoben. Anschließend brachte ich durch Verschieben des *Temperatur*-Reglers nach rechts in Richtung *Gelb* ein wenig Wärme ins Bild. Das hätte ich auch ohne Nachbearbeitung hinbekommen können, wenn ich mit der Aufnahme eine weitere Stunde bis zum Sonnenuntergang gewartet hätte – am späten Nachmittag enthält das Licht immer noch sehr viele Blauanteile.

Innenaufnahme mit Fensterlicht aus dem Hintergrund

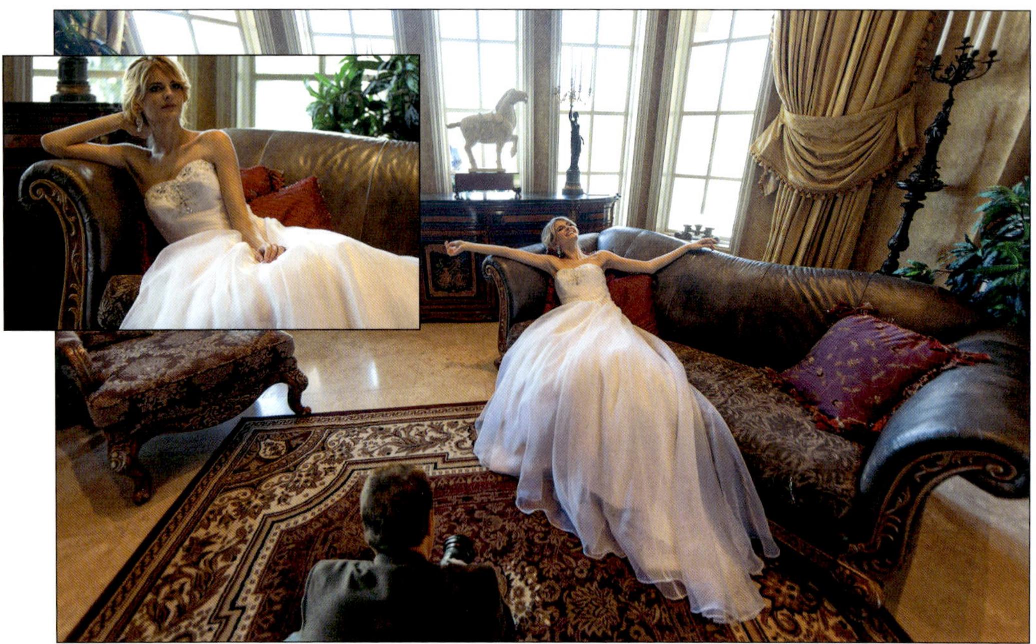

Hinter den Kulissen: Das Modell räkelte sich auf einem großen Ledersofa vor einer Reihe hoher Fenster. Das Licht kam also komplett von hinten, sodass sich ihr Gesicht weitgehend im Schatten befand, wie das kleine Bild oben zeigt. Wenn Sie das Bild näher betrachten, werden Sie feststellen, dass ihr Gesicht unscharf und die Hand im Fokus ist – keine Ahnung, was ich mir dabei gedacht habe. Zu allem Überdruss wird das Bild von einem Grünstich getrübt und in der großen Abbildung ist gut zu sehen, wie das durch den Raum irrende Licht seltsame Farbflächen auf das Brautkleid projiziert. Unterm Strich: Hier lief einfach alles schief, was schieflaufen konnte.

Kameraeinstellungen: Ich fotografierte mit einem 85-mm-f/1.2-Objektiv mit Blende f/2.8. Der Hintergrund sollte nicht verschwommen sein, sodass ich selbst mit Blende f/2.8 auf Distanz gehen musste. Außerdem wollte ich einen Großteil des Kleids auf die Aufnahme bannen, um deutlich zu machen, dass es sich um eine Braut handelt –sozusagen ein Umgebungsporträt im intimen Rahmen. Die ISO-Empfindlichkeit betrug 320, sodass meine Kamera im Blendenprioritätsmodus eine Verschlusszeit von 1/160s vorschlug. Diese Einstellungen führten zu dem Belichtungsdesaster im kleinen Bild, das ich ab jetzt als »lahme Aufnahme« bezeichne. Das Lustige daran: Es bedurfte keines allzu großen Aufwands, um aus der lahmen Aufnahme das gelungene Bild auf der nächsten Seite zu machen. Lediglich einige geringfügige Änderungen der Kameraeinstellungen, ein wenig Nachbearbeitung in Lightroom und einige kleinere Anpassungen führten ans Ziel.

Finales Bild

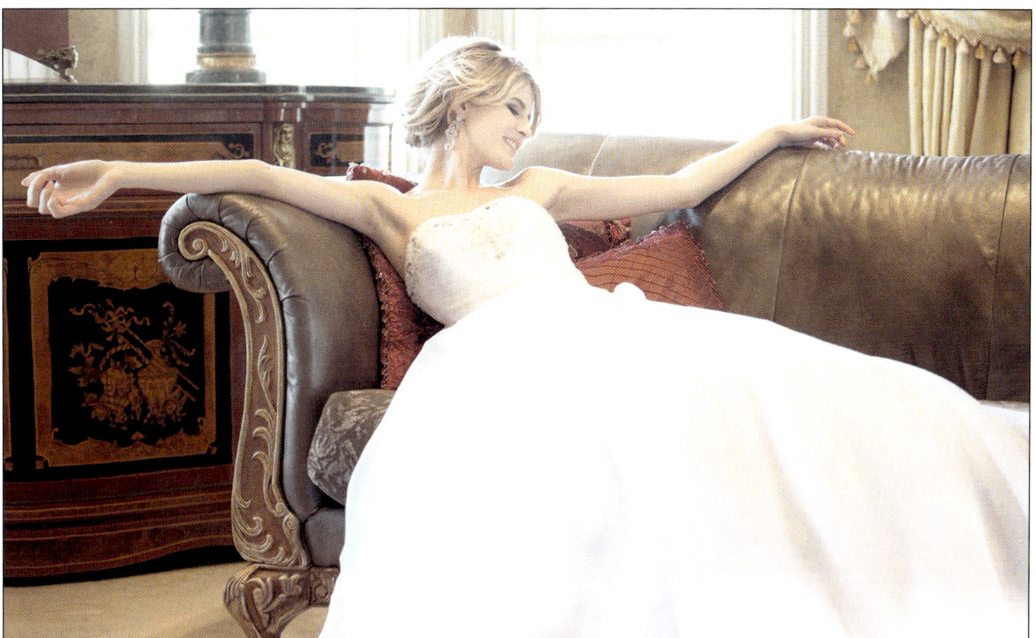

Anmerkungen: Als ich die Testschüsse machte und die »lahme Aufnahme« auf dem Kameradisplay erschien, wollte ich meine Siebensachen zusammenpacken und die Location wechseln. Aber dann dachte ich mir, dass nahezu reinweiß überstrahlende Fenster im Hintergrund sehr cool aussehen würden, und so blieb ich dran. Zunächst musste ich die Braut aus den Schatten herausbekommen. Erinnern Sie sich an den Trick auf Seite 76, wo ein mit dem Rücken zur Sonne stehendes Modell per Belichtungskorrektur bewusst überbelichtet wird? Was passiert dabei? Natürlich, die hellen Fenster werden zu reinem Weiß und das Motiv schält sich aus den Schatten heraus. Um den gewünschten Effekt zu erzielen, musste ich die Korrektur auf satte drei Blendenstufen hochziehen: 2,7, um exakt zu sein. Die Verschlusszeit verringerte sich dadurch auf 1/30 s, doch irgendwie schaffte ich es, die Kamera ruhig genug zu halten. Ein Hoch auf mich!

Nachbearbeitung: Da die Helligkeitsverteilung im Originalbild nun passte, fiel die Nachbearbeitung in Lightroom überraschend simpel aus. Die Farbreflexe im Kleid entfernte ich mit dem *Korrekturpinsel*, dessen *Sättigung* ich weit nach links zog (jedoch nicht auf den Wert *0*, da dies in reinem Grau resultiert hätte), bevor ich über den Stoff malte. Übrig blieb ein schönes, reinweißes Brautkleid. Hurra! Nachdem ich, wie auf Seite 135 beschrieben, die Haut entsättigt hatte, erstellte ich einen neuen *Korrekturpinsel* mit maximal aufgedrehten *Lichtern* und machte die Fenster komplett weiß, sodass keine Details von draußen mehr zu sehen waren.

Porträt im direkten Sonnenlicht mit Diffusor

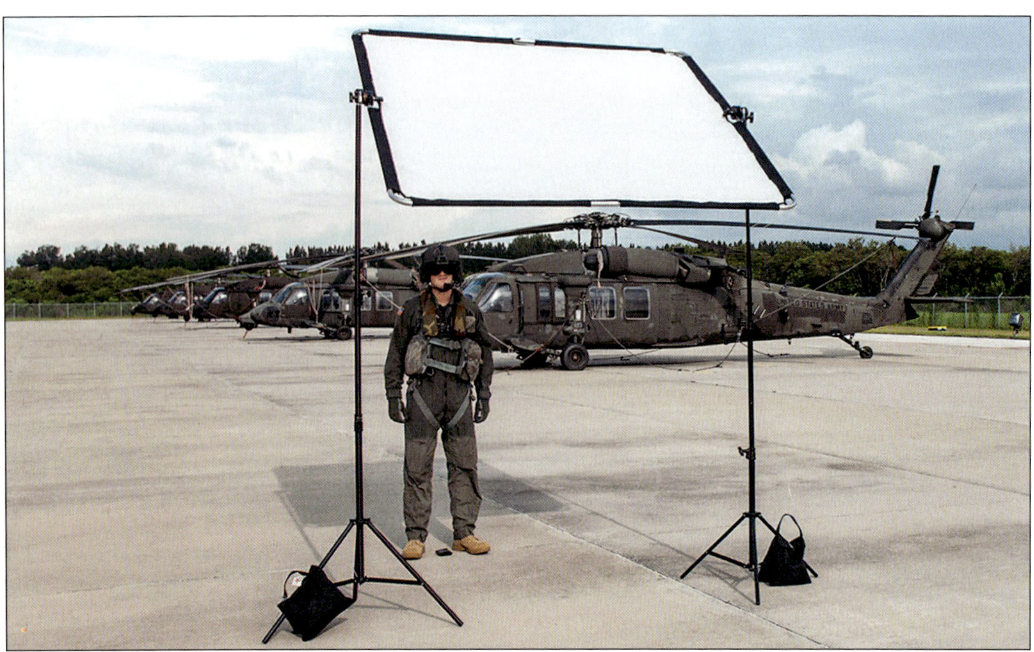

Hinter den Kulissen: Diesen US-amerikanischen Helikopterpiloten fotografierten wir an einem hellen, heißen Sommertag auf einem Armee-Flugplatz. Um das harsche Sonnenlicht abzumildern, verwendeten wir einen aufstellbaren Diffusor (»Scrim«), der deutlich größer ist als ein 1-Stop-Diffusor (siehe Seite 63). Dieses Exemplar wurde vom britischen Hersteller Lastolite gefertigt und wird von zwei Lichtstativen gehalten. (Beachten Sie die Sandsäcke an der Basis der Ständer: Diese sorgen dafür, dass der Diffusor nicht abhebt und teure Hubschrauber beschädigt.) Über zwei Gelenke an der Oberseite der Stative lässt sich der Diffusor in Richtung Sonne neigen – Sie sehen den Schatten des Scrims direkt hinter dem Soldaten auf dem Boden.

Kameraeinstellungen: Für die finale Aufnahme auf der nächsten Seite verwendete ich ein 70–200-mm-Zoom bei 180 mm. Des Weiteren habe ich ein paar Aufnahmen mit einem Weitwinkelobjektiv bei einer Brennweite von 24 mm gemacht (siehe das kleine Bild auf der nächsten Seite oben rechts). Die Weitwinkel-Optik ermöglichte mir das Einfangen des Hintergrunds, denn die Helikopter auf dem Flugfeld sind wichtig für die Story des Bilds. Ich legte den Fokus auf das Geschichtenerzählen und nicht auf ein wunderschönes Porträt, und das rechtfertigt den Einsatz der Weitwinkel-Linse. Mit einer Blende von f/11 bei einer Brennweite von 24 mm konnte ich den Hintergrund scharf abbilden.

Finales Bild

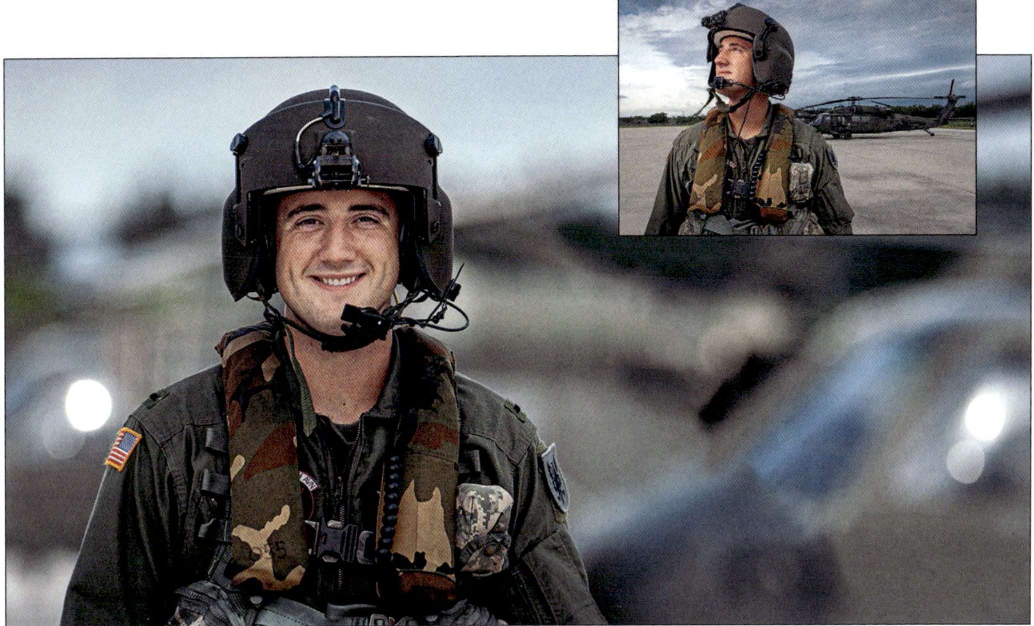

Anmerkungen: Den großen Scrim nahm ich mit, weil ich einige Gruppen- und Ganzkörperaufnahmen in weichem Licht plante, dies später aber wieder verwarf. Bei einigen Aufnahmen nutzten wir einen Reflektor, um das Licht auf unser Modell zu lenken. Meist blieb dieser jedoch in der Tasche, da das Sonnenlicht vom hellen Asphalt reflektiert wurde und für eine hervorragende Ausleuchtung des Modells sorgte.

Nachbearbeitung: Ich habe das Bild in Lightroom bearbeitet, doch alle folgenden Schritte funktionieren auch mit Camera Raw. Zunächst reduzierte ich die *Lichter* auf *-75*, da der Soldat schwitzte und sein Gesicht entsprechend glänzte. Ein *Kontrast*-Wert von *+10* sorgte für bessere Detailzeichnung, während ich den *Struktur*-Regler auf *+35* setzte, um die Details der Ausrüstung zu betonen. Das war mir jedoch noch nicht genug, weshalb ich mit dem *Korrekturpinsel* mit einem *Struktur*-Wert von *50* und einer *Klarheit* von *25* über die Kleidung malte. Mit einem neuen *Korrekturpinsel* bei einer *Struktur* von *30* und einem *Kontrast* von *30* arbeitete ich die Wolken im Himmel heraus. Um den Himmel abzudunkeln, zog ich mit dem *Verlaufsfilter* einen Verlauf vom oberen Bildrand bis kurz vor die Horizontlinie – mit einer *Belichtung* von *-1,00*. Anschließend sparte ich den Helm von der Nachdunklung aus, indem ich eine *Bereichsmaske* mit der Option *Farbe* hinzufügte und mit der *Pipette* in den Himmel direkt neben dem Helm klickte.

Hartes, direktes Sonnenlicht mit Diffusor

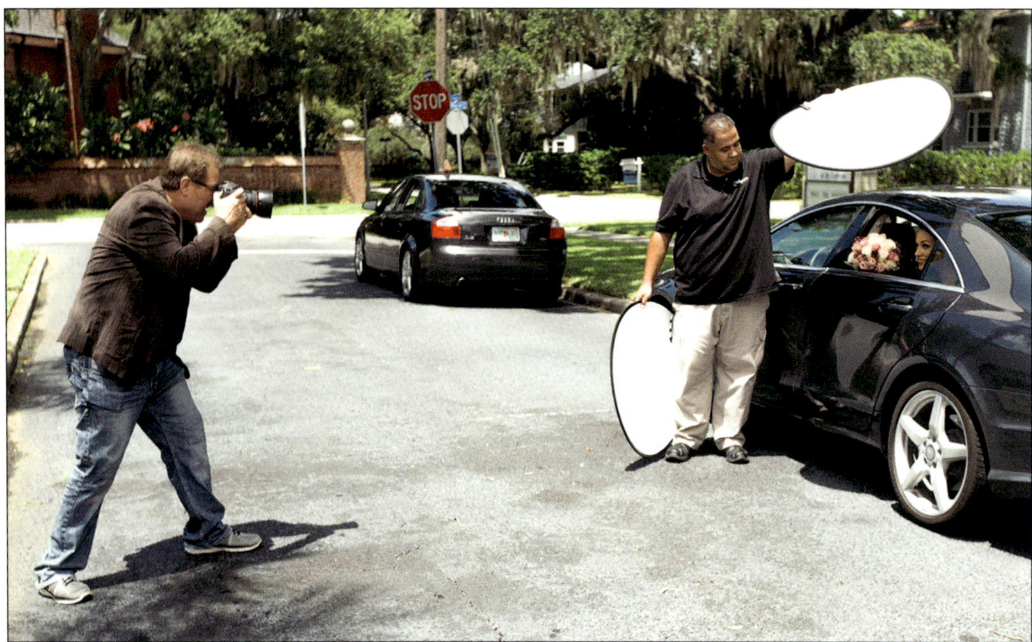

Hinter den Kulissen: Bei diesem Hochzeits-Shooting saß die Braut auf dem Rücksitz eines Autos und hatte die Scheibe heruntergelassen, um in die Kamera zu blicken. Die Sonne scheint direkt auf das Fahrzeug, wodurch die Braut ständig blinzelte und ihr Gesicht aufgrund des harten Lichts sehr unvorteilhaft aussah. Deshalb wies ich meinen Assistenten an, einen 1-Stop-Diffusor (siehe Seite 56) über die geöffnete Seitenscheibe zu halten. Dieser schirmte das direkte Sonnenlicht erfolgreich ab und sorgte für eine weiche, sehr schmeichelhafte Ausleuchtung.

Kameraeinstellungen: Das finale Bild auf der nächsten Seite entstand mit einem 85-mm-f/1.2-Objektiv bei Blende f/1.4, um den Hintergrund unscharf abzubilden. Mit einer so weit geöffneten Blende arbeite ich ungern, weil es durch die geringe Schärfentiefe schnell zu Unschärfen im Augenbereich kommen kann, was die ganze Aufnahme ruiniert. Normalerweise fotografiere ich deshalb mit Blende f/1.8, doch bei diesem Shooting ist mir der eingestellte niedrigere Wert wohl nicht aufgefallen. Die ISO-Empfindlichkeit betrug 100, und meine Kamera wählte bei der von mir bevorzugten Blendenpriorität eine sehr schnelle Verschlusszeit von 1/2500 s.

Finales Bild

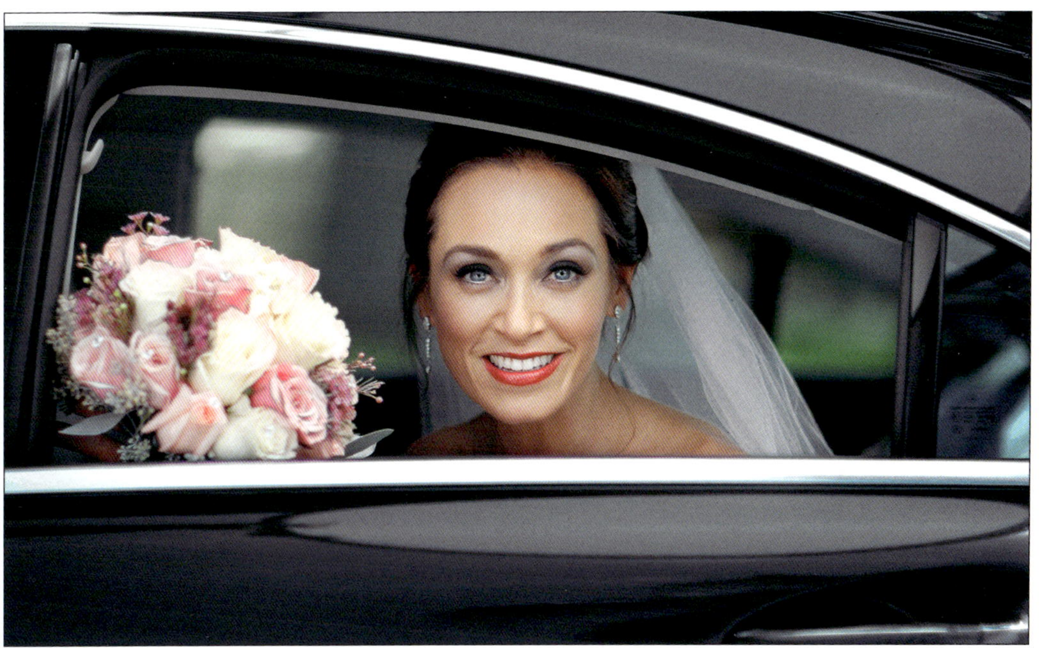

Anmerkungen: Schauen Sie ganz genau hin: Der Diffusor spiegelt sich im Lack der Karosserie. Bislang ist Ihnen das sicher nicht aufgefallen, doch einmal erkannt, kann es nicht mehr ungesehen gemacht werden. Am Lichteinfall können Sie erkennen, dass die Aufnahme zur Mittagszeit bei hoch stehender Sonne gemacht wurde, was für ganz schlimme Schatten im Augen- und Kinnbereich sorgt. Doch der Diffusor hat ganze Arbeit geleistet und das Licht weich, gleichmäßig und wunderschön gemacht.

Nachbearbeitung: Das Hauptproblem an dieser Aufnahme war der Schleier der Braut. Da ich draußen vor dem Wagen stand, hatte ich den bei Außenaufnahmen immer verwendeten, automatischen Weißabgleich eingestellt. Allerdings befindet sich der Schleier nicht draußen, sondern im Innenraum des Wagens, und damit im Schatten. Wenn Sie den automatischen Weißabgleich nutzen, bekommen Bildbereiche in den Schatten einen Blaustich, und genau das ist mit dem Schleier passiert. Deshalb aktivierte ich in Lightroom den *Korrekturpinsel* und erhöhte mit dem *Temperatur*-Regler den Gelbanteil im Bereich des Schleiers (Regler nach rechts), wodurch sich der Blaustich in Wohlgefallen auflöste. Mit einem weiteren *Korrekturpinsel* habe ich die *Lichter* etwas reduziert, da diese trotz Diffusor immer noch sehr dominant waren. Besonders der Blumenstrauß war extrem hell und lenkte damit den Blick weg vom Gesicht der Braut. Die Reduzierung der Lichter in den Blumen hat das optische Gleichgewicht zwischen Bouquet und Braut wiederhergestellt.

Dramatisches Fensterlicht-Porträt

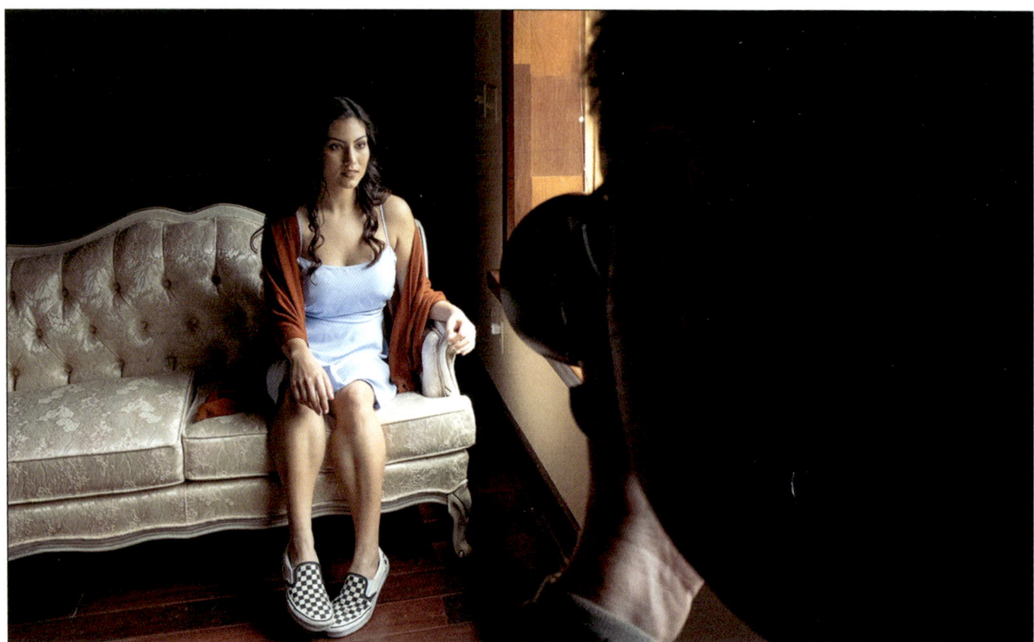

Hinter den Kulissen: Mein Ziel bei diesem Shooting war ein dramatisch wirkendes Fensterlicht-Porträt, das an einem verregneten Tag direkt neben einem Fenster entstehen sollte. Das Wetter wirkte sich positiv auf die Lichtstimmung aus, denn das normalerweise sehr harte und direkte Sonnenlicht wich einem sehr sanften, weichen und umschmeichelnden Licht. Mein Modell saß wenige Zentimeter vom Fenster entfernt auf einer Couch. Wäre das Licht direkter und härter gewesen, hätte ich entweder das Sofa gut zwei Meter vom Fenster wegschieben oder hinter den Fensterstock bewegen müssen. In diesem Fall war das Licht auch in unmittelbarer Nähe des Fensters einfach nur wunderschön – auf den Punkt gebracht: Wir hatten Glück und konnten das Sofa ganz nah ans Fenster rücken.

Kameraeinstellungen: Für das finale Bild auf der nächsten Seite habe ich den Hintergrund unscharf abgebildet, indem ich mit meinem 85-mm-f/1.2-Objektiv die Blende f/1.8 wählte. Die ISO-Empfindlichkeit betrug 100. Die Blendenpriorität meiner Kamera ermittelte eine Verschlusszeit von 1/400 s, was schnell genug für scharfe Aufnahmen aus der Hand ist. Obwohl das einfallende Licht sehr weich war, war es im übrigen Raum sehr hell, weshalb ich für einen dramatischeren Look eine Belichtungskorrektur nach unten vornahm. Für die gewünschte Lichtstimmung war eine Korrektur von fast zwei Blendenstufen nach unten nötig (exakt -1,7 Blenden). Gut zu wissen: Wenn Sie eine Aufnahme derart stark nachdunkeln, verkürzt sich die Verschlusszeit.

Finales Bild

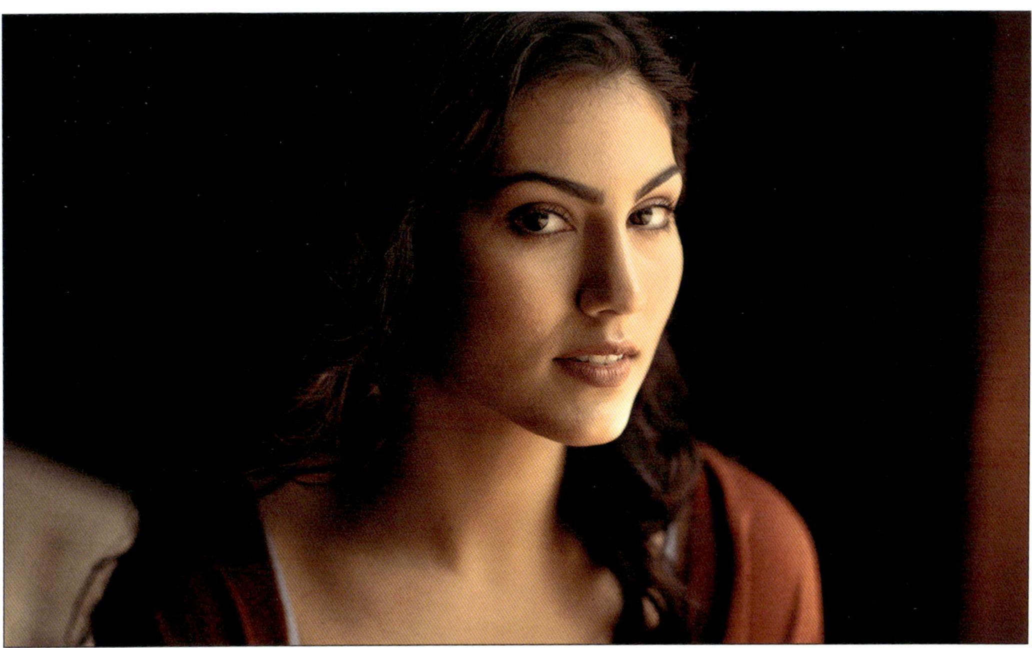

Anmerkungen: Beachten Sie, wie extrem weich das Fensterlicht in dieser Aufnahme wirkt. Das ist genau die Art von Licht, die wir suchen. Durch eine entsprechende Blickrichtung holen wir das meiste aus dieser Lichtstimmung heraus: Das Licht fließt förmlich über das Gesicht des Modells und beleuchtet auch einen Teil der dem Fenster abgewandten Gesichtshälfte. Des Weiteren habe ich hier zu »kurzem Licht« (Seite 112) gegriffen, indem ich die mir zugewandte Schattenseite des Gesichts fotografierte. Für mich ist dies die vorteilhafteste Art und Weise, eine Person in all ihrer Attraktivität einzufangen – speziell bei einer solchen Lichtstimmung. Für »langes Licht« (Seite 113) hätte das Modell seinen Körper drehen und den Blick wieder zur Kamera richten müssen. Damit wäre die hell ausgeleuchtete Gesichtshälfte dem Objektiv am nächsten gewesen, was zu einem runderen Gesicht geführt hätte. Diese Technik verwende ich eher selten – vornehmlich bei bestimmten Settings, Posen oder wenn die Person ein langes, schmales Gesicht hat.

Nachbearbeitung: In Lightroom musste ich die *Schatten* ein wenig öffnen, damit die dunklen Haare des Modells nicht komplett mit dem fast schwarzen Hintergrund verschmolzen. Danach intensivierte ich per *Korrekturpinsel* die *Lichter* und die gesamte *Belichtung* des Bilds und malte über die Haare, um die Lichter in diesem Bereich herauszuarbeiten. Diese Methode verwende ich sehr oft, da die Haare dadurch mehr Glanz erhalten und die Ausleuchtung noch perfekter wirken lassen. Zuletzt fügte ich eine Vignettierung an den Bildrändern hinzu, wie auf Seite 147 erklärt.

Klassisches Fensterlicht-Porträt

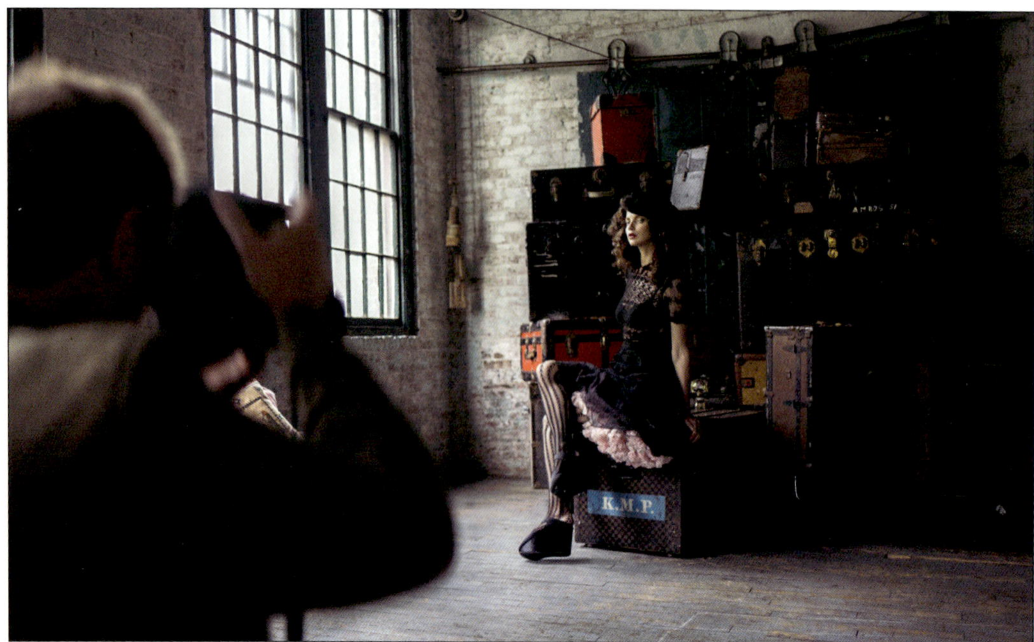

Hinter den Kulissen: Dieses Shooting fand in einer alten Lagerhalle statt, in der das Licht von oben durch riesige Fenster auf das sitzende Modell fiel. Wie Sie sehen, bezog ich Position parallel zum Fenster, während mein Modell den Blick davon ab wandte. Dementsprechend wurde die junge Frau von der Seite ausgeleuchtet.

Kameraeinstellungen: Die finale Aufnahme auf der nächsten Seite entstand mit einem 70–200-mm-f/2.8-Objektiv bei Blende f/2.8 und einer Brennweite von 70 mm. Der eingestellte ISO-Wert ist mit 1.000 viel höher als üblich, was jedoch auch dem hervorragenden Sensor der verwendeten Kamera geschuldet ist (falls Sie sich fragen: es handelt sich um eine Canon 1Dx). Den Grund für die ungewöhnlichen Werte erfahren Sie auf der nächsten Seite. Wie immer fotografierte ich mit Blendenpriorität, für die meine Kamera bei Blende f/2.8 und 1.000 ISO eine Verschlusszeit von 1/50 s vorschlug. Das ist eine schrecklich lange Verschlusszeit für Aufnahmen aus der Hand. Selbst mit eingeschalteter Bildstabilisierung hätte ich eine Verschlusszeit von 1/125 s bevorzugt, doch unter diesen Umständen war dies bei Blende f/2.8 nicht möglich. Ich hätte die ISO-Empfindlichkeit auf 1.600 hochziehen können, um eine für mich angenehmere Verschlusszeit zu erzielen, doch ich bekam mit 1/50 s einige gestochen scharfe Aufnahmen hin – wobei natürlich der Anteil an teilweise oder komplett unscharfen Bildern in dieser Serie überproportional hoch ausfiel.

Finales Bild

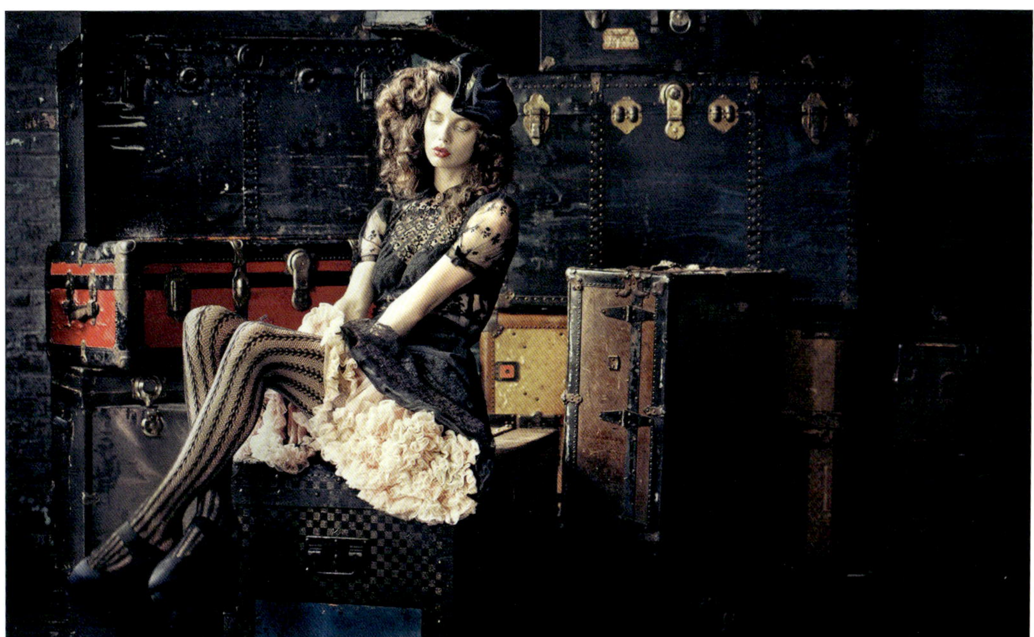

Anmerkungen: Wenn Sie einen Blick auf die »Hinter den Kulissen«-Aufnahme links werfen, erkennen Sie sofort den großen Abstand zwischen dem Fenster und dem Setting mit den großen Reisekoffern. Auf diese Weise fiel kein hartes, direktes Licht auf Motiv und Requisiten. Ein ausreichend großer Abstand zum Fenster ist entscheidend für die Qualität der Ausleuchtung. Im Beispiel umfängt das Licht unser Modell nahezu perfekt, doch darunter leidet auch die allgemeine Helligkeit der Szene. Aus diesem Grund musste ich die ISO-Empfindlichkeit auf 1.000 hochziehen, da es sich um einen Kompromiss zwischen guter und harter sowie schlechter und weicher Ausleuchtung handelte. Wenn der Sensor Ihrer Kamera bei hohen ISO-Werten zu viel Rauschen erzeugt, müssen Sie sich zur Not mit einem Stativ behelfen.

Nachbearbeitung: Die Nachbearbeitung dieser stimmungsvollen Aufnahme erledigte ich in vier Schritten: 1) Mit dem *Reparaturpinsel* von Photoshop habe ich sämtliche Wörter auf den Koffern entfernt. Wir sind darauf trainiert, Texte in einer Aufnahme zuerst zu lesen, was den Betrachter zu sehr vom eigentlichen Motiv ablenken würde. 2) Einige der Koffer wurden zu dunkel abgebildet, sodass ich diese in Lightroom mit dem *Korrekturpinsel* mit einem erhöhtem Belichtungswert aus den Schatten herausgeholt habe. 3) Ich vignettierte die Randbereiche des Bilds wie auf Seite 147 beschrieben. 4) Zum Schluss verlieh ich der Aufnahme mit der Color-Grading-Funktion (Seite 143) eine ganz spezifische Anmutung.

Außenaufnahme bei wolkigem Himmel

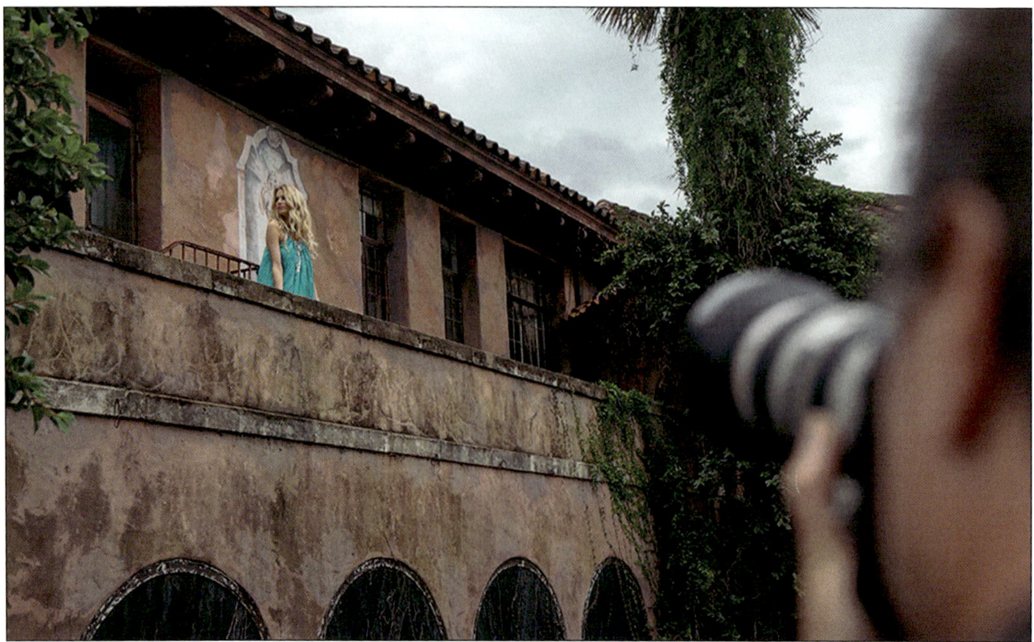

Hinter den Kulissen: Unser Modell stand für diese Außenaufnahme auf dem Balkon eines alten, verlassenen Anwesens mit charakteristischer Patina. Während das Modell von oben herabschaute, befand ich mich weiter unten, jedoch nicht ganz ebenerdig, da ich auf einer Treppe stand. Der Himmel war bedeckt, sodass die Wolken wie eine natürliche Softbox wirkten. Das Licht war gleichmäßig und weich, allerdings aufgrund der fehlenden Direkteinstrahlung auch etwas flach. Das brachte mich auf die Idee, eine klassische »Environmental«-Aufnahme zu schießen, wo die Lichtverteilung auf dem Modell selbst nur eine untergeordnete Rolle spielt. Schon während des Shootings hatte ich die erforderlichen Bearbeitungsschritte in Photoshop im Sinn, um die Lichtwirkung nachträglich ein wenig aufzupeppen.

Kameraeinstellungen: Für das Foto oben nutzte ich ein 70–200-mm-f/2.8-Objektiv, während die finale Aufnahme auf der rechten Seite mit einer 16–35mm-f/4-Optik bei rund 29 mm Brennweite entstand. Das ist eine in der Porträtfotografie fast schon unanständig kurze Brennweite. Ich stellte eine Blende von f/2.8 ein, um mit dem Weitwinkelmotiv die ganze Szenerie scharf in den Kasten zu bekommen, ohne überzogene ISO-Werte einzustellen (am Ende wählte ich ISO 200). Bei eingeschalteter Blendenpriorität ergab die Kombination aus Blende f/2.8 und 200 ISO eine superschnelle Verschlusszeit von 1/1.600 s. Ich hätte also auch mit ISO 100 fotografieren können und wäre immer noch bei einer Verschlusszeit um die 1/1.000 s gelandet.

Finales Bild

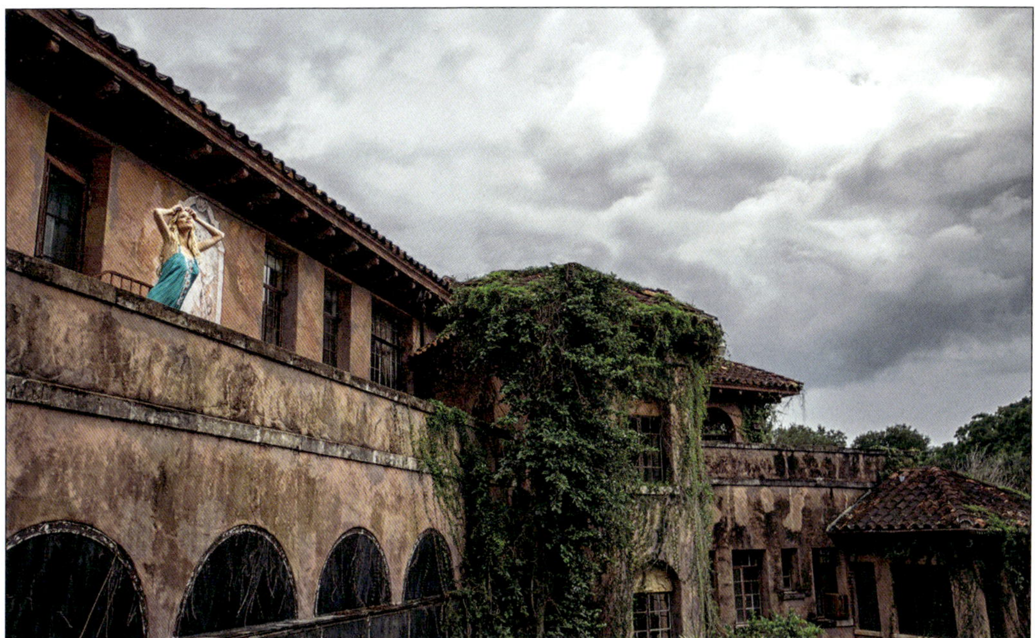

Anmerkungen: Weitläufige Szenen wie diese sind herausfordernder, als man denkt. Die größte Schwierigkeit dabei ist, das Motiv in einer visuell dominierenden Szenerie nicht vollkommen verloren wirken zu lassen. Lösung Nummer 1 für diese Problematik war die Farbe des Kleids, die deutlich hervorsticht. Normalerweise setze ich auf rote Kleidungsstücke, doch im Bild herrschten bereits viele Rottöne vor. Also kamen wir auf dieses hellblaue Kleid, das einen schönen Kontrast erzeugt. (Außerdem hatten wir kein rotes Kleid dabei.) Der von mir erhoffte Lichteinfall hätte helfen sollen, das Motiv deutlich aus der Szene herausstechen zu lassen. Wir hatten vor Ort in dieser Hinsicht kein Glück, doch wozu gibt es Photoshop? Vergleichen Sie die beiden Bilder auf der linken und der rechten Seite, und Sie werden feststellen, wieviel lebendiger die Farben im finalen Bild wirken. Gleiches gilt für die Struktur der Wolken. Und, fragen Sie nun, was ist mit der hässlichen Palme auf dem Turm passiert? Ich sag's Ihnen: Photoshop ist passiert.

Nachbearbeitung: Für die zusätzliche Ausleuchtung des Modells und das Abdunkeln des Himmels wandte ich die auf Seite 148 beschriebene Spotlicht-Methode in Lightroom oder Camara Raw an und zog lediglich ein kleines Oval um das Modell herum auf. Um die Farben zu intensivieren, zog ich die *Dynamik*- und *Kontrast*-Regler in den Grundeinstellungen hoch. Die dramatische Wolkenstimmung erzeugte ich mit dem *Korrekturpinsel* bei angezogenen Struktur- und Klarheit-Werten. Ganz zum Schluss rückte ich der Palme mit dem *Kopierstempel* in Photoshop zu Leibe. Dabei stempelte ich Bereiche des Himmels in unmittelbarer Nähe der Palme einfach über das wenig attraktive Gewächs, sodass die Palme nach und nach durch einen Wolkenhimmel ersetzt wurde.

Porträt im direkten Sonnenlicht

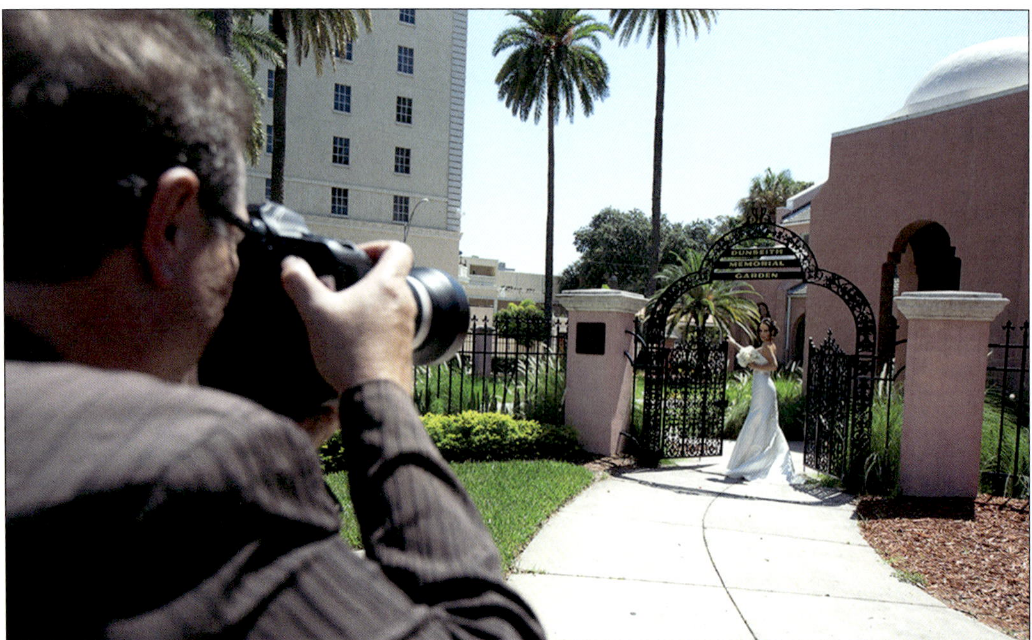

Hinter den Kulissen: In dieser Aufnahme posiert die Braut am Kirchentor. Es war ein heller, heißer Tag, und ich wollte die Braut nicht allzu lange in Ihrer Robe schmoren lassen. (Das geschah nicht ganz uneigennützig, denn hauptsächlich ging es mir darum, sie nicht zum Schwitzen zu bringen wegen der damit verbundenen Glanzeffekte im Gesicht.) In der unmittelbaren Umgebung gab es keine verwertbaren Schattenspender, weshalb wir das harsche Sonnenlicht ganz ohne Hilfsmittel zähmen mussten.

Kameraeinstellungen: Das finale Bild rechts entstand aus einem sehr großen Abstand mit einem 70–200-mm-f/2.8-Objektiv bei einer langen Brennweite von 180 mm. Im Blendenprioritätsmodus errechnete die Kamera bei Blende f/2.8 eine Verschlusszeit von 1/2.000 s. Der ISO-Wert lag bei 200, wobei ich die bei meinem Kameramodell niedrigste ISO-Einstellung von 100 bevorzugt hätte, ohne viel an Verschlusszeit einzubüßen. Warum habe ich dann mit 200 ISO fotografiert? Ganz einfach: Nach dem Verlassen der Kirche hatte ich schlicht vergessen, den Wert von 200 auf 100 zu reduzieren. Das kommt vor, und der visuelle Unterschied zwischen 200 und 100 ISO ist kaum sichtbar. Warum gebe ich meine eigene Unzulänglichkeit zu? Weil im Fotografen-Alltag stets solche Fehler passieren, die sich mit ein wenig Glück nicht allzu sehr auf die Qualität der Aufnahmen auswirken. Hier hat es funktioniert, doch das ist leider nicht immer so.

Finales Bild

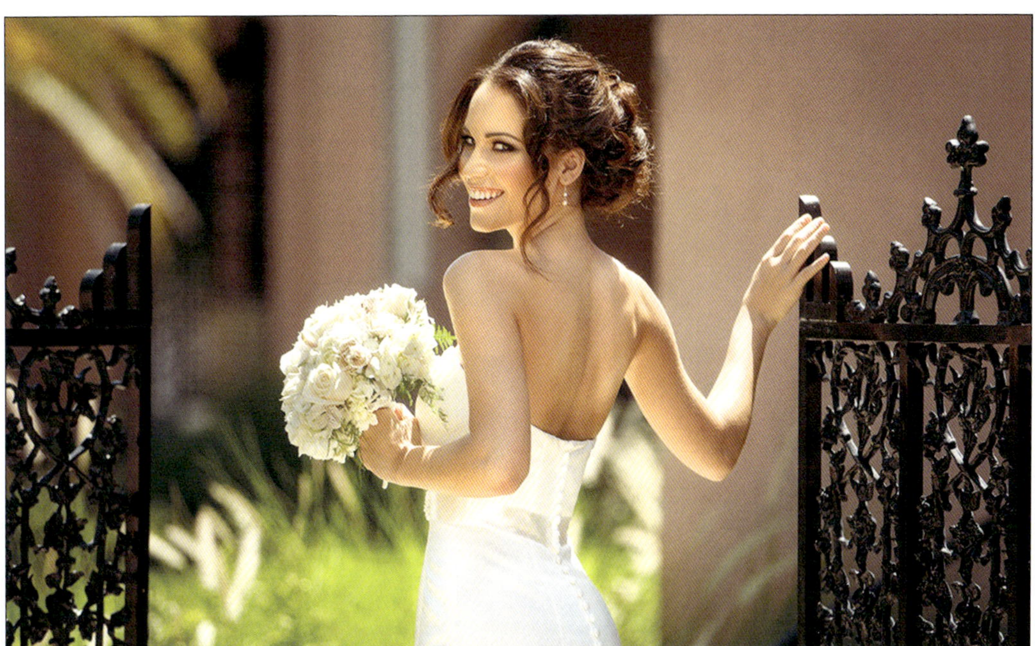

Anmerkungen: Der Grund für den großen Abstand zum Motiv lag in meiner Intention, den Look einer Weitwinkel-Aufnahme zu erzielen. Diese Distanz bei maximalem Zoomfaktor mit einer Brennweite von 180 mm sorgt dafür, dass der Hintergrund bei Blende f/2.8 sanft aus dem Fokus gerät. Dadurch wird die visuelle Trennung zwischen Motiv und Hintergrund verstärkt. Die Braut stand in der prallen Sonne, die sich fast im Zenit befand, wie an der Ausleuchtung des Blumenbouquets gut zu erkennen ist. Um das harsche Licht aus ihrem Gesicht zu bekommen, bat ich sie, mir den Rücken zuzuwenden und ihren Kopf zu mir zu drehen. Dadurch wandte sie sich von der Sonne ab und stand im Gegenlicht. Die starken Sonnenstrahlen sind als attraktiver Lichtkranz entlang der Haare, Schultern und Arme zu erkennen. Eine Sache bringt mich jedoch jedes Mal zum Verzweifeln, wenn ich diese Aufnahme betrachte: die überstrahlende Haut ihres ausgestreckten Arms. Durch Absenken ihres Arms hätte ich das verhindern können – doch ich fand ihre Haltung mit der Hand am Gitter so attraktiv, dass ich auf einen Wechsel der Pose verzichtete.

Nachbearbeitung: Da das Modell von der Sonne abgewandt und im Gegenlicht steht, erscheint es wesentlich dunkler. Deshalb habe ich in Lightroom den *Tiefen*-Regler ein wenig nach rechts geschoben, um die dunklen Bereiche aufzuhellen. Das Gesicht habe ich zusätzlich wie auf Seite 146 beschrieben mit dem Korrekturpinsel optimiert. Eine Vignettierung (siehe Seite 147) lenkt den Blick aufs Motiv, und durch Erhöhung des Kontrasts wird das Weiß weißer, das Schwarz schwarzer und die Farben erstrahlen viel lebendiger.

Porträt neben Glastür mit Diffusor

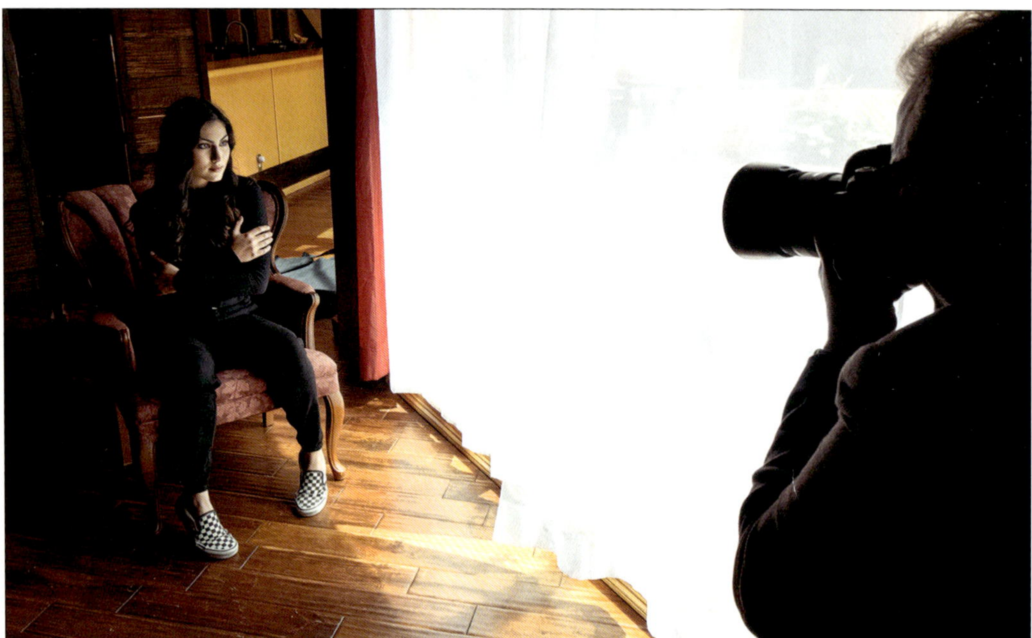

Hinter den Kulissen: Dieses Shooting fand im Haus eines guten Freundes statt, wo ich die große Schiebetür zu Terrasse und Pool als Ort des Geschehens auswählte. Ich borgte mir einen Stuhl mit sehr schöner Farbe und interessantem Muster aus, auf dem mein Modell Platz nahm. Bei der Testaufnahme oben stehe ich noch, doch das eigentliche Shooting absolvierte ich auf einem Barhocker sitzend, sodass ich mich knapp über Augenhöhe des Modells befand (was im finalen Bild rechts gut zu erkennen ist). Um den Blick in die dahinter liegende Küche teilweise zu verdecken, stellte ich einen dreiteiligen Paravent aus Holz direkt hinter dem Sessel auf.

Kameraeinstellungen: Im finalen Bild rechts rückte das 85-mm-f/1.2-Objektiv bei Blende f/1.8 den Hintergrund aus dem Fokus (auf Seite 180 erfahren Sie, warum ich lieber mit Blende f/1.8 als mit f/1.4 oder f/1.2 arbeite). Das Licht war zwar recht weich, allerdings nicht sehr hell, sodass ich die ISO-Empfindlichkeit auf 200 hochschraubte. Während der Aufnahme stellte ich fest, dass ich mir diese Einstellung hätte sparen können – die Blendenpriorität ermittelte bei Blende f/1.8 eine Verschlusszeit von 1/400s, was weit über meiner minimalen Einstellung von 1/125s liegt. Da bei den meisten Aufnahmen eine schnellere Verschlusszeit als benötigt erzielt wurde, wäre die automatische Einstellung der ISO-Empfindlichkeit (siehe Seite 20) der bessere Weg gewesen. Bei der Vorgabe einer minimalen Verschlusszeit von 1/125s hätte die Kamera automatisch die richtige Empfindlichkeit gewählt, was bei den meisten Aufnahmen zu einem ISO-Wert von 100 geführt hätte.

Finales Bild

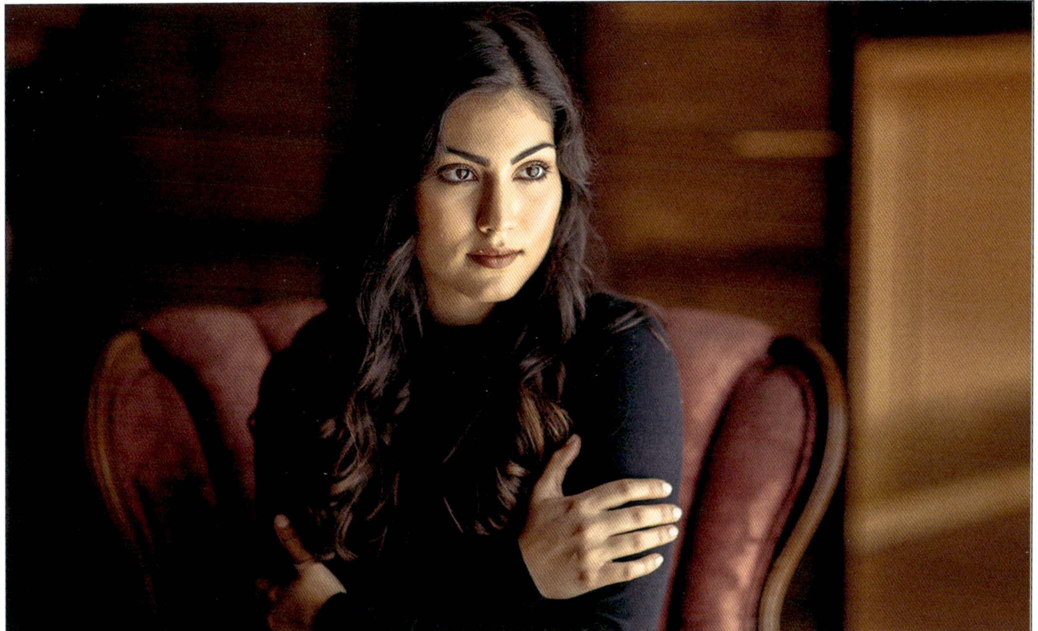

Anmerkungen: Nachdem die Kamera eingestellt war, musste ich während der Testaufnahmen feststellen, dass das Licht viel härter war als erwartet. Deshalb entschied ich mich, die Gardinen zuzuziehen (bei offenen Gardinen befand sich das Modell im direkten Sonnenlicht). Diese Maßnahme machte das Licht viel weicher, verringerte jedoch gleichzeitig auch die Helligkeit im Raum. Um zu langsame Verschlusszeiten zu vermeiden, erhöhte ich die Empfindlichkeit auf 200 ISO. Ein weiteres Problem war das vom Parkettboden reflektierte Licht. Normalerweise schätze ich solche Reflexionen, da sie Schatten am Hals und unter den Augen abschwächen, doch in diesem Fall war die Reflexion so intensiv, dass das Modell wie von unten beleuchtet wirkte. Entsprechende Gegenmaßnahmen ergriff ich bei der Nachbearbeitung.

Nachbearbeitung: Die größte Herausforderung bei der Nachbearbeitung war der noch sichtbare Teil der Küche rechts im Bild. Womöglich denken Sie: »Ja, es ist hell, aber es ist doch gar nicht so schlimm.« Das stimmt in der Tat, ist aber der starken Abdunklung zu verdanken, die ich in Lightroom durchgeführt habe. Mit dem *Verlaufsfilter* bei einer *Belichtung* von *-1,50* zog ich einen Verlauf vom rechten Bildrand bis zum rechten Rand des Sessels, um die Küchenblenden abzudunkeln. Die Lichtreflexionen vom Boden im Gesicht des Modells bekam ich schließlich in den Griff, indem ich mit dem *Korrekturpinsel* bei einer *Belichtung* von *+0,50* über die obere Hälfte Ihres Gesichts malte.

Hochzeitsporträt im Fensterlicht

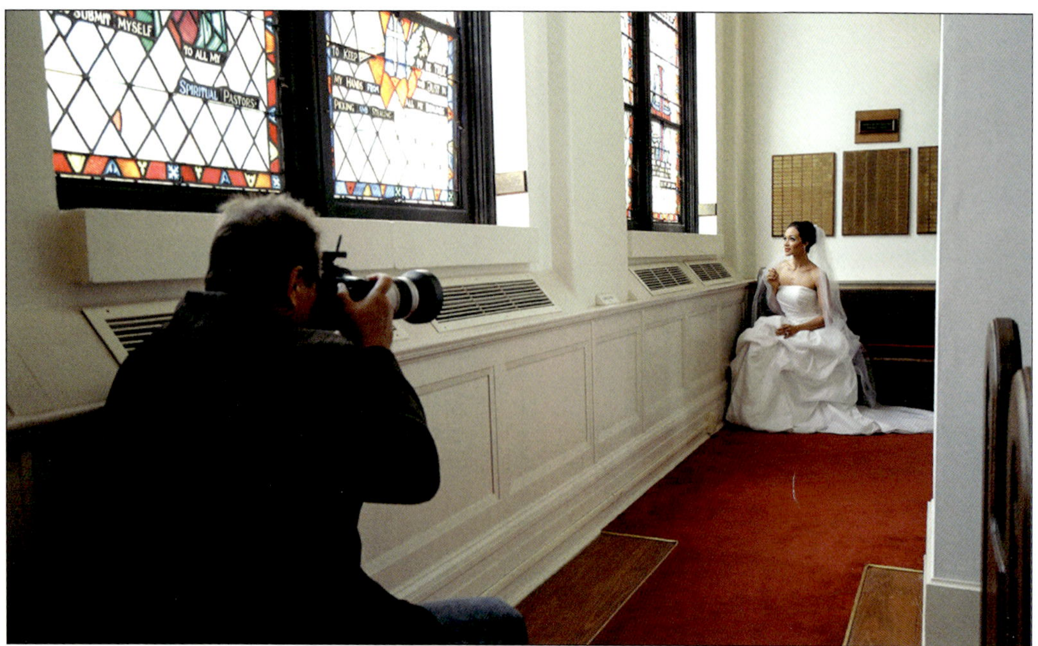

Hinter den Kulissen: Bei diesem Shooting saß mein Modell auf einer Kirchenbank, die sich idealerweise von der Reihe der anderen Bänke getrennt in direkter Nähe der Fenster befand. Ich setzte mich auf eine gegenüberliegende Bank, um das Objektiv in etwa auf Augenhöhe des Modells zu bringen – denken Sie immer daran: In Augenhöhe oder ein wenig darüber erzielen Sie die schönsten Ergebnisse.

Auf dem Blitzschuh meiner Kamera können Sie die Antenne einer kabellosen Blitzsteuerung erkennen, die allerdings zum Zeitpunkt des Shootings ausgeschaltet war, da ich nur natürliches Licht und keinerlei Zusatzleuchten oder Blitzgeräte verwendete.

Kameraeinstellungen: Für das finale Bild auf der nächsten Seite verwendete ich mein Lieblingsobjektiv 70–200 mm f/2.8. Aufgrund der schwierigen Lichtsituation (mehr dazu gleich) hatte ich Blende f/2.8 eingestellt. Die ISO-Empfindlichkeit erhöhte ich auf 1.600, da das Licht in der Kapelle sehr weich und gedämpft war. Ich fotografierte wie immer mit Blendenpriorität, was zu einer Verschlusszeit von 1/250s führte. Im Grunde hätte ich bis auf 1/125s gehen können, wodurch eine ISO-Einstellung von 800 für eine gelungene Aufnahme gereicht hätte.

Finales Bild

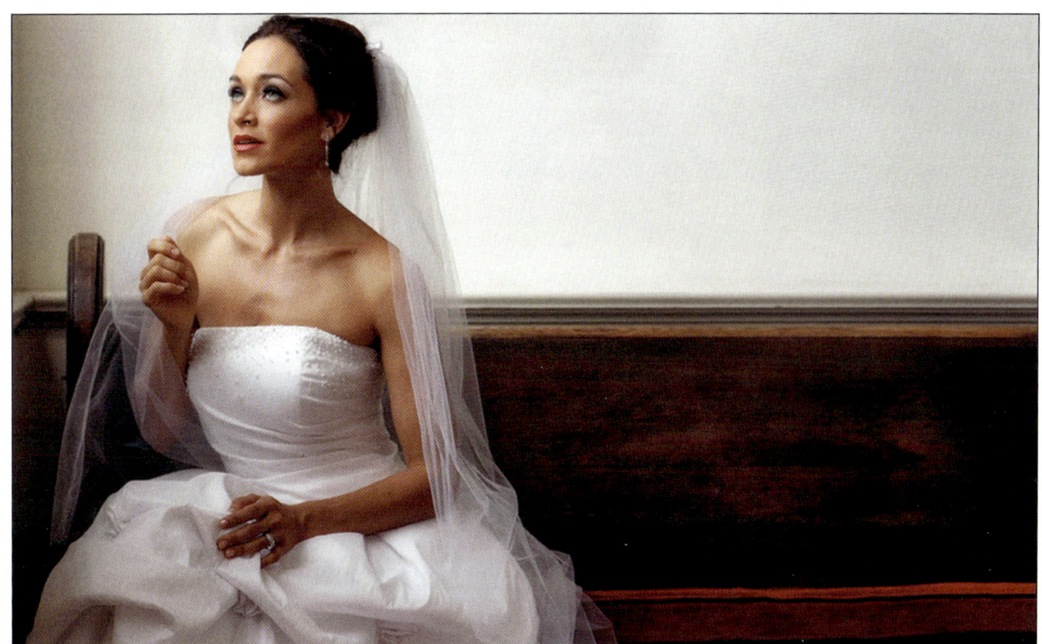

Anmerkungen: Die Kirchenfenster befinden sich in idealer Höhe. Wenn Sie einen Blick auf die »Hinter den Kulissen«-Aufnahme links werfen, erkennen Sie, dass sich der untere Fensterrahmen auf Kopfhöhe des Modells befindet. Dadurch fällt das Licht aus einem geringfügig höheren Winkel auf das Motiv und sorgt für eine wunderschöne Ausleuchtung. Ein weiterer großer Vorteil der hohen Fensterposition ist das von oben »herabfallende« Licht, das für eine exzellente Ausleuchtung des Gesichts sorgt und sich dann seinen Weg nach unten in Richtung Dekolleté und Schoß bahnt, wobei es zunehmend an Intensität verliert. Vielleicht fragen Sie sich, warum das Licht so nah am Fenster nicht direkt einfällt und damit sehr hart ist? Zwei Gründe: Erstens ist das Kirchenfenster strukturiert, und zweitens wehrt ein Dachüberhang an der Außenseite der Kirche das direkt einstrahlende Licht ab. Das alles führte dazu, dass ich diese Ecke auf den ersten Blick als ideale Location für eine Porträtaufnahme erkannte.

Nachbearbeitung: Bei dieser Aufnahme wandte ich die typischen Korrekturen aus dem Nachbearbeitungskapitel an. Zusätzlich entschied ich mich für die Anwendung des sanften Leuchteffekts durch die Variation der *Struktur*- und *Klarheit*-Regler von Lightroom (siehe Seite 133), mit dem ich dem Bild eine leicht verträumte Stimmung verlieh.

Hochzeitsporträt aus niedrigem Blickwinkel

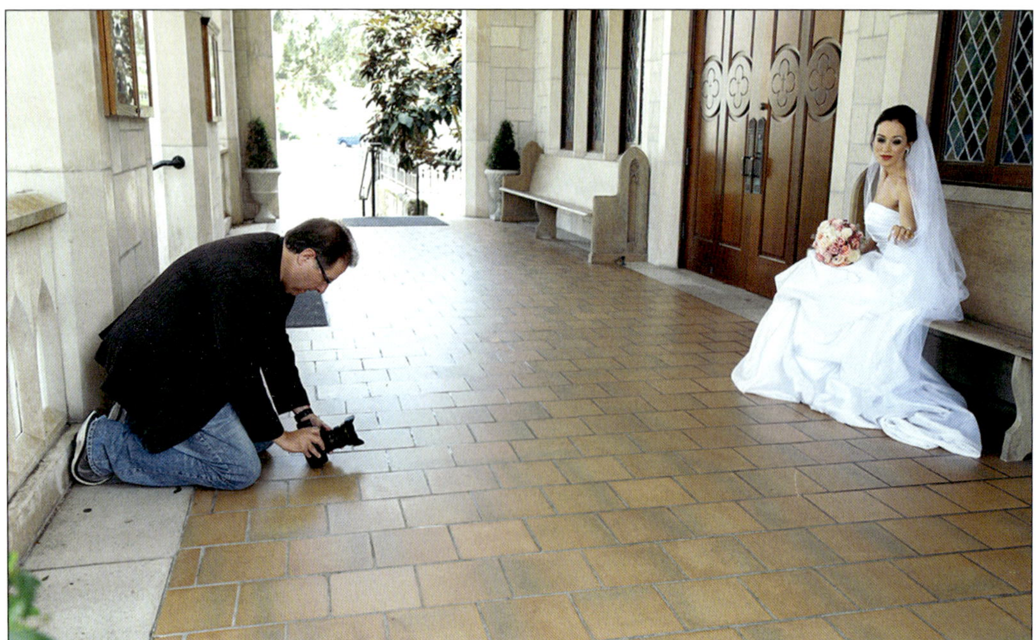

Hinter den Kulissen: Die Braut saß auf einer Bank vor der Kirche, die durch das Dach des Wandelgangs vor direkter Lichteinstrahlung geschützt war. Die Location war von natürlichem Licht erfüllt, doch das Motiv befand sich weit weg von den Lichtquellen, sodass eine sehr schöne und weiche Lichtstimmung vorherrschte. Leider hatte ich mein geliebtes Platypod-Stativ nicht dabei, auf das ich normalerweise meine Kamera bei Aufnahmen aus niedrigen Blickwinkeln montiere. Deshalb musste ich in die Knie gehen, um Braut und Kirchenfront per Weitwinkelobjektiv auf den Sensor zu bannen.

Kameraeinstellungen: Das finale Bild wurde mit einem 16–35-mm-f/4-Weitwinkelobjektiv bei 16 mm Brennweite aufgenommen. Diese Brennweite ermöglichte es mir, neben der Braut auch die Umgebung mit dem großen Eingangsportal und den prachtvollen Bogenfenstern ins Bild zu bekommen. Da Weitwinkel-Linsen dazu neigen, Bildbereiche an den Rändern stark zu verzeichnen, habe ich die Braut nahe der Bildmitte platziert, wo die geringsten Verzerrungen auftreten.

Finales Bild

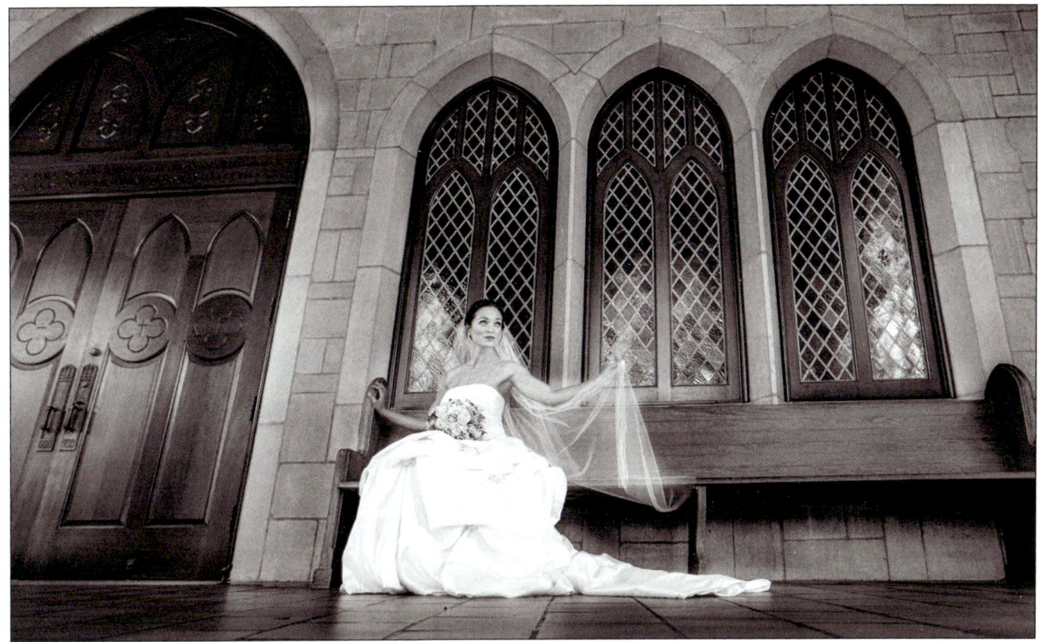

Anmerkungen: Die Kombination aus Weitwinkelobjektiv und einem sehr niedrigen Blickwinkel erzeugt eine epische Bildwirkung. Beachten Sie die Bodenfliesen: die Fluchtlinien lenken den Blick des Betrachters zum Motiv, undTeile des Brautkleids spiegeln sich auf den glatten Oberflächen. Solche attraktiven Reflexionen bei Parkett-, Stein- oder Kunststoffböden kommen nur bei solch niedrigen Kamerawinkeln zur Geltung.

Nachbearbeitung: In Lightroom (all das funktioniert auch in Camera Raw) habe ich die Aufnahme zunächst einmal ins Schwarzweiß-Format konvertiert. Dazu öffnete ich über das Icon mit den vier Quadraten in den *Grundeinstellungen* oben rechts den *Profilbrowser*. Dort scrollte ich zu den Profilen der Kategorie *S/W* und wählte aus den 17 Varianten per Durchklicken jene, die für mich am besten zum Bild passte. Die leicht bräunliche Tonung entstand im Menübereich *Teiltonung*, indem ich in der Sektion *Schatten* den *Sättigungs*-Regler auf *18* und den *Farbton*-Regler auf *41* setzte. Je nach Ausgangsmaterial können Sie bei Ihren Aufnahmen einen anderen Farbton wählen. Den Bereich *Lichter* und den Regler *Ausgleich* beließ ich auf den Grundeinstellungen. Zuletzt fügte ich in den *Grundeinstellungen* viel *Kontrast* und *Struktur* hinzu, um die Details in Kleid, Wänden und Fliesen herauszuarbeiten. Mit dem Regler *Klarheit* intensivierte ich das Glänzen der Bodenfliesen. Dieser Regler eignet sich sehr gut zur Verstärkung von Reflexionen auf Wasser oder Metall.

Außenaufnahme im Schatten

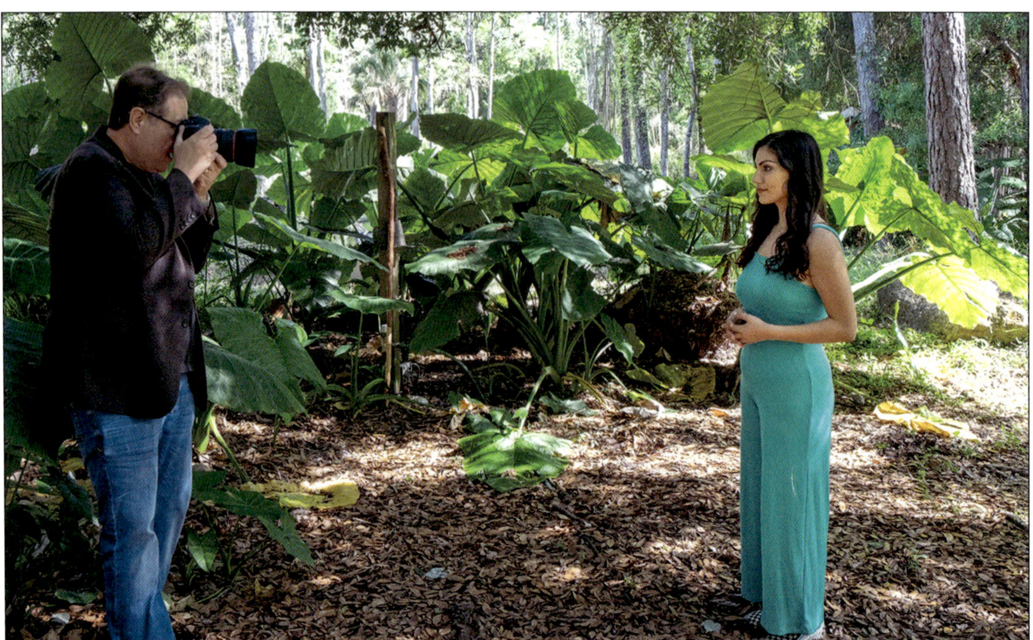

Hinter den Kulissen: Hier habe ich mich mit meinem Modell in den Schatten eines großen Baums zurückgezogen, um dem harschen direkten Sonnenlicht zu entgehen, das an diesem Tag vorherrschte.

Kameraeinstellungen: Im finalen Bild auf der nächsten Seite wollte ich den Hintergrund extrem unscharf abbilden. Dazu wollte ich zunächst mit einem 85-mm-f/1.2-Objektiv die größte Blendenöffnung nutzen. Am Ende habe ich mich jedoch für Blende f/1.8 entschieden, da bei f/1.2 oder f/1.4 die Schärfentiefe so gering ausfällt, dass es zu jeder Menge unscharfen Aufnahmen kommt. Das wollte ich nicht riskieren – vor allem, weil der visuelle Unterschied zwischen f/1.8 und f/1.2 nicht so groß ausfällt, dass es all die Mühen rechtfertigen würde. Ich fotografierte im Blendenprioritätsmodus, der bei Blende f/1.8 eine Verschlusszeit von 1/125 s vorschlug. Das ist eine gute Verschlusszeit für Aufnahmen aus der Hand, um immer noch scharfe Bilder zu erhalten. Wäre die Verschlusszeit niedriger ausgefallen, hätte ich den ISO-Wert hochgezogen, um wieder bei meiner bevorzugten Verschlusszeit von 1/125 s zu landen.

Finales Bild

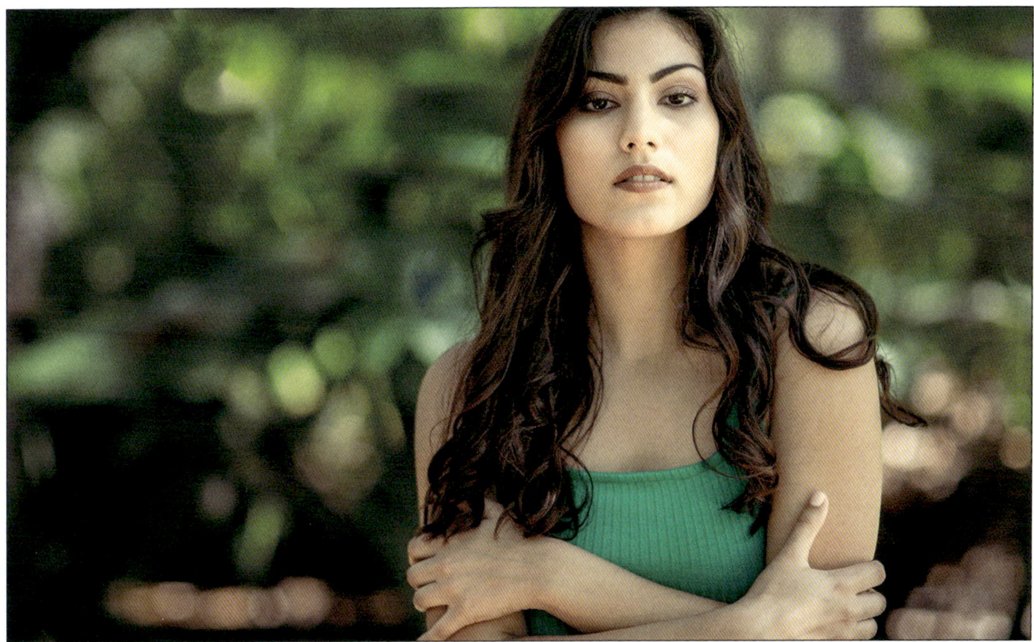

Anmerkungen: Der Schlüssel zur guten Aufnahme war die Positionierung des Modells im sanften, gleichmäßigen Licht ohne Lichtflecken (siehe Seite 64). Während ich das Auge am Sucher hatte, dirigierte ich das Modell nach links und rechts, bis alle Lichtflecke verschwunden waren. Sobald ich eine gleichmäßige Ausleuchtung hatte, löste ich aus.

Nachbearbeitung: Bei der Nachbearbeitung hatte ich mit zwei grundlegenden Problemen zu kämpfen: 1) Die grüne Umgebung sorgte für einen leichten Grün- und Gelbstich auf der Haut des Modells. Deshalb stellte ich in Lightroom die *Sättigung* des *Korrekturpinsels* auf *-25* ein und malte über die Hautpartien des Modells. Diese Entsättigung entfernte den störenden Farbstich. Die Haut erschien ein wenig dunkel, weshalb ich hier die Methode zum Aufhellen der Haut nutzte (siehe Seite 150 im Kapitel »Nachbearbeitung«). Dazu zog ich im Bereich *HSL / Farbe* die Regler für Rot und Orange nach rechts. 2) Der Hintergrund war zu hell und wies jede Menge grelle »Hot Spots« auf, die den Blick des Betrachters auf sich lenken. Deshalb bearbeitete ich den Hintergrund mit dem *Korrekturpinsel* bei einer *Belichtung* von *-1,00*. Dann markiert ich in Photoshop besonders einen besonders kritischen Bildbereich mit dem *Lasso* und wählte im Menü *Bearbeiten* die Option *Fläche füllen*. Im Pulldown-Menü *Inhalt* stellte ich die Option *Inhaltsbasiert* ein und klickte auf *OK* – schon war der helle Fleck aus dem Hintergrund verschwunden. Diesen Vorgang wiederholte ich, bis alle kritischen Stellen beseitigt waren. Beim Modell selbst führte ich keine Retuschen durch.

Episches Fensterlicht-Porträt mit Kostüm

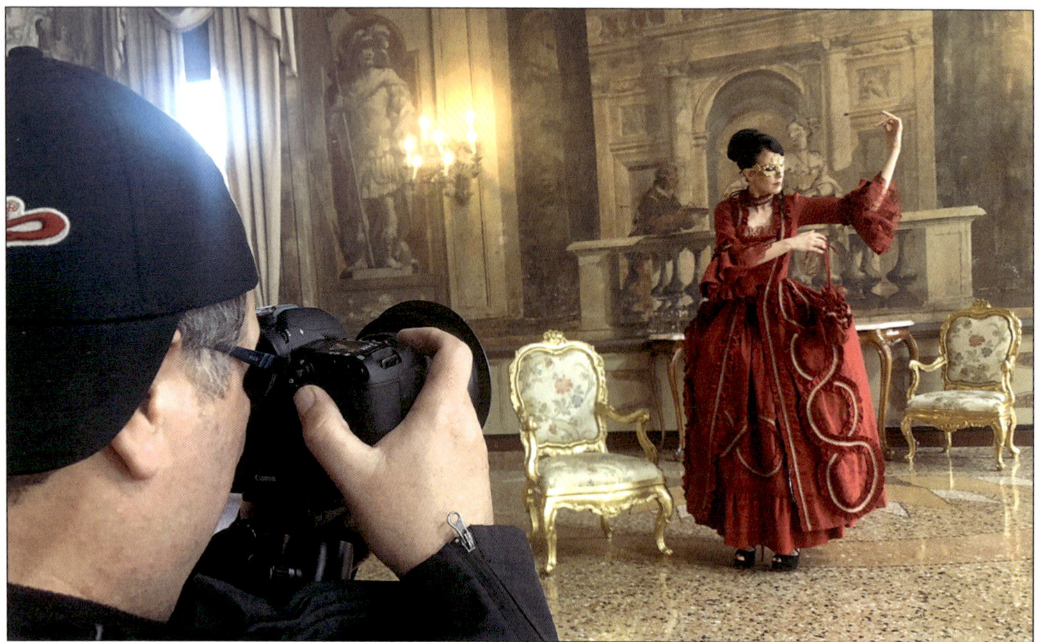

Hinter den Kulissen: Diese Session fand im prunkvollen Ballsaal eines Hotels in Venedig statt. Das Karnevals-Kostüm und die Maske hatten wir ausgeliehen. Die Aufnahme entstand bei rein natürlichem Licht, da die Lichtstimmung in diesem im ersten Stock gelegenen Saal einfach nur wunderschön war.

Kameraeinstellungen: Das fertige Bild auf der nächsten Seite ist ein typisches Beispiel für ein Environmental-Porträt, in dem die Umgebung etwas über die in ihr gezeigte Person erzählt. Aus diesem Grund entschied ich mich für eine extreme Weitwinkel-Linse mit einer Brennweite von 11–14 mm und wählte natürlich das kurze 11-mm-Ende. Da ein solches Ultraweitwinkel-Objektiv starke Verzerrungen zu den Bildrändern hin produziert, habe ich das Motiv sehr nah an die Bildmitte gerückt. Ich wollte die ganze Pracht der Umgebung auf den Sensor bannen, daher wäre eine Blende wie f/11 ideal gewesen. Doch da ich aus der Hand fotografierte und nicht mit 4.000 ISO arbeiten wollte, wählte ich nach mehreren Versuchen Blende f/4. Denn das Gute an solchen extremen Weitwinkel-Objektiven ist die Abbildungsleistung bei weit geöffneter Blende – Sie müssen nicht zwangsläufig auf Blende f/11 oder f/16 stellen, um die ganze Szene scharf zu bekommen. Um bei Blende f/4 die gewünschte Verschlusszeit von 1/125 s zu erzielen, musste ich die ISO-Empfindlichkeit auf 1.250 erhöhen – was dank des hochwertigen Kamerasensors keinerlei sichtbares Rauschen im Bild produzierte.

Finales Bild

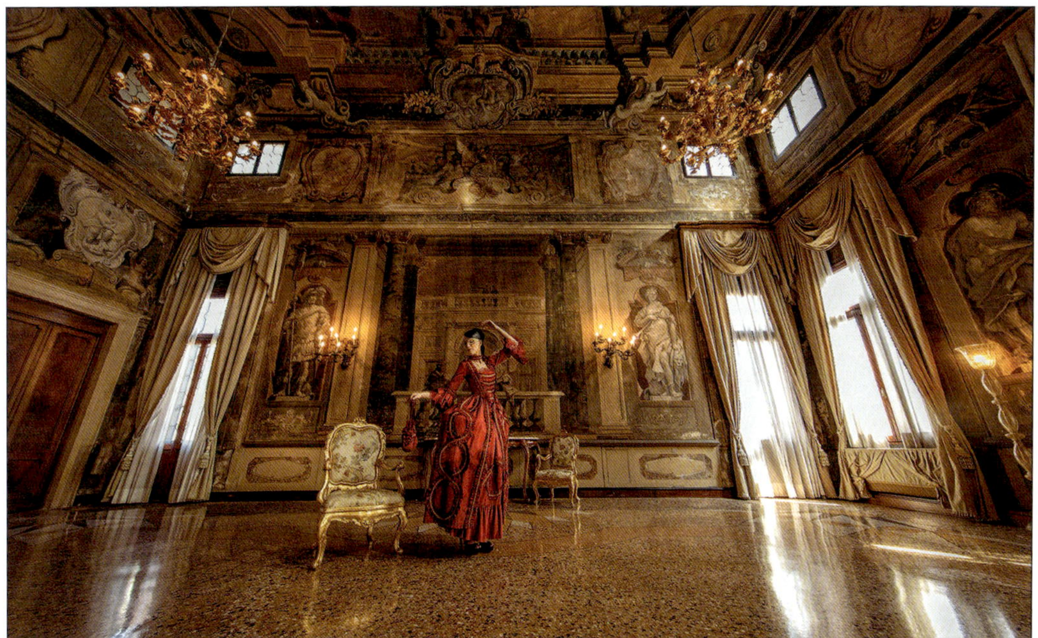

Anmerkungen: Beachten Sie, wie weit das Motiv von den Lichtquellen entfernt steht. Die Motivausleuchtung erfolgt vorwiegend über das rechte Seitenfenster und die kleinen Fenster unter der Decke. Die Fenster im Hintergrund tragen kaum zur Ausleuchtung des Motivs bei. Dafür gelangt zusätzliches Licht aus den Fenstern hinter der Kameraposition zur Person, und die Reflexionen machen die Lichtstimmung perfekt. Die Gardinen vor den Fenstern sorgen für ein weiches, schmeichelhaftes Licht. Direkt nach dem ersten Betreten des Saals rannte ich zu den Fenstern und zog die Gardinen zu, um die Lichtqualität zu verbessern. Da ich bei der Aufnahme auf dem Boden saß, bekam der Marmorfußboden die verdiente Aufmerksamkeit – darin spiegeln sich die Stühle und das Fensterlicht. Das 11-mm-Objektiv fängt die ganze Szene auf fast schon magische Weise ein – besonders bei dem niedrigen Kamerawinkel.

Nachbearbeitung: In Lightroom reduzierte ich zuerst die *Lichter* im ganzen Bild. Die Fensterflächen überstrahlten heftig und lenkten vom eigentlichen Motiv ab. Des Weiteren erhöhte ich die *Strukturen* stark und anschließend die *Klarheit* auf rund ein Drittel des Strukturwerts, um mehr Glanz herauszukitzeln. Wie auf Seite 147 beschrieben, versah ich das Bild mit einer Vignette. Dann wählte ich den *Korrekturpinsel* aus, erhöhte die Belichtung auf *0,30* und malte mit einem sehr kleinen Pinsel über das Motiv. Diese zusätzliche Beleuchtung zieht den Blick auf das Modell in der Bildmitte. Zuletzt erhöhte ich den Gesamtkontrast, um die vielen Details im Bild entsprechend zur Geltung zu bringen.

Index

#

135-mm-Porträt-Objektiv, 4
1-Stop-Diffusor, 56–57
50-mm-Objektiv, 7
70–200-mm-Zoom-Objektiv, 2
85-mm-f/1.8-Objektiv, 3

A

Abgesofteter Hintergrund, 9, 18
Ablenkende Elemente, Hintergrund 89
Abstand
- Naheinstellgrenze, 10
- Motiv zum Hintergrund, 9

Accessoires, modische, 129
Anweisungen geben, 107
Armhaltung, 124, 126
Aufhellen
- Augen, 141
- Gesicht, 146
- Haut, 150, 181

Aufnahmemodus, 17
Augapfel, 111
Augen
- aufhellen, 141
- Ausdruck und Emotion, 110
- fokussieren, 25–28, 110
- Glanzlichter, 88
- Iris, 139
- Position im Rahmen, 83
- Weiß reduzieren, 111

Augen-Autofokus, 28
Ausdruck
- Emotion, 110
- Teilnahmslosigkeit, 118

Ausdruckslos, 118
Ausleuchtung
- langes Licht, 113, 167
- kurzes Licht, 112, 167
- Rembrandt-Stil, 42
- seitliche, 41

Außenaufnahmen, 56–69, 72–79
- 1-Stop-Diffusor, 56–57
- bewölkter Himmel, 67, 170–171
- Blendenflecke, 75
- gerichtetes Licht, 68
- goldener/silberner Reflektor, 58
- Gruppenaufnahme, 63
- Kleidung, helle, 79
- Kontraste, 78
- Licht-/Schattengrenze, 65
- Lichtflecke vermeiden, 64
- Lichtkranz, 72, 74
- Reflektorposition, 61
- Schatten erzeugen, 62
- Schatten, 66
- schwarzer Reflektor, 60
- Sonne im Rücken, 72–73
- Tageszeit, 77
- Überbelichtung, 76
- Weißabgleich, 69
- Weißer Reflektor, 59

Autofokus, 28
Automatische ISO-Einstellung, 20
Automatischer Weißabgleich, 165

B

Begutachten, Aufnahmen, 105
Beine
- Aufnahme-Tipps, 121
- schlanker machen, 123

Belichtungskorrektur, 22
Bereichsreparatur, 136, 137, 138, 145
Bereichsreparatur-Werkzeug, 138
Beugen, Körperteile 126
Beziehung zum Modell aufbauen, 100
Bildrand abdunkeln, 147
Blendeneinstellung, 18

Blendenflecke
Anwendung, 75, 158
Filter, 134
Sonnenstrahlen, 134
überstrahlende Sonne, 132
Unterdrückung, 8
Blendenpriorität, 17, 19, 22, 23, 76
Blick in die Kamera, 108
Blog, des Autors, 114
Braut
Fensterlicht, 160–161, 176–177
niedriger Blickwinkel, 178–179

C

Camera Raw
Augen aufhellen, 141
entsättigen, 135
Gesicht aufhellen, 146
Haut aufhellen, 150
nachschärfen, 140
Sonnenstrahl-Effekt, 132
Spotlicht-Effekt, 148
Weißabgleich, 69
Camera Raw-Filter, 132, 134
Canon-Objektive, 3, 4
Caponigro, Paul, 100
Clipping-Warnung, 23
Color Grading, 143
Color Lookup, Einstellungsebene, 143

D

Deckkraft, 137, 149
Detail-Bereich, 140
Diffusor, 56–57
direktes Sonnenlicht, 162–163
Glastür, 174–175
hartes, direktes Sonnenlicht, 164–165
hoch stehende Sonne, 154–155
Scrim für Gruppenaufnahmen 63
Umgebungsporträt, 156–157
Direktes Sonnenlicht
Diffusor, 56, 154–155, 164–165
Fenster, 34, 36
hinter dem Motiv, 72–73
im Gesicht des Motivs, 73
Lens Flare-Effekt, 75
Lichtkranz, 72, 74
Rezepte, 172–173
Schattengrenze, 65
Scrim, 162–163
Überbelichtung, 76
Dokumentarfotografie, 7
Doorhof, Frank, 151
Dramatik, 166–167
Dunkle Lichtverhältnisse
Bildstabilisierung, 13
Blendeneinstellung, 18
Stativ, 53
Duschvorhang, 39, 157

E

Effekt
Color Grading, 143
Sonnenstrahlen, 134
Spotlicht, 148, 171
überstrahlende Sonne, 132
Vignettierung, 147
weiches Leuchten, 133, 177
Einpunkt-Autofokus 26
Emotion und Ausdruck, 110
Entsättigung, 135
Epischer Stil, Fensterlicht, 182–183

F

Falten reduzieren, 137
Farben
cinematische, 143
kontrastierende, 78
Färben, 143, 179

Fensterlicht, 34–53
Abstand, 36
direktes Sonnenlicht, 34, 36
dramatischer Stil, 166–167
Duschvorhang, 39
epischer Stil, 182–183
Fensterblick, 45
Fensterqualität, 46
Gardinen, 40, 175
gemalter Hintergrund, 50
Glastür, 174–175
Hintergrundbeleuchtung, 44, 160–161
Hintergrundstruktur, 49
Hochzeitsbild, 160–161, 176–177
klassisch, 168–169
Motiv positionieren, 41
Motivausrichtung, 37
Nordfenster, 38
Profilaufnahme, 43
Raumbeleuchtung, 35
Reflektor, 44, 51
Rembrandt-Stil, 42
Stativ, 53
Veränderungen, 47
Weißabgleich, 52
Fensterlichtporträt, klassisch, 168–169
Filter
Blendenflecke, 134
Camera Raw, 132, 134
Gaußscher Weichzeichner, 133
Verflüssigen, 144
Finger, Haltung, 128
Flache Füße, 121
Fokussieren
Auge, 27, 110
Autofokus, 28
Einpunkt-Modus, 26
Gruppenaufnahmen, 29–30
Komposition, 25
Fotogen, 101
Fotosession
Anweisungen geben, 107
Aufnahmen begutachten, 105
zwischen Posen fotografieren, 106

G

Gaffer Tape, 39
Ganzkörperaufnahme, 92
Gardinen, 40, 175, 183
Gaußscher Weichzeichner, 133
Gegenlichtblende, 8
Gemalter Hintergrund, 50
Gerichtetes Licht, 68
Gesicht
aufhellen, 146
bearbeiten, 144
längliches, 113
nach oben richten, 117
rundes, 112
Gesichtserkennung, 144
Glanzlichter (Augen), 88
Glastüre, 174–175
Goldener Reflektor, 51, 58
Graukarte, 69
Gruppenaufnahme
Diffusion bei Außenaufnahme, 63
Fokussierung, 29–30

H

Haar
abstehendes, 145
Volumen und Bewegung, 119
Haar-Licht, 72, 74
Hand
fotografieren aus der, 19, 31
für Anweisungen, 107
Handposen, 127–128
Hartes Licht, 74
Hautretusche
Aufhellen, 150, 181
Entsättigen, 135
Falten und Muttermale, 137
Glanzflächen, 138
Unreinheiten, 136
Weichzeichnen, 151
Hautunreinheiten entfernen 136
Helle Flecken, im Hintergrund, 91, 181
Highlights, in Profilaufnahmen, 43

Hintergrund
ablenkende Elemente im, 89
gemalter, 50
Komprimierungseffekt und, 11
Kontrastfarben im, 78
Schattenstrukturen im, 49
strukturierter, 149
unscharfer, 9, 18, 90
weiße Bereiche im, 91, 181
Hintergrundbeleuchtung
direktes Sonnenlicht, 173
Fensterlicht, 44, 160–161
Sonnenlicht, 158–159
Hoch stehende Sonne, 154–155
Hot Spots, Hintergrund, 181
HSL/Farbe, Menü, 135, 150
Hurley, Peter, 114

I

Image Stabilization (IS), 13, 31
Ineinanderkopieren, 149
Inhaltsbasiertes Füllen, 181
Intimität, 82
Iris, 139
ISO-Empfindlichkeit
Automatik, 20
niedrige, 21
Verschlusszeit, 19, 20

K

Kamera
Bildstabilisator, 13
in der Hand halten, 19, 31
Kameraeinstellungen, 16–31
Belichtungskorrektur, 22
Blende, 18
Clipping-Warnung, 23
Fokus, 25–28
IS oder VR-Funktion, 31
ISO, 19, 20, 21
Modus, 17
RAW-Format, 16
Verschlusszeit, 19–20
Weißabgleich, 24
Kamerawinkel, niedriger, 92, 178–179
kelbyone.com, Website, xv
Kieferpartie, senken, 115
Kieferpartie-Trick, 114
Kinder, porträtieren, 97
Kleidung, Auswahl, 79, 104
Klonstempel, 145
Komposition, 82–97
ablenkende Elemente, 89
Abstand zum oberen Bildrand, 86
Anschnitt, 94–95
Augen, Position im Rahmen, 83
erhöhter Blickwinkel, 93
Ganzkörperaufnahmen, 92
Glanzlichter in den Augen, 88
helle Bereiche im Hintergrund, 91
intime Porträts, 82
Kinderaufnahmen, 97
Komplexität, 90
Kopfbereich anschneiden, 85
Motivposition im Rahmen, 84
niedriger Blickwinkel, 92
sichtbarer Bereich im Rahmen, 87
Umgebungsporträts, 96
Komprimierungseffekt, 2, 4, 11
Kontrastreicher Hintergrund, 78
Kopf
Abstand zum Rahmen, 86
Anschnitt, 85
Korrekturpinsel, 132, 135, 139, 141, 146, 151
Kunstlicht-Weißabgleich, 24
Kurzes Licht, 112, 167

L

Langes Licht, 113, 167
Lastolite
Grau/Weiß-Karte, 69
Skylite-Scrim, 63, 162
TriGrip-Diffusor, 154
Leuchtstoffröhre, Weißabgleich, 24
Licht
Fenster-, 34–53
fleckiges, 64
gerichtetes, 68

hartes, 49, 74
-kranz, 72, 74, 173
schwaches, 13, 18, 53
weiches, 66, 74
Siehe auch Direktes Sonnenlicht
Lichter, Beschneidung, 23
Lichtflecken, 64
Lichtkranz, 72, 74, 173
Lightroom (*siehe auch* Nachbearbeitung)
Augen aufhellen, 141
Blendenflecke, 132
Falten/Muttermale kaschieren, 137
Gesichter aufhellen, 146
Glanzflecken mindern, 138
Haut aufhellen, 150
Haut entsättigen, 135
Haut weicher machen, 151
Hautunreinheiten entfernen, 136
Iris intensivieren, 139
nachschärfen, 140
sanftes Leuchten, 133
Spotlicht-Effekt, 148
Vignettierung, 147
Weißabgleich korrigieren, 69

M

Matisse, Henri, 89
Mehrpunkt-Autofokus, 26
Mischmodi
Ineinanderkopieren, 149
Negativ multiplizieren, 134
Weiches Licht, 139
Modell
Anweisungen geben, 107
Blick in die Kamera, 108
Fotogen, 101
kennenlernen, 100
Requisiten und Accessoires, 129
Teilnahmslosigkeit, 118
Vorbesprechung mit, 103
Muttermal, 137

N

Nachbearbeitung, 132–151
Augen aufhellen, 141
Color Grading, 143
Falten/Muttermale kaschieren, 137
Gesicht aufhellen, 146
Gesicht verändern, 144
Glanzflecke abmildern, 138
Haare entfernen, 145
Haut aufhellen, 150
Haut entsättigen, 135
Haut weichzeichnen, 151
Hautunreinheiten entfernen, 136
Iris verschönern, 139
nachschärfen, 140
Retusche Plug-In, 142
Sonneneruption, 132
Sonnenstrahlen, 134
Spotlicht-Effekt, 148
strukturierter Hintergrund, 149
Vignettierung, 147
weiches Leuchten, 133
Weißabgleich, 69
Naheinstellgrenze, 10
Nase, verschlanken, 116
Negativ Multiplizieren, 134
Nikon-Objektive, 3, 4
Nordfenster, 38

O

Objektive, 2–13
135 mm, 4
50 mm, 7
70–200 mm, 2
85 mm f/1.8, 3
IS oder VR, 13
Kauftipps, 12–13
Naheinstellgrenze, 10
schnelles, 3, 4, 12, 26
Tele-, 5, 11
Weitwinkel-, 5–6, 11, 75, 96, 182
Zoom, 2, 9, 10, 11

P

PC-Verbindung, 156
Perfectly Clear (Plug-In), 142
Photoshop
    Augen aufhellen, 141
    Blendenflecke, 132
    Color Grading, 143
    Falten/Muttermale kaschieren, 137
    Gesicht aufhellen, 146
    Gesicht verändern, 144
    Glanzflecke abmildern, 138
    Haare entfernen, 145
    Haut aufhellen, 150
    Haut entsättigen, 135
    Hautunreinheiten entfernen, 136
    Iris verschönern, 139
    nachschärfen, 140
    Sonnenstrahlen, 134
    Spotlicht-Effekt, 148
    Strukturierter Hintergrund, 149
    Vignettierung, 147
    weiches Leuchten, 133
    Weißabgleich, 69
    Siehe auch Nachbearbeitung
Pinselwerkzeug, 134, 139, 149
Pinterest (Website), 102
Plug-In, 142
Porträt
    Charakteristik, 100
    Color Grading, 143
    schärfen, 140
    Zutaten, 153–183
Posen
    Arme, 124, 126
    Beine, 121, 123, 126
    Blick in die Kamera, 108
    Blick nach oben, 117
    Blick von der Kamera weg, 109
    Hände und Finger, 127–128
    Kieferpartie, 114
    Kinn nach unten, 115
    Liste, 102
    Nase verschlanken, 116
    Pausen, 106
    Schulter, 120
    Sitzen, 125
    Taille, 122, 124
Positionierung
    Motive im Fensterlicht, 41
    Reflektoren, 61

R

Radialer Filter, 148
RAW-Format, 16
Reflektor, 58–62
    Gold, 51, 58
    im Gegenlicht einsetzen, 44
    Positionierung, 61
    Schatten erzeugen, 62
    Schatten öffnen, 51
Reflektor (*Forts.*)
    Schwarz, 60
    Silber, 51, 58
    Weiß, 51, 59
Reihen, Gruppenaufnahmen, 30
Rembrandt-Ausleuchtung, 42
Reparaturpinsel, 136, 137, 138
Requisiten und Accessoires, 129
Retusche, Plug-In, 142
Rezepte, 153–183
    Braut im Fensterlicht, 176–177
    direktes Sonnenlicht, 172–173
    dramatisches Fensterlicht, 166–167
    episches Fensterlicht, 182–183
    Fensterlicht, 168–169
    Glastür, 174–175
    hartes, direktes Licht, 164–165
    hoch stehende Sonne, 154–155
    Hochzeitsaufnahme, 178–179
    rückwärtiges Fensterlicht, 160–161
    Schatten, 180–181
    Sonnenstrahlen, 158–159
    Umgebung und Diffusor, 162–163
    Umgebungsaufnahme, 156–157
    wolkiger Himmel, 170–171
Rundes Gesicht, 112

S

Schwarzweiß-Profile, 179
Schärfen, 140
Schatten
  an der Lichtgrenze, 65
  Außenaufnahmen, 180–181
  Fotografieren, im, 66
  im Freien, 180–181
  mit Reflektor erzeugen, 62
  mit schwarzem Reflektor, 60
  öffnen, 51
  Struktur, 49
  Tiefe, 68
  Weißabgleich, 24, 52
Schlank machen
  Beine, 123
  Taille, 122, 124
Schnelle Objektive, 3, 4, 12, 26
Schulter, seitlich, 120
Schwarzer Reflektor, 60
Schwarzweiß-Konvertierung, 179
scottkelby.com (Blog), 114
Scrim
  direktes Sonnenlicht, 162–163
  Gruppenaufnahme, 63
  Siehe auch Diffusor
Seitliche Beleuchtung, 41
Sigma Art 135mm f/1.8, 4
Silber-Reflektor, 51, 58
Silhouette, 44, 158
Sitzende Pose, 125
Sonnenstrahl-Effekt
  Hintergrundlicht, 158–159
  Nachbearbeitung, 134
Sony 135 mm f/1.8, 4
Spotlicht-Effekt, 148, 171
Spotmessung, 74
Stativ
  Fensterlicht, 53
  IS- oder VR-Stabilisator, 31
Streiflicht, 74
Stroboskopeffekt, 23
Struktur (Hintergrund), 149
Stuhlpose, 125

T

Tageslicht-Weißabgleich, 24, 52
Taille, verschlanken, 122, 124
Teleobjektiv, 5, 11
Tonung, zwei Farben, 179
TriGrip-Diffusor, 57, 154
Tür, offen, 48
Türrahmen, 48

U

Überbelichtung, 76
Umgebungsporträt, 96
  epischer Stil, 182–183
  Diffusor in direkter Sonne, 162–163
  Scrim, 162
  Sonnenstrahlen, 159
  Weitwinkel, 5
  Wolkenhimmel, 170

V

Verblassen, 137, 138
Verflüssigen-Filter, 144
Verschieben-Werkzeug, 134
Verschlusszeit
  aus der Hand, 19
  ISO-Empfindlichkeit, 19, 20
  Minimaleinstellung, 20
  Stabilisator, 13
Verschwommen, Hintergrund, 9, 18, 90
Verzerrung
  50mm-Objektiv, 7
  Weitwinkel-Objektiv, 5
Vibrationsreduzierung (VR), 13, 31
Video-Ressourcen, xii, 114
Vignetten-Effekt, 147
Vignettierungs-Optionen, 147
Vorbesprechung, 103

W

Web-Ressourcen, xiv, 114
Wegsehen, von der Kamera, 109
Weicher Leuchteffekt, 133, 177
Weiches Licht (Mischmodus), 139
Weichzeichnen, Haut, 151
Weißabgleich
    Fensterlicht, 52
    Kameraeinstellungen, 24
Weißabgleich-Werkzeug, 69
Weißer Reflektor, 51, 59
Weitwinkel-Objektiv, 5–6, 11, 75, 96, 182
Westcott
    5-in-1 Reflector Disc, 56
    Scrim Jim, 63
Wolken
    in Außenaufnahmen, 67, 170–171
    Weißabgleich, 24, 67

Z

Zoom-Objektiv, 2, 9, 10, 11

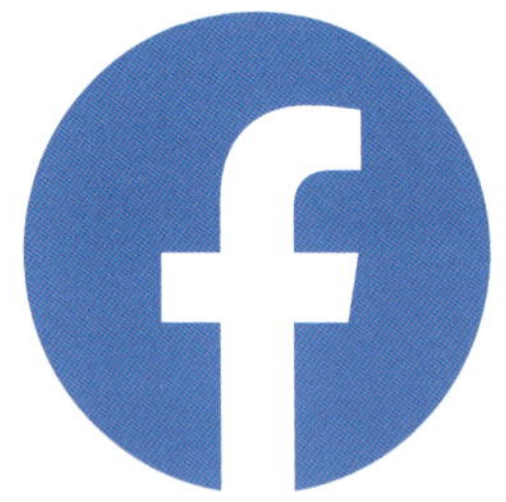

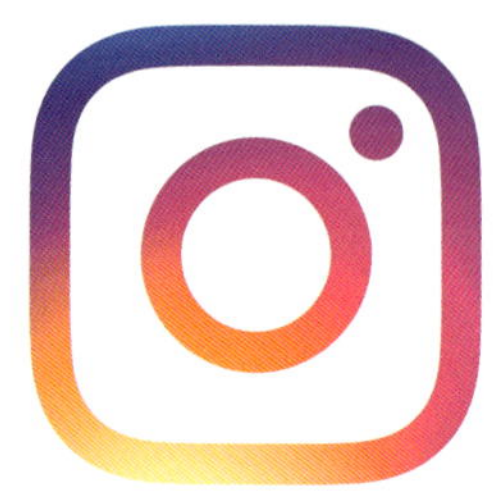

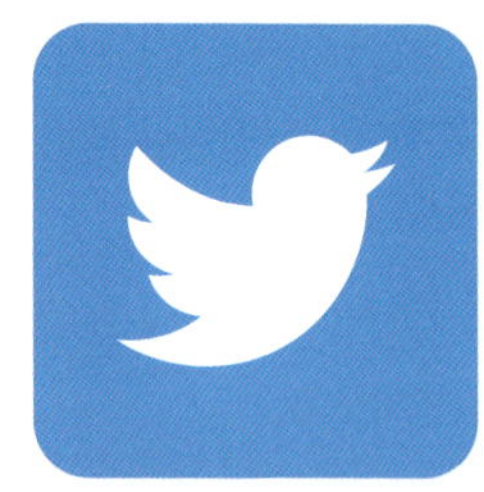

Schon Fan von uns?

Folgen Sie uns auf Facebook, Instagram oder Twitter. Entdecken Sie immer wieder neue, inspirierende und kreative Bücher!

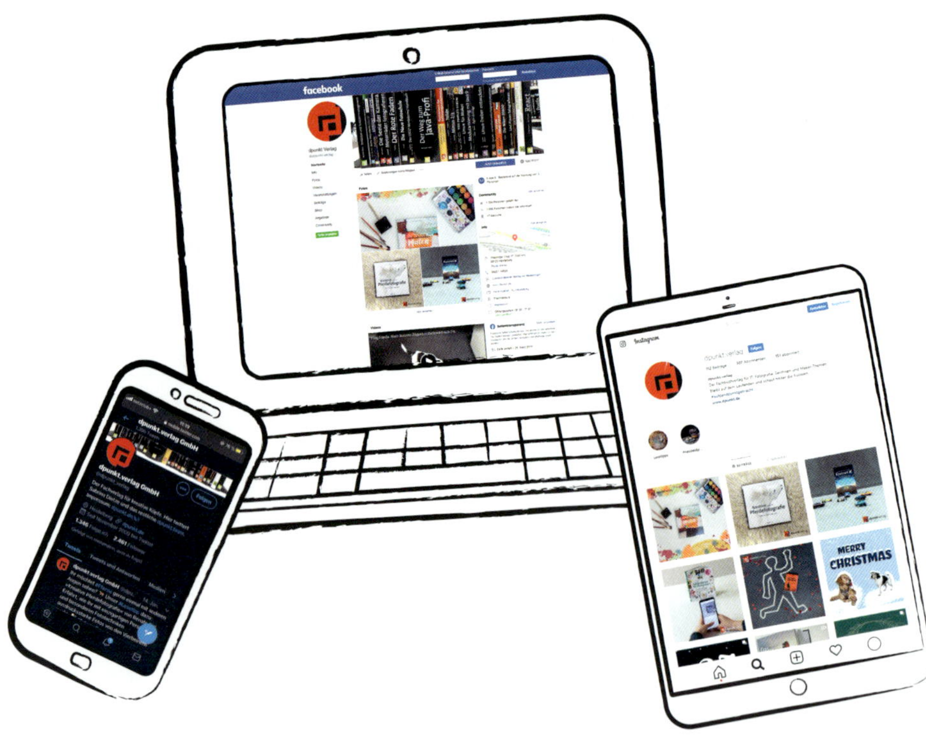